中国校本教研与校本课程数字出版平台
中国校本教研网 www.schooledu.com.cn
◎特别推荐◎

班主任不可不知的管理效应

BANZHUREN BUKEBUZHIDE GUANLI XIAOYING

奚一琴 编著

江蘇教育出版社

图书在版编目（CIP）数据

班主任不可不知的管理效应/奚一琴编著.
—南京：江苏教育出版社，2012.12
ISBN 978-7-5499-2093-8

Ⅰ.①班…　Ⅱ.①奚…　Ⅲ.①班主任工作
Ⅳ.①G451.6

中国版本图书馆 CIP 数据核字（2012）第 147574 号

书　　名　班主任不可不知的管理效应
作　　者　奚一琴
责任编辑　林　琬　崔宏观
出版发行　凤凰出版传媒集团
　　　　　　凤凰出版传媒股份有限公司
　　　　　　江苏教育出版社（南京市湖南路 1 号 A 楼　邮编 210009）
苏教网址　http：//www.1088.com.cn
集团网址　http：//www.ppm.cn
照　　排　润星之源文化有限公司
印　　刷　三河市九洲财鑫印刷有限公司
厂　　址　河北省三河市灵山大口
开　　本　787 毫米×1092 毫米　1/16
印　　张　14.75
字　　数　234 千字
版　　次　2012 年 12 月第 1 版　2012 年 12 月第 1 次印刷
书　　号　ISBN 978-7-5499-2093-8
定　　价　30.00 元
邮购电话　025-85406265，85400774　短信　02585420909
E - mail　jsep@vip.163.com
盗版举报　025-83658837

序　　言

如果说教师是人类灵魂的工程师，那么班主任就是“工程师”中最美的一个群体。这样说，一是因为班主任工作的神圣与崇高，二是因为班主任工作的复杂与艰辛。

班主任到底有多么重要呢?

我们国家已经普及九年义务教育，加上学前教育，一个孩子即使不上高中、大学，至少也有10年时光是在班集体中度过的。这10年是一个人成长最快的10年，是人生智力才能发展最快的10年，是人生意志品质形成的10年，也是决定一个人命运的10年。而在这10年中，班主任是最重要的领路人。

《教育部关于进一步加强中小学班主任工作的意见》中明确指出：“中小学班主任工作面临许多新问题、新挑战。经济社会的深刻变化、教育改革的不断深化、中小学生成长的新情况新特点，对中小学班主任工作提出了更高的要求……（班主任）必须树立正确的教育理念，遵循中小学生身心发展的规律，运用科学的教育方法，善于利用各种教育资源。”可见班主任工作对教育发展至关重要。

班级就是一个小“社会”，社会上有什么，一个班级便可能有什么。既然是社会，就存在管理问题。现代社会流行的诸多管理效应为许多企业带来了勃勃生机，如著名的“华盛顿合作效应”“快鱼效应”“木桶效应”“霍桑效应”等。同样的企业，管理得好，则朝气蓬勃；管理得不好，则如一潭死水。班级管理又何尝不是如此?

小时候，苏格拉底看到父亲雕刻石狮子，便问道：“怎样才能成为一个好的雕塑师?”

父亲告诉他：“以这只狮子来说吧，我并不是在雕刻它，而是在唤醒它。”

“唤醒?”苏格拉底不解地问。

“对，狮子本来沉睡在石块中，我只是将它从石头监牢里解救出来而已。”

我想，班主任对学生的管理就是唤醒他们的心灵，通过发现与赏识，运用智慧与真情唤醒学生。

我们相信把智慧与真情相融合，班级管理就能起到不可估量的育人作用。因而我们尝试着把这些管理效应运用于班级管理，果真产生了意想不到的效果。我们从中撷取了27个经典效应，希望能给班主任一些启示，把班主任这项许多人都觉得又苦又累的工作，做得轻松、快乐，且收效更好，从而无愧于自己的学生。

奚一琴

目录 MuLu

威尔逊效应：身教重于言教 …………………………………… 1

（一）威尔逊效应启示…………………………………………… 1
（二）从自身做起，树立榜样………………………………… 3
（三）严格要求自己，做好学生引路人 ……………………… 5

罗森塔尔效应：永远对学生满怀期望 ……………………… 7

（一）罗森塔尔效应启示……………………………………… 7
（二）多一分期待，多一分效果 ……………………………… 9
（三）积极关注，让期望成为现实 ………………………… 12

柔性管理效应：以学生为中心 ……………………………… 16

（一）柔性管理效应启示 …………………………………… 16
（二）以学生为本，善待学生 ……………………………… 18
（三）以学生为中心，促其全面发展 ……………………… 20

激励倍增效应：利用赞美激励学生 ………………………… 24

（一）激励倍增效应启示 …………………………………… 24
（二）让学生在赞美中成长 ………………………………… 26
（三）掌握赞美艺术，鼓励学生上进 ……………………… 28

横山效应：让学生自主学习………………………………… 31

（一）横山效应启示 ………………………………………… 31

（二）学生自主，让课堂大放异彩 …… 33
（三）让学生自主学习的策略 …… 36

华盛顿合作效应：打造合作学习的团队 …… 39

（一）华盛顿效应启示 …… 39
（二）团队合作学习，让教学更高效 …… 40
（三）让团队合作学习更有效的策略 …… 45

快鱼效应：让学生高效率地学习 …… 48

（一）快鱼效应启示 …… 48
（二）高效学习源自班主任的努力 …… 49
（三）让学生高效率学习的策略 …… 54

木桶效应：加长“短板”，促进班级整体发展 …… 57

（一）木桶效应启示 …… 57
（二）用鼓励“加长”后进生的“短板” …… 58
（三）把握后进生的“长短”，打造优秀班级 …… 61

霍桑效应：给学生适当减压 …… 64

（一）霍桑效应启示 …… 64
（二）倾听学生心声，释放学生压力 …… 66
（三）释放学生压力，让管理更实效 …… 69

热炉效应：制度面前人人平等 …… 71

（一）热炉效应启示 …… 71
（二）依“法”判案，坚持一碗水端平 …… 73
（三）严格执行规章制度，让班级管理更高效 …… 77

特里效应：坦率地承认过错 …… 80

（一）特里效应启示 …… 80

（二）真诚道歉，给学生尊严 …… 81
（三）敢于认错，更易赢得学生的心 …… 85

坎特效应：教育从尊重开始 …… 87

（一）坎特效应启示 …… 87
（二）用尊重维护学生的自尊 …… 88
（三）通过尊重将爱传递给学生 …… 91

麦克莱兰效应：让学生自我管理 …… 94

（一）麦克莱兰效应启示 …… 94
（二）让学生的自我管理成为班级管理的主旋律 …… 95
（三）培养学生自我管理能力，让学生自主管理 …… 99

贝尔效应：为学生创造表现的机会 …… 102

（一）贝尔效应启示 …… 102
（二）把机会给需要的人 …… 103
（三）搭建平台，为学生发展创造机会 …… 106

马太效应：让学生得到公平的关爱 …… 109

（一）马太效应启示 …… 109
（二）摒弃马太效应，给学生公平的爱 …… 111
（三）消除马太效应的消极影响，给予学生公平的关爱 …… 113

杰亨利法则：坦率真诚是沟通的绿色通道 …… 116

（一）杰亨利法则启示 …… 116
（二）坦率直言，让真诚变成促进的力量 …… 117
（三）应用杰亨利法则，坦率真诚地沟通 …… 121

路径依赖：跳出思维定式，摒弃路径依赖 …… 124

（一）路径依赖启示 …… 124

（二）摒弃路径依赖，为完善学生人格创造机会 …………………………… 127
（三）防止路径依赖，开展创新管理 …………………………………………… 130

晕轮效应：正确对待学生，避免印象干扰 ……………………………… 133

（一）晕轮效应启示……………………………………………………………… 133
（二）你仍然是个好学生 ………………………………………………………… 137
（三）防止晕轮效应，避免印象干扰 ………………………………………… 138

肥皂水效应：寓批评于赞美中 ………………………………………… 142

（一）肥皂水效应启示…………………………………………………………… 142
（二）旁敲侧击，把批评变成阳光雨露 ……………………………………… 144
（三）善用肥皂水效应，将赞美与批评完美结合 ………………………… 147

达维多效应：做创新型班主任 ………………………………………… 150

（一）达维多效应启示…………………………………………………………… 150
（二）打破常规，做创新型班主任 …………………………………………… 153
（三）与时俱进，开发自身的创新潜能 ……………………………………… 156

互惠关系效应：让爱伴随孩子成长 …………………………………… 160

（一）互惠关系效应启示………………………………………………………… 160
（二）用爱的阳光，点亮学生的心灵 ………………………………………… 163
（三）赠人玫瑰，手留余香……………………………………………………… 167

墨菲效应：让错误生成教育资源 ……………………………………… 170

（一）墨菲效应启示……………………………………………………………… 170
（二）巧用错误资源，提高教育教学效能 …………………………………… 173
（三）合理利用错误，让错误为教育服务 …………………………………… 177

暗示效应：巧妙暗示，让学生于潜移默化中接受教育 ……………… 180

（一）暗示效应启示……………………………………………………………… 180

（二）言传身教，无声胜有声 …… 183
（三）积极暗示，让学生在和谐的氛围中改过自新 …… 186

超限效应：对学生的教育要适度 …… 189

（一）超限效应启示 …… 189
（二）“伤其十指，不如断其一指” …… 192
（三）把握火候，让教育更高效 …… 194

蓝斯登效应：给学生创造乐学环境 …… 198

（一）蓝斯登效应启示 …… 198
（二）为学生种下一棵快乐树 …… 199
（三）以快乐为目标，积极营造乐学氛围 …… 204

接种效应：接种思想的“疫苗”，增强学生法制意识 …… 207

（一）接种效应启示 …… 207
（二）接种法律的“疫苗”，增强学生法制意识 …… 208
（三）优选“疫苗”，使“疫苗”真正发挥效用 …… 213

二八效应：管理要抓住重点 …… 215

（一）二八效应启示 …… 215
（二）抓重点，让班级成为最优秀的 …… 216
（三）抓住工作重心，提高工作效率 …… 220

参考文献 …… 225

威尔逊效应：身教重于言教

（一）威尔逊效应启示

日本本田技研工业公司的创始人兼总经理本田宗一郎以对人太粗暴而闻名。他一看见员工做得不对，拳头立刻就会飞过去。因而，像虽没做错事却只照葫芦画瓢的人，做错事、闯大祸的人，都会挨打。

虽然事后本田宗一郎可能会马上反省，但也只是稍有点对不起的表情。尽管如此，年轻人并不讨厌他，反而更加佩服他。这是因为本田宗一郎总是事事起表率作用，遇到一些棘手的事、艰苦的活儿，他都当仁不让，亲自做示范，无声地告诉员工“你们也要这样干”。因此，尽管他脾气暴躁，却深得员工敬重。

这就是领导的表率作用，也是“威尔逊法则”的核心内容。美国行政管理学家切克·威尔逊曾指出，如果部下得知有一位领导在场负责解决困难，他们会因此信心倍增。人们称此为“威尔逊法则”。

威尔逊效应说明一个道理——身教重于言教。美国大器晚成的女企业家玛丽·凯什对此有独到的见解，她认为领导的速度就是众人的速度，称职的经理应该以身作则。她说：“一个称职的经理必须能以实际行动激励部下，经理不但在工作习惯方面，而且在衣着打扮方面，都要为众人树立一个好榜样，经理的形象是十分重要的……我只有在自己的形象极佳时才肯接待光临我家的客人。我认为，自己是一家化妆品公司的创始人，必须要给人留下好的印象。因此，倘若不能给人留下好印象，不如干脆闭门谢客。”

玛丽·凯什的话表明，一个领导者只有严格要求自己，起到带头表率作用，才能服众。只有自己愿意做的事，才能要求别人去做；只有自己能够做到的事，才能要求别人去做到。身为教师，更要如此。

中国有句古话："其身正，不令而行；其身不正，虽令不从。"榜样的力量胜过苦口婆心的说教。作为以"传道、授业、解惑"为己任的班主任，必须处处以身作则，时时为人师表。

1. 以身作则、为人师表是由教师的工作特点决定的

班主任工作本身具有典型的示范性，班主任对学生传授知识技能、施加教育影响的过程，是一种特殊的人与人之间交往的过程，是师生之间思想、意志、情感、知识、技能等因素复杂而奇妙地相互作用和影响的过程。

唐代诗人韩愈提出，教师必须"以身作则"。他认为只有这样，教师才会"其身亡而其教存"。在教育过程中，教师抱怎样的态度，表现怎样的道德风貌，直接影响着学生道德的形成和发展。教师活动的特征主要体现在知识才能、情感意志和道德品质上，即在教师劳动中，教师的品质直接起着教育的作用。

2. 以身作则有利于确立教师在教育工作中的威信

威信，是一种精神感召力量。在学生面前，教师不是以一个抽象的人出现的，而是以一个富有个性的、具体的人出现的。一个班主任平时在学生心目中的地位如何，学生是否热爱他、敬佩他、尊重他，直接影响到他教育工作的成效。

中小学生有较强的模仿性和很大的可塑性，"近朱者赤，近墨者黑"，周围的环境对学生思想品德和行为习惯的形成具有重要的影响。因此，每一个教师都应意识到，自己的一言一行都处在几十双眼睛的注视下，一言一行都对学生乃至社会有着不可忽视的示范作用。

3. 以身作则有利于良好社会风气的形成

教师的职业是面向未来的，数以亿计的未成年人的个性和精神面貌都离不开教师尤其是班主任的塑造。班主任能否以身作则、为人师表，不仅关系到当前社会风气的好转与否，也将影响未来社会风气的优劣。班主任对这一点不能没有深刻的认识，平时对自己的行为不可不检点、不可不慎重。

美国教育家迪福说过："如果我自己的表不准，这只表只欺骗我一个人罢了；但如果城里的大钟不准，受骗的就是整个城市的居民。"这句话值得

每位班主任深思。

在人们心目中，教师是社会规范、社会道德的化身，是人类的楷模。教师的世界观、人生观、价值观，都会对学生的各个方面产生影响。因此，班主任老师只有以身作则，发挥良好的言传身教作用，强师德、塑师魂，才能更好地正人、树人。

（二）从自身做起，树立榜样

去年下半年我校增设了早读课，要求学生比以往提前10分钟到校，老师们都为学校的这一举措拍手叫好，因为提高学生的阅读能力，仅靠课堂上的时间是远远不够的。“一日之计在于晨”，早读课是学生学习的黄金时间，作为一年级班主任兼语文老师的我不禁畅想起孩子们认真朗读的情景。谁知早读课真正施行起来却没那么顺利：一些爱睡懒觉的孩子三天两头迟到；有些准时到校的孩子却不认真读书，总在摆弄学具；还有一些调皮的孩子到校后大声喧哗，个别胆大的还去找伙伴“谈心”。看到这种情况，我不断地提醒孩子们要准时到校，不停地告诉他们早读的好处，苦口婆心地教育，却收效甚微。其中一个叫杨钦任的孩子更是我行我素，早读课时常迟到，即便到校了，也和同学聊天，早读课时只要我一进班，学生报告违反纪律的准是他。面对这个“小调皮”，我实在是一筹莫展。

就这样过了一段时间，学校组织一年级孩子去城北公园游玩，孩子们一路和我有说有笑，别提多兴奋了。步行到目的地，我已是满头大汗。“老师，你擦！”我回过头，杨钦任站在我面前，手里拿着一包湿巾。天！这个顽皮捣乱的小男孩，今天却……我还没缓过神儿，他已经一阵风似地跑了。我的内心不由一阵激动，久久不能平静，转念一想，今天不正是与他交心的好机会吗？我故意走过去和他“搭讪”，“走了那么多路累不累？”“今天你这么关心老师，老师真的很感动。”他一下子脸就红了，小眼睛却直勾勾地看着我。沉默了几分钟后，他忽地冒出一句：“老师，我知道你很关心我，但你知道我早读课为什么不乖乖读书吗？”真是个聪明的孩子，他居然知道我的心思！“老师，你每天让我们早早到校，自己为什么迟到？我们读书时你为什么要和数学老师说话？”听了他的话，我愣住了，回想自己平时到校后的情景，要么在办公室打扫卫生，要么在准备上课内容，进班后也会和数学老师聊一聊，虽然这样的次数不多，可孩子的眼睛却像雪一样透亮。想到这儿，我连忙向孩子道歉并解释原因，还告诉他：“老师从明天起一定和你们一样准时到校，一起读书。”他似懂非懂地点点头：“老师，我也要改！”“拉钩，一百年不变。”我孩子般地伸出手来，他开心地笑了。

第二天清晨，当我跨进教室，拿起书大声读时，孩子们一下子静了下来，随后教室里便响起全体孩子清脆悦耳的读书声，下面的杨钦任也用行动默默地告诉我：“老师，我做到了！”朗朗的读书声越来越响亮，我欣慰极了。此后，不管严寒酷暑、刮风下雨，我都坚持比学生早到校，准时带领孩子们早读。孩子们的早读课效果越来越好，学习语文的积极性也越来越高。

中央电视台有一个很有意义的公益广告：忙得头发都来不及拢一拢的年轻母亲俯身给自己年迈的母亲洗脚，旁边的儿子看到这一情景后，也摇摇晃晃地端着一盆水来给自己的母亲洗脚。这个事例充分说明了身教的重要影响。同样，老师的一举一动，会影响学生辨别真善美、假恶丑的能力，对学生的成长产生着潜移默化的作用。作为教师，我们要坚持在各方面给学生作出榜样、作出表率，以模范的言行来影响和感染学生，唯有如此才能真正做到为人师表！

（此案例由扬中实验小学杨梅提供）

榜样的力量是无穷的。班主任管理着一个班级，要想得到学生的认可，必须从自身做起，扎扎实实给学生作出表率。

孔子说，（君王）自己率先端正了，天下还有谁敢不端正？西晋思想家傅玄说，领导立德的根本没有比“正心”更重要了。心正而后才能身正，身正而后才能让左右的人正，左右正而后才能朝廷正，朝廷正而后才能国家正，国家正而后才能天下正。反过来说，天下不正，要从国家建设做起；国家不正，要从整顿朝纲做起；朝廷不正，要从整顿文武百官做起；左右不正，当领导的就要从加强自身修养做起；自身不正，要从修心做起。这是大端正！端正了自心，就端正了自身；端正了自身，就端正了别人。

班主任在教育学生时，与其唾沫横飞，不如身体力行。学生的眼睛是雪亮的，教师的一言一行都在他们的视野里，这就要求班主任随时注意自己的形象，以文明的言行去教育学生。班主任只有以自己完美的人格去塑造学生的人格，以身作则，为人师表，才能真正做到“学高为师，德高为范”，才能使学生“亲其师，信其道”，才能收到“不令而行”的效果。

（三）严格要求自己，做好学生引路人

班主任从事的是培养人的工作，其在工作中运用的最有影响力的手段即威尔逊效应的内涵——“言传身教”。就是说，班主任是综合运用自己的学识、思想品质、人格以及言行举止来对学生进行教育的。无论哪个层次的学生都会或自觉或不自觉地以班主任为榜样，班主任是学生学习和做人的重要参照对象。人们常说的“教师是学生的镜子，学生是教师的影子”，就充分说明了班主任的言行在学生发展过程中所起的重要作用。因此，身为班主任要从以下几个方面作好表率。

1. 增强为人师表的意识

班主任要做到以身作则、为人师表，必须有高度的自觉性。教师在一时、一事上给学生作出榜样是容易的，但时时、事事为学生作出表率则是很难的，需要持之以恒，自觉提高道德修养水平。人的道德品质的善恶优劣不是先天就有的，而是后天养成的。因而班主任需要在日常生活工作中不断加强自我修养。

总之，班主任必须把以身作则、为人师表的道德要求，看成是一种强烈的责任，是自我人格完善的需要，是与职业需要不可分离的重要部分。为此，班主任时时刻刻都要增强自己“为人师表”的意识，严格要求自己，做一名优秀的人民教师。

2. 从行为上作出表率

行为是心灵的轨迹。在日常生活中，我们常听到有人说“听其言，观其行”，这就是说，在观察一个人的时候，不但要听他的言语，而且要看他的行为。班主任美好的心灵和高尚的道德品质必然反映在他们的学习、工作和生活行为上。

胡锦涛曾在全国优秀教师代表座谈会上说，希望广大教师淡泊名利，志存高远。高尚的师德是对学生最生动、最具体、最深远的教育。淡泊名利，不计较个人得失，为了人民的教育事业，为了孩子们的明天，教师要甘当人梯，发扬“蜡烛精神”，更要有“春蚕到死丝方尽”的优良品质。

教师是人类精神文明的传播者和创造者，应具备勤恳、耐心甚而忘我的

品德。因此，班主任在教育教学的实践中，不仅要无私地向学生传授科学文化知识，更应注重自身行为对学生精神品格的熏染。

3. 从语言上作出表率

语言是人们表达思想的手段，是交际的工具。班主任的教育教学经常是通过语言来实现的。因此，班主任必须有较高的语言修养。

苏霍姆林斯基说："说得不正确或写得不正确不仅使老师，还使学生感到不和谐，就像音乐听力强的人感到音调不准一样。"所以，班主任要培养学生对语言感情色彩的敏感性，使学生感到听语言如同听音乐一样。形象地说，学生应当成为语言的音乐家，应能对语言的正确、纯洁、优美有一定的体会。

语言美，不只是外在的东西，更是心灵的判断和回应。常言说得好，"好话一句心中暖，恶语一句六月寒"。班主任的语言要在力求准确的前提下，追求语言表达时所传递的情感。要知道，情是沟通师生心灵的桥梁，是提高教育质量的纽带。

4. 从仪表上作出表率

班主任的仪表是指班主任的穿戴、动作和情态。班主任要做到仪表端庄、朴素、大方，要重视个人卫生以及外表的修饰，要经常保持良好的精神状态，不把低沉的情绪带进教室，给学生一个良好的印象。

苏联教育家马卡连柯认为，"学校或教育机关中的教师和其他工作人员，都必须衣服整洁，头发和胡须都要弄得像样，鞋袜洁净，修好指甲"；"教育工作人员和学生一样，需要说话的时候才说话，需要说多少就说多少"；"不能随便靠在墙上或伏在桌上，不躺在沙发上，不随地吐痰，不抛掷烟头，不把烟灰抖在地板上"。他在批评那些不注意这方面要求的教师时提到，"从口袋里掏出揉皱的脏手帕的教师，已经失去当教师的资格了，最好还是请他去到角落里，在那擤鼻涕，叫谁也不要看见他"。所以，班主任在外表上应该给学生作出良好的榜样，处处严格要求自己，为学生作出表率。

班主任作为学生知识的启蒙者、行为道德的示范者以及成人成才的引导者，必须努力学习，掌握丰富的知识，用教师的职业道德规范要求自己，培养自己的高尚人格和道德情操，以身作则，为人师表，努力成为学生的良师益友。

罗森塔尔效应：永远对学生满怀期望

（一）罗森塔尔效应启示

有一个名叫皮格马利翁的年轻国王，他喜欢雕塑，而且手艺非常好。一天，皮格马利翁得到了一块洁白无瑕的象牙，就想用它来雕刻一位自己梦寐以求的美少女。之后，国王躲在室内不再出门，每天都在认认真真地进行创作。功夫不负有心人，经过国王的细心雕琢，这块象牙终于变成了一个美丽的少女雕像。这项创作非常成功，美少女栩栩如生，身材婀娜多姿，眼睛里绽放出温柔动人的光彩。

从此，皮格马利翁国王就对这个雕像爱不释手，天天都用怜爱的目光注视着“她”。皮格马利翁多么希望“她”会说话啊！如果是那样，她就能与自己交谈了。国王整日都在极度的渴望中痛苦地煎熬，为“她”仅仅是一个雕像而暗自神伤。皮格马利翁觉得自己已经爱上了这个雕像，他终日坐在雕像面前，注视着这位美丽的少女，呼唤“她”，希望“她”能够变成真正的少女。终于，皮格马利翁的诚心感动了爱神阿芙狄罗忒，阿芙狄罗忒赋予了雕塑少女真正的生命。皮格马利翁终于梦想成真，这个他亲自雕刻出来的美少女成为了他的妻子。

美国心理学家罗森塔尔受到这个神话故事的启发，与助手进行了一个著名的实验。他们先对小学 6 个年级的学生进行智力测验，并告诉教师这是“预测儿童未来发展的测验”，事实上他们并没有依据智力测验的结果选取学生，而是随机抽取了一部分。罗森塔尔告诉这些学生的教师：经过测验，这些学生的智力水平较高，有十分优越的、潜在的学习能力，如果好好培养，将来定能成为社会精英。在随后的几年里，罗森塔尔与他的助手进行了追踪观察，结果显示，这些学生的智力水平远高于其他学生，而且教师对这些学生的评价是“求知欲强”。这种现象后来被称为“罗森塔尔效应”，也被称为“皮格马利翁效应”。

罗森塔尔的实验表明：教师对学生的期待将会影响到学生的发展。这种期待包含着热爱、尊重、关心、信赖以及较高的人际期望，学生在教师满含期待的赞美和鼓励中，会更加关注自我价值，变得自信、自尊，并获得一种积极向上的动力，朝教师期待的方向努力，以避免让教师失望，从而不断进步。

1. 罗森塔尔效应在教育教学中的作用

(1) 有利于构建和谐的师生关系

卢梭曾说过，“只有成为学生的知心朋友，才能做一名真正的教师”。师生关系的好坏直接影响到学生的学习情绪，教师的敬业精神和人格魅力对学生的学习态度和学习效果有直接的影响。

坚持以人为本，构建新型的师生关系，加强师生间的沟通和理解，能有效地调动学生的学习积极性。在教学中利用罗森塔尔效应改变了传统的居高临下的师生关系形式，构建了平等、互动的师生关系，使心理素质较差的学生也能感受到班主任及其他教师给予他们的温暖和关怀。班主任在教育过程中对学生的尊重和热爱，使学生“亲其师，信其道”，从而自觉、主动地投入学习中。

(2) 有利于增强学生学习的自信心

有些学生对学习心存畏惧，所以心理压力较大。面对学生缺乏自信、对学习充满恐惧的心理状态，班主任可利用罗森塔尔效应，对学生进行积极引导，帮助他们排除心理上的障碍，鼓励他们不怕失败、大胆尝试，使其逐步树立学习的自信心。在他们出现错误的时候，班主任要充分体谅他们，首先肯定他们取得的成绩和进步，然后和蔼、委婉地指出他们存在的错误，使他们形成“错而后通”的良性循环，不断增强其学习的自信心。

(3) 有利于帮助学生形成健全的人格

罗森塔尔效应实质上是一种心理教育方法。班主任在教育教学过程中渗透罗森塔尔效应心理诱导法，营造和谐、愉悦的学习氛围，能够改善学生的消极情绪，消除其心理障碍，帮助他们有效克服自卑、恐惧、抑郁、焦虑等不良心理反应，从而有利于学生健全人格，增强自信心，积极、主动地参与到学习中。

2. 罗森塔尔效应的应用原则

为了发挥罗森塔尔效应的积极作用，班主任在运用其进行学生教育工作时，应遵循以下原则。

（1）发展性原则。班主任要相信学生，为他们提供发展的空间。学生的心理状态和内心世界不尽相同，由此产生出不同层次的主观能动性。教师要相信学生的内在主体能力，引导他们挖掘和提高不成熟的甚至是很微弱的内在潜力。在教育过程中，班主任要调动、培养和提高学生的自觉性、主动性、积极性、创造性，发展学生的特长，让学生各显其能，主动积极地进行自我发展。班主任要在教育过程中为学生创造良好的心理空间和广阔的活动空间。

（2）统一性原则。班主任要相信自己，与学生的认知形成统一。这是一个整体的、全面的教育活动：首先班主任应在自我意识中注入信心和期待，坚定不移地朝着既定方向不断完善；其次要引导学生正确发展，并带动学生全力配合。此教育过程，还牵涉师生情感关系及自我认识等一些双边的活动（包括双边的心理活动）过程。师生的心理调整都是相互联系、相互促进共同发展的，缺乏任何一方的认识都是不全面的。

（3）双向性原则。班主任要注重师生互动的双向效果，即发挥教师与学生双向信心及期待效应的作用，激发两者的积极性，让教师的“教”促进学生的“学”。同时，这种“期待”水准的提高能让学生更乐于学习，双方不断尝试成功，相互作用、相互促进，形成良性循环。在此基础上，班主任也可根据实际情况，及时调整策略，保持动态的平衡。

（二）多一分期待，多一分效果

某班主任新接了一个班，在和学生见面前，班主任先看了一下他们的作业本，发现班里一个叫小丽的学生的作业太差了！

之后，经过几天的观察，班主任发现小丽的作业仍旧很糟糕：字迹潦草，表达不完整。为了更加详细地了解小丽的情况，这位教数学的班主任找到了她的前任数学老师，通过询问了解到小丽是一个头脑灵活的学生，就是作业质量差。班主任听后有了主意，决定运用罗森塔尔效应，让小丽改掉作业潦草的毛病，在学习上“更上一层楼”。

班主任决定从小丽“头脑灵活”这点入手。由于小丽的作业正确率很高，班主任批改作业时几乎每次都会给她写一些鼓励和表扬的批语，比如，“思路独特，想法不错，但表达不规范，在考试中会吃亏，期待你下一次有改观!”

小丽的字写得越来越端正，但在数学表达的规范性上还是时好时坏。比如，立体几何中的一道题需要求一个二面角的大小，在计算之前必须交代“x 角是 x 二面角的平面角”。经过两次作业评语提醒后，小丽还是一个字也不交代，只管计算。班主任就在她作业本上每一处该交代的地方都醒目地补上规范性的语句。之后，班里进行了一次立体几何测验，小丽的分数几乎都被扣在“交代”上，她这才意识到交代这些语句的重要性和必要性，也后悔当初没有听老师的劝告。有了这次测验的教训，小丽在后来的几次作业中都有意识地补充了要交代的内容，班主任为此感到很欣慰。尽管那些“交代”语句仍然不怎么规范，但起码小丽的作业规范性已经实现了从无到有的质变。班主任立刻抓住机会和小丽进行了一次谈心。

班主任没有特地去教室找小丽或是叫她到办公室来，而是在一节体育课上，与她完成了一次轻松友好的谈话。那节体育课上学生进行排球比赛，班主任也去为学生加油。当看到小丽在拉拉队中后，班主任走近她，笑着说：“你叫小丽吧?”

小丽惊讶地说：“老师，你刚来就记住了我的名字啊?”“是啊，因为你的作业给我留下了深刻印象呀!”班主任仍然面带微笑。

听了老师的话，小丽有些不好意思：“我的作业很乱的。”

班主任却话锋一转：“我记住你的名字，是因为你的解题思路很独特，你是一个有见解的女孩儿。”

班主任继续说道：“我刚来的那几天并不清楚你们的情况，只能通过批作业来了解你们。说实话，因为你的字有些乱，一开始我以为你是个数学上有一定困难的学生，但后来我发现你解题的正确率很高，很有想法。问了你以前的数学老师，他说你很聪明，就是不注意做题的规范性。你这次测验没考好，其实问题都出在你的老毛病上。你能很快地解决许多复杂的问题而却不愿交代相关语句，不就因小失大了吗？就好比我们在作文课上写议论文，没有了论点别人会看得一头雾水，是不是？”

自从班主任找她谈心后，小丽的作业规范了许多。

在之后的又一次立体几何测验中，小丽得了满分。班主任很满意，在班上大力表扬了小丽的进步。在后来的作业中，小丽不但积极地交代关键语句，还在旁边作了“note”记号提醒自己重视，而且尽可能地一题多解，有时还在作业本边上写下不懂之处，请教班主任。

班主任很高兴，继续通过作业评语鼓励小丽，让她感受到老师对她的关注。

从“一字也不交代”到“肯写而不规范”，再到“肯写且规范”，最后到“重视规范且积极主动”，这就是小丽在学习态度上的转变过程。之所以有这种转变，关键还在于班主任运用了罗森塔尔效应。

罗森塔尔效应也就是期待效应，当班主任给予某位学生更多关注，抱有更大的期待时，就会更多地与这个学生谈话交流，对他进行指导帮助，从而对他提出更高的要求。另外，在情感、态度、评价等方面，班主任也会表现得更加友善，给学生更多尊重、更多鼓励。

由于学生更多地接受到班主任行为中所暗含的正面的、积极的期待，就会对自己充满信心，向相应的方向发展，会更加自信、更加努力、更加积极主动、更加勤奋认真、表现更加出色。学生的这些积极反应，反过来又促成了班主任对他们更高的期待，从而形成良性循环，学生也越来越优秀。

但在实际教育教学中，有些班主任对学生的期待与积极暗示主要是通过表扬的形式表现出来的，应用时存在一些误区，导致效果不太理想。

1. 表扬缺乏权威性

在学生心目中，能让他们完全信服的老师或专家并不多。学生具有一定的辨别与判断能力，对于有威信的老师，他们会“言听计从”；而对于无威信的老师，他们则是“半信半疑”。这就导致积极暗示的效果截然不同。

2. 表扬缺乏真实性

“你很棒”，这句话几乎每个教师都会用到。数学老师这样说，语文老师也这样说；做对题的时候这样说，做不出的时候也这样说。“你很聪明”“你是最棒的”“你是最优秀的”之类的泛泛评论，时间长了，学生就会怀疑这种表扬的真实性。同时，由于教师表扬时缺乏技巧，也让真实性大打折扣。

3. 表扬缺乏针对性

一句“你会很棒的，你会成为出色的人”，既讲给这个学生听，又说给那个学生听，完全或者基本雷同的期待与表扬用在不同的学生身上，效果是可想而知的。

4. 表扬缺乏统一性

在实际教学中，常常会有这样的情况，在某个情境中学生获得了尊重、关怀、期待，而在另一个类似的情境中却产生了完全不同的感受。例如，有的学科教师对学生有期待与鼓励的意识，而另一学科教师却认为学生就应该经常“打击”，致使有的学生难以自我定位，甚至丧失信心、自暴自弃。这就是表扬缺乏统一性造成的结果。

5. 表扬缺乏发展性

在罗森塔尔的实验中，变量是对学生的未来发展趋势作的推测，实验的结果也很显著。而在现行的教育中，班主任的期待与关注往往存在于学生成长过程中的某一小段，并不能真正伴随他们的整个成长过程，有可能导致期待效果不甚理想。

6. 表扬缺乏支持性

在班级管理中，如果班主任采用的教育方式是单一的，其效果往往不能持久。学生在成长中的问题是多方面的，有的需要表扬，有的需要惩罚。如果只有单一的表扬，没有批评、惩罚等其他教育方式作支撑，这样的表扬是不科学的。罗森塔尔效应表明学生需要尊重和期待，但并不排斥惩罚。

（三）积极关注，让期望成为现实

班主任在实际工作中，可以通过以下策略，有效发挥罗森塔尔效应的重要作用。

1. 提高威信

班主任威信是罗森塔尔效应发挥作用的关键因素，提高班主任威信有助于罗森塔尔效应作用的发挥。班主任的权威不是建立在学生的被动与无知之上的，而是来自自身渊博的学识、敏锐的思想、开阔的视野和谦逊宽容的品质。班主任身上体现的智慧、知识、道义的力量直接对学生产生潜在的影响；班主任通过乐观豁达的生活态度和对学生的宽容信任，来激起学生的共鸣、获取学生的信赖。

（1）热爱学生

教师对学生的热爱与信任是师生心灵情感沟通的基石。马利坦曾说过，“教师首先是爱，然后才是权威”。德国教育家凯兴斯泰纳也曾说过类似的话，“教师的特征在于爱人，谁若活着而不爱别人，他就根本不配做老师”。

“感人心者莫先乎情。”班主任在教育教学活动中，以真挚的爱教人、育人，才能叩开学生的心扉，拨动学生心灵的琴弦，从而赢得学生发自内心的信任和爱戴，也就为班主任树立威信奠定了良好的心理基础。

（2）严格要求学生

对学生，要“爱”而不“溺”，应把这份爱与严格要求紧密结合起来，使之相得益彰，相互促进。这就要求班主任以学生身心发展的现有水平为依据，谨慎地提出目标，使学生“跳一跳，摘桃子”，既能满足学生成长的需要，又能使学生从中感受到尊重与信赖。这样，班主任便成为学生成长过程中不可缺少的促进者，并赢得学生珍贵的尊敬与爱戴。

2. 改进鼓励的方式与方法

罗森塔尔的理论基础是相信人有无限的潜能。潜能是人发展的主导因素，环境是限制或促进潜能发展的条件。要发挥罗森塔尔效应的作用，就要提高对环境的重视，而这里所说的环境主要是指班主任营造的心理氛围。

关于在教育过程中营造心理氛围的问题，班主任应注意以下两点。

（1）用学生能接受的方式进行鼓励

①语言

诗人海涅说，“语言可以使侏儒变为巨人，也能将巨人彻底打倒”。班主任对学生的期待与鼓励，不能过于夸大，也不能过于缩小，前者让对方觉得高不可攀，后者让对方觉得一文不值。班主任一定要从学生的角度考虑自己的语言可能带给学生的感受与影响。

②眼神

经验丰富的班主任用眼神就可以和学生进行交流。眼神是有力量的，班主任关心的眼神、心疼的眼神、期待的眼神、伤心的眼神……学生能够感受到，也能理解其中的含义。

③肢体动作

有一名学生回忆说："最难忘的是班主任的手。记得在毕业考试前夕，几次模考都不理想，班主任什么也没说，只是摸摸我的头，拍了拍我的肩膀，我就什么都明白了。后来我痛定思痛，考上了最好的高中。"可见，教师的一个简单动作也会给学生带来很大的影响。

（2）运用事实及时进行鼓励

最能鼓舞学生的莫过于成功。班主任要尽可能地发现学生的闪光点，对他们微小的进步、点滴的成绩都要及时给予肯定与表扬，由此促使他们乐观向上，充分挖掘自身的内在潜力，进一步去追求新的成功，从而形成良性循环。

3. 灵活采用教育策略，调动学生学习的主观能动性

罗杰斯说："人的本性，当他是自由运行时，是建设性的和值得信赖的。"这就要求教师改变传统的学生观，不再把学生看成知识的被动接受者，而应认识到他们是知识的主动探求者。

行为随着人与环境这两个因素的变化而变化，即不同的人在同一环境中可能会有不同的行为，同一个人在不同的环境中也可能会表现出不同的行为。作为班主任要不断更新教育观念，针对不同的学生，学生的不同特点，采用灵活的教育策略。

班主任劳动的创造性之所以具有较大的灵活性，主要是由教育对象的特殊性和教育情境的复杂性所决定的。学生是活生生的人，有着不同的经历，不同的兴趣、爱好，不同的禀赋、能力，不同的气质、性格，不同的意志、情感，不同的思想、行为，同时，他们又处在不断变化发展之中。

奥苏伯尔明确指出："动机与学习之间的关系是典型的相辅相成的关系，绝非一种单向性的关系。"即"动机——行为"的增强方式能促进学生学习，而所学到的知识反过来又可强化学生学习的动机。在教学过程中和教法的选择上，班主任要始终把学生看作是一个个积极探索的个体，同时督促学生强化学习动机，提高学习的主观能动性。

4. 建立亲密融洽的师生关系

陶行知曾提醒教师："在你的教鞭下有瓦特，在你的冷眼里有牛顿，在

你的讥笑中有爱迪生。”师生关系的和谐不仅是师生人格平等、感情交流的需要，也是保证教学效果和提高教学质量的需要。班主任在教学中应充分调动学生的学习积极性，要给予学生动脑、动口、动手的机会，与学生一起创造一种和谐愉快的教学情境。

因此，要想提高教学质量，就要重视师生情感的和谐。教师既要让学生感受和体验到罗森塔尔效应给他们带来的欣喜与成功，也应让自己通过罗森塔尔效应的科学应用创造出奇迹！

“说你行，你就行，不行也行；说你不行，你就不行，行也不行。”罗森塔尔效应提醒我们：自尊心和自信心是人的精神支柱，是成功的先决条件。每一个人都有获取成功的可能，而成功与否往往取决于周围的人能不能像对待成功人士那样爱他、期望他、教育他。因此，班主任应多关注学生，多给予学生鼓励和赞扬，让学生在期望中不断进步。

柔性管理效应：以学生为中心

（一）柔性管理效应启示

日本日立公司有一名叫田中的工程师，他在该公司工作了近12年。对他来说，公司就是他的家，甚至连他美满的婚姻都是公司为他解决的。原来，日立公司内设了一个专门为职员架设的“鹊桥”——“婚姻介绍所”。日立公司人力资源站的管理人员说，这样做能够稳定员工、增强企业凝聚力。

日立“鹊桥”总部设在东京日立保险公司大厦八楼。田中刚进公司时，便在同事的鼓动下，把家庭背景、学历、爱好、身高、体重等资料输入“鹊桥”电脑网络。在日立公司，员工递上求偶申请书后，他（她）便有权调阅电脑档案，直到找到满意的对象为止。一旦他（她）选中对象，联系人会将挑选方的一切资料寄给被选方，被选方如果同意见面，公司就安排双方约会。

终于有一天，同在日立公司当接线员的富泽惠子，走进了田中的生活。他俩的第一次约会，是在离办公室不远的一家餐厅里共进午餐，这一顿饭吃了大约4个小时。不到一年，他们便结婚了。婚礼是由公司为其操办的，而来宾中70％都是田中夫妇的同事。

有了家庭的温暖，员工自然能够一心一意地扑在工作上。由于这个“家”是公司“玉成”的，员工对公司不仅是感恩，而且有一种“鱼水之情”。这就是“柔性管理效应”，其管理真谛是“以人为中心”。

人性化管理体现了“以人为本”的精神，它符合人性，具有人情味儿。

过去，美国企业界流行一句“消费者是上帝”的口号，然而市场的检验和长期的实践证明——企业的员工才是第一位的。正如企业的“企”字，没有了“人”就只能变成“止”字。所以，现代企业最重要的是如何管理好员工。同样，人性化管理的道理也适用于班级管理。若顾客是上帝、员工是上帝，学生也同样是上帝。

20 世纪以来，随着我国政治、经济、文化、科技等各个方面的迅速发展，人们越来越发现，现行的课程教育体系已经难以适应当今时代发展的要求。在这一历史背景下，第八次基础教育课程改革在党中央、国务院的直接领导下，正以令世人瞩目的迅猛速度在全国顺利推进。它将实现我国中小学课程从学科本位、知识本位向关注每一个学生发展的历史性转变。也就是说，21 世纪的教育将紧紧围绕着“以人为本”的发展思路展开。

《基础教育课程改革纲要》指出：“学校教育的根本任务在于促进学生的发展，为社会培养有用的人才。”因此，学校教育必须遵循“以学生为本”的理念。

1.“以学生为本”是对学生主体地位的肯定

在学校教育教学中，“以人为本”就是要一切从学生的需要出发，促进学生的全面发展，满足学生发展的合理需求。只有确立学生的主体地位，才有可能发挥其在教学中的主体作用，从而使学生变被动学习为主动学习，充分发挥学习的积极性。

2.“以学生为本”是一种价值取向

在学生的成长过程中，不同的年龄阶段会有不同的价值观，而他们最终是要踏入社会的。因此，学生的价值观对社会价值体系具有潜在的冲击力，学生道德水平的高低对社会风气的好坏有着重大的影响。

班主任在学生的发展过程中起着重要的引导作用。一方面，班主任的价值观直接或间接地影响着学生的价值观念；另一方面，班主任要通过爱国主义教育、集体主义教育以及共产主义教育来培养学生的道德观，以现实生活为基础来培养学生的理性思考能力，通过对自然与生命的探究来塑造学生的审美观，促使其形成正确的价值观念。班主任通过这两个方面的正确教育与引导，让学生建立起合乎社会准则的、能推动社会道德发展的价值观，从而把学生培养成家里的好孩子、学校里的好学生、集体内的好伙伴以及社会中的好公民。

3. “以学生为本”是一种教育的方法论

“以学生为本”的概念就是在教育中确立学生的主体地位、以学生发展为目的并符合社会发展需要和道德准则的教育方法论。它要求班主任的一切思考和行动都首先从学生的角度出发。因此，“以学生为本”是班主任教育教学工作的出发点和落脚点。

班主任应“以学生为本”，重视学生的参与意识与创造意识，让学生的潜能得以充分发挥，解决好班级管理中出现的问题。

（二）以学生为本，善待学生

案例 1：

湖北省应城市第一高级中学邹礼超老师班里的小超是一个叛逆心很重的学生，做课间操时总是不认真，不仅动作不规范，而且还与周围的同学说笑，常被学生会值日的同学扣分，影响班级荣誉。

有一次，邹老师看到小超又在讲话，便走过去严厉地说：“不要讲话，认真做操!”不料，小超竟不服气地顶撞道：“我没有讲话!”

课间操结束后，邹老师让小超跟自己去了办公室，并找个椅子让小超坐下，然后才心平气和地指出他的错误：“第一，不是老师要跟你过不去，而是你做操不认真，被值日同学扣了分；第二，你对老师的态度不礼貌，影响不好。”这时，小超愤愤不平的面色才缓和下来。邹老师趁机推心置腹地跟他说：“关于你有没有说笑，老师不会去调查，因为调查结果不管怎样都不好，只会影响同学关系和师生关系。如果老师冤枉了你，老师向你道歉!”邹老师诚恳的态度，让小超既惭愧又感动。从此之后，他做事变得认真了很多。

作为一名班主任，邹老师一直为调换座位感到头疼。因为几乎所有的学生都要求定期轮换座位，但换座位又很难让所有的学生都满意——有的想坐中间好位置；有的想和自己的好朋友坐在一块儿；有的眼睛近视，不愿坐后面；还有的不愿意和异性坐一起……总之，众口难调，公平和特殊难以兼顾。

终于，邹老师想出了一个较为公平的办法。由于中间是好位置，两边和前后是差位置，所以只要把中间与两边、前后定期轮换，那么每个学生就都有机会坐上好位置了。邹老师把这个想法告诉了学生，征求他们的意见，结果大家一致同意这个方案。

但是，到了换座位的那一天，又出现了意想不到的变化。当邹老师宣布每一组的中间三排和前后的三排互换时，有的学生又嫌麻烦了，提出前三排和后三排互换，学生的态度让邹老师有些不高兴，心想老师处处被否定，还有威信吗？但邹老师静下心来又转而一想，只要学生高兴，老师为什么不高兴呢？学生为什么不能否定老师的意见呢？当老师的“威信”和学生的满意二者只能选其一时，老师要尊重学生的意见，因为老师是为学生服务的。想到这儿，邹老师痛快地按学生的要求为他们换了座位。

案例 2：

在湖北省建始县申酉中小学，从四年级开始，学生就由走读生转变为住宿生了。学生必须远离父母的呵护，开始独立生活，这也无形中加重了班主任的工作负担。林顺泽老师来到学校刚一年就接手了这样一个班级。由于是第一次做班主任，林老师遇到了不少难题，也吃了不少苦头，但他始终坚持“以学生为本”的原则，把“全心全意为学生服务”作为自己日常工作的出发点和落脚点。

在学校日常生活中，林老师秉承着为每一位学生服务的原则，关注他们的生活细节，关心他们的身心健康，始终把学生的安全作为工作的重心。开学之初，学生中普遍出现了肚子痛的现象。林老师察觉后立即想办法，他先让学生到自己的宿舍休息片刻，然后给他们倒些开水，让他们喝了暖暖胃，并询问他们的症状。他鼓励没有大碍的学生去上课，而对于仍然疼痛的学生，他则亲自带到医院去检查。对于那些还未好转的学生，林老师及时通知家长，以便做下一步的治疗。学生小海的家长一直联系不上，林老师就亲自把她送回了家。由于路程较远，加上山路崎岖，林老师回到学校时，天已经黑了。但他觉得这是身为班主任应该做的事。学生的生命安全高于一切，班主任理应为学生服务。

在学习方面，林老师也始终贯彻“以学生为本”、因材施教的原则。林老师的班里转来十几个新生，他们基础比较弱，跟不上学习进度。针对这个问题，林老师把全班学生分为 13 个小组，每一个小组里面都有一名刚转来的新生，而组长则由成绩最好的学生来担任，组长的任务就是提高组内成员的成绩，对做得比较好的小组，林老师给予相应的奖励。这样，在相互竞争的机制下，学生自我学习的积极性普遍提高。同时，林老师还积极鼓励学生在写字、绘画、唱歌等方面参加一些竞赛，让他们享受自我学习带来的乐趣。

此外，在班级事务管理方面，林老师充分发挥学生自我管理的能力，让学生全面参与到班级管理中来，自己只是做一个班级的协调者。教室内设有学生表现栏，栏中有11个台阶，不同的台阶都贴着不同学生的名字，这就是学生平时表现的量化栏。而评定工作完全是由学生自己完成的，作为班主任的林老师只负责协调和监督。

在林老师的班里，管理权都公平地分配给了学生。在值日的当天，值日班长可以对同学的学习、纪律、卫生等方面进行管理或监督，并把情况直接向林老师汇报。这样，所有的学生都热心地参与到班级的管理中，班级变得越来越有秩序。

“以学生为本”是指教师工作的出发点和落脚点都是为了学生的健康发展。教师的工作，一切都是为了学生，凡是有利于学生成长进步的，都是教师应该坚持的工作方向。

因此，班主任在实施教育时，要以学生为中心，要尊重学生的人格与个性，要理解学生的思想和行为，更关键的是要信任学生的力量和价值。只有时刻把学生放在心中，多为他们着想，学生才会心甘情愿地接受教育，主动提高自己，班主任才能收到最佳的教育效果，才能为祖国培养高素质的人才。

马克思在关于人的学说中强调了人的价值、人的尊严、人的主体地位和人的个性的充分、自由的发展的重要性；哲学家詹姆斯也曾说过：“人类本质中最殷切的要求是渴望被肯定。”这些对人的本性的科学揭示，就给教育的主力军——班主任一个启迪：在实施教育时必须以学生为中心，以学生为本，即尊重、理解和信任每一个学生，随时随地激励他们、包容他们、提醒他们，对他们进行人性化的管理。

（三）以学生为中心，促其全面发展

现代教育理念倡导“以学生为本”，把学生的成长发展放在首位，而学

生自由、充分、全面、和谐的发展则是学校的基本工作方向。因此，在处理班级日常事务时，班主任要以学生为根本，关注学生的成长，促进他们全面、和谐地发展。那么，怎样做到“以学生为本”呢？

1. 尊重学生的差异

班主任应允许学生有差异，允许学生犯错，要全方位地接纳学生，经常与学生交心，成为他们可信赖的朋友。同时要选择人性化的管理方法，艺术化地处理学生出现的问题，保护他们的自尊，尽可能让他们享受到更多成功的喜悦，弱化不良行为。

学生屡屡犯错误时，班主任要不断提醒自己：不能把所有的学生放在同一标准上。教育应当是“创造一种适合每一个学生的教育，而不是选择适合教育的学生”。每个学生都有不同的个性，作为老师要多看到学生可爱的一面，并尝试给每个学生制订不同的教育目标。

对学生的教育，班主任都要因势利导、因材施教。无论是优等生，还是中等生或是后进生，班主任都要一视同仁，不能有所偏颇。只有让每一个学生都融入班级这个大集体中，才能发挥班级的整体力量。

2. 关爱学生

关心和热爱学生是教师的天职，是教师获得成功的基础；关心和热爱学生是激发学生奋发图强的教育力量，是沟通师生关系的纽带。而关爱学生更要切实关注学生人格的完善、生命的发展，这就要求教师必须用真诚、民主、平等的态度去尊重学生的情感和意见，善于发现学生身上的闪光点，树立“把学生的差异当作一种可开发的教育资源”的新理念。一切为了学生的发展，使学生在民主、平等、充满人文关爱的氛围中健康地成长。

3. 宽容学生

“人无完人”，有谁在成长的过程中不犯错误呢？班主任要对学生多点宽容，正视学生的幼稚、懒惰、顽皮，包容学生身上存在的自控能力差、上进心不强、行为不规范、学习不主动等毛病。

“十根手指，有长有短”，哪怕是双胞胎的兄弟姐妹，在智力、个性、爱好等方面也会存在差异，何况一个班级的几十名学生。班主任要以宽容的心态对待学生犯的错误，要循循善诱、潜移默化地改变学生，班主任的亲和力自然就体现出来。

4. 理解学生的思想和行为

班主任要力求理解每一个学生的思想和行为。在与学生的交往中，班主任应当善于置换角色、将心比心；应当“严于律己，宽以待人”；对任何人都不要求全责备。对待学生，首先是要把他们看作个体的“人”，其次要进一步把他们当儿童看。只有这样，班主任才能够理解学生的行为，不至于横挑鼻子竖挑眼，这也看不惯，那也看不惯，也才能达到教育学生的目的。

5. 把学习的主体地位交还给学生

根据杜威的“学生中心”理论，学生应该成为自己学习的主人，而教师应当是引导者和辅助者。教师没有绝对的权威，更不能主宰学生的成长。在教育教学过程中，班主任首先应该从学生的特点或实际出发，调动学生学习的主动性和积极性，为学生营造良好的学习环境，以促进学生的发展。在班级管理活动中，工作的方法、手段、规章、措施等都要以学生的学习、发展、自尊、安全等需要为出发点和归宿。

6. 积极的学生观，不忽视任何一个学生

班主任在实际工作中难免会遇到问题学生或在学习上有困难的学生。当遇到这样的学生，班主任绝对不能鄙视或者忽视他们，要保持一种积极的态度，用耐心和爱心去对待他们，努力去发掘他们身上的闪光点，挖掘他们的潜力。

7. 用发展的眼光看待学生

当我们的社会已经开始向终身教育、终身学习的学习型社会转变的时候，班主任更应该将班级管理工作和学生的尊严、自由、幸福、终极价值联系起来，使教育真正成为人的教育。以现代人的视野培养现代人，以全面发展的视野培养全面发展的人。

8. 创设“舞台”，给学生多一点机会

班主任要了解学生的特长，“人尽其才”，尽可能开展多种集体活动，给学生创造各种展示自己个性特长的机会，让他们在各项活动中发现自身的价值和潜能。通过多种形式的班级活动和学校活动，为学生提供一个施展身手、显露才华的舞台，增强他们的自信心。另外，各种集体活动能使紧张的学习变得轻松，让学生在压抑沉闷的学习气氛中寻求快乐，减轻学习的压力。

在学生成长过程中，他们自身的思维水平、认知水平、意志品质是内因，教师的作用是外因。班主任既不能“越俎代庖”，也不能“拔苗助长”，而要善于洞察和发现学生的特长，创设学生成长需要的条件，为学生搭建展露才华的舞台，让他们品尝到不同的成功所带来的喜悦。

“以人为本”是柔性管理效应的核心，而“以学生为本”则是教育的核心。班主任要尊重学生的人格，平等对待每一个学生，高扬“以人为本”的价值理念。只有这样，才能使学生在学习和生活中产生尊严感、安全感、愉悦感，让学生的潜能、智力得到充分地发展。

激励倍增效应：利用赞美激励学生

（一）激励倍增效应启示

松下电器的创始人松下幸之助是个懂得运用赞美激励员工的企业领袖。他常对部下讲："我做不到，但我知道你们能做到。"他要求管理者必须经常为员工"端菜"，即做服务性的工作。要尊重员工，激励员工，让员工最大限度地发挥他们的积极性和创造性。这种对员工创造能力的充分尊重和肯定，激发起松下员工忘我的工作热情，激励他们共同树立起松下家电王国的丰碑。

海尔公司同样如此。海尔员工的工资并不是最高的，只比青岛市平均工资水平略高一点儿。但尽管如此，海尔的员工却为自己是海尔的一员而自豪。原因何在？赞美激励。海尔公司的管理特色之一是直接用员工的名字命名他们不断改进了的工作方式。据《海尔的激励模式》一书介绍，海尔公司以员工命名的"操作法"有二百余项。这种间接的赞扬和肯定大大激发了员工不断努力的积极性。

松下和海尔运用的就是"激励倍增效应"。它是由美国管理学家彼得提出的，其核心内容是利用赞美来激励员工。员工从管理者的赞美中所得到的要远远大于管理者的付出。使用激励的杠杆，升华了管理的真谛。

喜欢被他人表扬是人之常情。人人都喜欢得到正面的表扬，而不喜欢得到负面的批评。在人际交往中，赞美他人会使别人愉快，更会使自己身心健康。如果每个人都善于夸奖他人的长处，那么，人际交往的愉悦度将会大大增加。

“激励倍增效应”同样适用于班级管理，其中管理的对象是学生，管理者是班主任。为了增强激励倍增效应的有效性，班主任在运用时应遵循以下原则。

1. 实事求是原则

班主任对学生的行为评价要力求客观、公正。不要过分赞美，否则容易使学生产生错觉，认为自己什么都好，滋长骄傲自满情绪，只想接受表扬，不愿听反面意见。长此下去，就会影响学生的心理健康。同样，班主任要把握好“赞美”的尺度，如夸赞某同学“高烧不退，仍然坚持到校上课”，这样的赞美欠妥，因为高烧对学生的身体和学习都是不利的，班主任应劝说学生先去医院治疗。因此，班主任不要误导学生，对学生的赞美要有分寸。

2. 适时原则

班主任要按照学生的特点，选择适当的时机进行教育。在学生表现良好、取得进步时，班主任要及时给予肯定和赞美。这样不仅能及时起到强化作用，维护本人的积极性，还能教育其他学生，为整个班集体树立良好的行为榜样。

《学记》有言，“当其可之谓时”。意思是说，要按照学生的特点，选择适当的时机进行教育，才能叫及时。如果班主任对学生的明显进步或集体中出现的好人好事迟迟不做出反应，先进者就会产生消极的情绪，对其他学生也会产生负面影响。

3. 适度原则

班主任要掌握好赞美的度，讲究赞美的分寸，也要因材施教。同样是做一件好事，对好学生，只要向他本人点头、微笑即可；对一贯表现差的学生，则应当众称赞一番；对做了重大好事的学生，赞美要广泛一些，可由班级扩大到年级、学校。

所谓过犹不及，即赞美不能滥用。过分的批评与惩罚会挫伤学生的自尊心与自信心，而过分的赞美同样也只会起到负面的作用。班主任如果滥用赞美，学生不但不能从中获得前进的力量，反而会适得其反。

4. 含蓄具体原则

某些情境下，注重赞美的含蓄性不失为一种积极的策略。比如，班上大部分学生都做得很好，只有少部分做得较差时，班主任可以请做得好的学生站立一下。这样做，不仅表扬了做得好的同学，而且让做得差的学生“心有所动”又不过分难堪。

赞美越具体，学生就越容易明白哪些行为是好的，越容易找准努力的方向。例如，学生看完书后，能发表自己独特的见解，谈了很多读书后的收获。如果这时班主任只是说“你今天表现得不错”，赞美的效果就会大打折扣，因为学生不明白“不错”具体指什么。而如果班主任说“你的理解很有特色，老师非常欣赏”这样具体的赞美话语，效果就会大不一样了。一些泛泛的赞美，如“你真聪明”“你真棒”，虽然能暂时提高学生的自信心，却不能长久奏效。

马斯洛认为：每个人都具有一种好的（至少中性的）固有本性或潜能，而这种本性或潜能必然现实化。也就是说，即使品行很差的学生，如果班主任细心观察，也会发现他所具有的“微量元素”。自尊心和荣誉感是学生前进的内动力。班主任的赞美、鼓励能使他们感到愉快和满足，提高他们在班集体或同伴中的地位。

（二）让学生在赞美中成长

有一年，山东广饶一中的蒋海港老师担任了一个文科班的班主任。这个班有 80 多名学生，学生都遵守纪律，上课没有人捣乱，下课也都规规矩矩，宿舍卫生等各个方面也都不错。从表面上看，这似乎是一个没有什么问题的班级，蒋老师很高兴，他认为在管理方面没有什么可担心的了。

谁知，年级第一次月考时，他们班竟然在 8 个文科班中排名倒数第一。尽管如此，蒋老师并不认为班内存在什么问题，他相信，考出好成绩是一定的，只是时间的问题。但令蒋老师奇怪的是，在接下来的两次月考中，这个班仍然是年级倒数第一。

于是蒋老师开始“明察暗访”，但仍没发现什么线索。就在蒋老师束手无策时，在班干部每周上交的“述职报告”中，他发现了一丝“线索”。有一名班干部写道：“我感觉浑浑噩噩，整天上课、下课却不知道是为了什么。我也知道学习是为了不辜负父母的期望，也知道是为了自己将来过得更好、更有出息，但是这些东西总是让我感觉非常渺茫、非常遥远，考好了怎么样，考不好又怎么样……”

读了这些，蒋老师突然明白，学生有自己的理想，清楚自己应该干什么，只是努力后得不到应有的认可，缺少他人的赞美、肯定和鼓励。自己在学生面前总是板着脸，对学生要求严格却缺少温情，批评有余而表扬不足，这样学生怎么会有动力学习？蒋老师决定改变策略，运用“激励倍增法则”，让学生接受自己，接受自己的赞美。

首先，为了拉近与学生的距离，蒋老师开始尝试和学生谈论一些他们感兴趣的话题。经过一段时间的努力，学生开始把蒋老师当作可以信赖的人，对蒋老师无话不说。蒋老师再适时地对学生进行表扬，学生就都很乐意接受了。

其次，蒋老师也改变了管理班级的方式。对违纪的学生，他不再像原来那样不分青红皂白地批评学生，而是先找出学生的优点，夸奖他一番，在他飘飘然“疏于防备”的时候，再点出他的违纪情况，并让他改正。以前，学生上自习课时，蒋老师总是先去看有没有学生违纪。现在，他把重点放在了发现学习刻苦、表现认真的学生上，并给他们以表扬。蒋老师还把原来《常规记录》中的“批评栏”去掉，换成了“表扬栏”，每周都进行汇总，对表现突出的学生给予加德育积分的奖励。

这样，不久，几乎每个学生都有了自己的表扬纪录。学生为了捍卫荣誉，不再轻易地去破坏这种良好的局面，班风有了很大改变。

另外，蒋老师充分信任学生，只要是学生能够做好的事情，就放手让学生自己去做。开班会的时候，蒋老师尝试让班委组织，让学生轮流主持，召开由学生自己确定主题的班会，并且让纪律委员把表现积极的同学记录下来上交，蒋老师对这些学生进行适当的奖励。

在“激励倍增法则”的指导下，蒋老师又进行了多种尝试。在师生的密切配合下，班级的精神面貌发生了巨大的改变——学生在老师诚挚的赞美中找到了自信，坚定了自己奋斗的方向；课堂也由原来的死气沉沉变得妙趣横生，焕发了勃勃生机。

下一次月考中，班级的学习成绩在连续三次倒数第一后向前迈了一级——倒数第二。而在以后的考试中，班级的成绩节节攀升，最终牢牢稳定在8个文科班的前三名，并在最后的高考中取得了优异的成绩。

陶行知先生早在20世纪前半叶就指出：教育孩子的全部秘密，在于相信孩子和解放孩子。相信孩子，首先就要学会夸奖孩子，没有夸奖就没有教育。据调查，经常受到教师夸奖与赞美的学生，其成才率比很少受到教师夸奖与赞美的学生高 5 倍。这表明，运用夸奖与赞美的激励方式，最能调动学生的积极性。但有些班主任不善于夸奖、赞美学生，而是以自己的权威，“逼”学生，“压”学生，“灌”学生，结果助长了学生的依从性，培养了学生的盲目性，扼杀了学生的创造性。

作为现代教师，班主任应该学会尊重学生、鼓励学生。因为，一个小小的鼓励就能培养一种精神，培养一种毅力，一个小小的鼓励就会塑造一种人品，一个小小的鼓励就会改变一个学生的前途。

（三）掌握赞美艺术，鼓励学生上进

教育的艺术是发现的艺术，是唤醒的艺术，是赞美的艺术，是鼓励的艺术。班主任应采取多种形式称赞学生，让学生体味到上进及取得进步时的欢乐，从而主动要求进步。

1. 善于发现学生的闪光点，丰富称赞的内容

在学校中，即使所谓的“差生”也有值得称赞的地方。然而，在大多数情况下，班主任称赞学生的标准只是学习成绩。随着素质教育的实施，班主任称赞学生的标准应该多元化，这样，称赞的内容才会更丰富，才会使更多的学生体验到被称赞的快乐。

那么，班主任该如何找到学生的闪光点，并加以赞扬呢?

（1）时刻关注，洞察点滴变化

很多时候，班主任由于麻木而忽视了学生的成长。这就需要班主任始终对学生的成长过程充满好奇，并能洞察他们身上的点滴变化，第一时间发现他们的进步，而这就是赞美学生的最佳契机。

（2）用挖掘机的力道去找寻

并不是所有学生的闪光点都很突出，甚至有的时候，某些学生会让人觉得他已经一无是处了。但事实并非如此：不热爱学习的学生也许热爱劳动；不能专心听文化课的学生，也许在音乐课上表现突出；不听老师的话，不一定也不听父母的话……也就是说，只要班主任相信这个学生身上有值得赞美的地方，就一定能找到。

（3）用园丁的心去培植

找到学生身上的闪光点并不是最终目的，相反，“长征”之路才刚刚开始。班主任要把这宝贵的、值得赞美的闪光点深化、提升，让它实现对学生心智的改造、重组。

（4）用独到的视角去认可

有的时候，不同教师对同一学生的看法会有差异。这个时候，班主任就要相信自己的眼睛和直觉，用自己独到的视角来欣赏和赞美学生。

2. 创设机会，让学生展示自我

没有不成功的学生，只有不成功的教育。班主任要了解每一个学生，为他们创设成功的机会，让他们展示自我，体会成功的喜悦。如对体育好的学生，可以让他们多参加一些运动比赛；对有绘画特长的学生，可以鼓励他们多参加一些美术展览等。

3. 不同的场合，不同的赞美

有的学生在学校里的表现比在家里的表现好，这时，如果班主任进行一次家访，当着家长的面对他在学校里的好表现给予称赞，不仅可以鼓励学生，更可以鞭策学生。当着家长或其他“重要人物”的面表扬学生，更有利于学生不良习惯的克服、好习惯的养成。

称赞学生也可以采取当面称赞和借别人之口称赞相结合的方式。对于低年级的学生来说，当面称赞的效果会好些，但对于一些年龄较大的学生，借别人之口称赞他会更好。这里的“别人”是那些学生比较看重的人，如自己的父母、好朋友等。

4. 依靠赏识性原则去赞美学生

赞美教育其实就是赏识教育。赏识的六大原则是“信任、尊重、了解、激励、宽容、提醒”。掌握了这些原则，班主任才能更好地赏识学生。

信任：班主任要相信每一个学生都有长处、优势。只有教师的信任，才能激发学生“天生我才必有用”的自信与自强精神。

尊重：与学生保持平等的关系。只有尊重学生，才会了解学生的天性和爱好，了解他们的心理需求。

了解：知己知彼，方能百战百胜。班主任若能了解学生，深入他们的心灵，教育自然得心应手。

激励：每一个学生都有闪光点，一经教师的激励就会闪闪发光。

宽容：对学生的闪光点要小题大做地激励，对其错误则要宽容。

提醒：宽容学生的错误，并非不管。班主任应该站在朋友的角度，心平气和地提醒学生，鼓励他改正。

每个学生都希望得到老师的赞美，就像植物需要水分，小草需要阳光和雨露。要让学生长成参天大树，就需要为他们补充“赞美”的营养。因此，班主任应遵循“激励倍增法则”，发自内心地赞美、鼓励学生，以吹散学生眼前的迷雾，拨动学生心中快乐、向上、自信的心弦。这样，总有一天，学生会像被精雕细琢过的宝石一样发出耀眼、璀璨的光芒！

横山效应：让学生自主学习

（一）横山效应启示

微软公司强调充分发挥人的主动性，让员工自觉产生强烈的责任感，同时给他们做事情的权力与自由。简单地说，微软的工作方式就是“给你一个抽象的任务，要你具体地完成”。对于这一点，微软中国研发中心的桌面应用部经理毛永刚深有体会。

毛永刚说，1997年他刚被招进微软中国研发中心时负责设计Word。当时他只有一个大概的资料，没有人告诉他该怎么做，该用什么工具。和美国总部沟通后，得到的答复是：一切都要靠自己去做。

微软是个公平的公司，这里几乎没有特权。盖茨曾经一度没有自己的停车位，他来晚了没地方停车，就得自己到处去找地方。正是这种公平和富有挑战性的工作环境，激发了微软员工巨大的工作热情。这种热情就是公司管理员工最有效的工具。在微软，员工基本上都是自己管理自己。

“做软件，到微软。”这是每一位在微软中国研发中心工作的人经常自豪地讲的一句话。去微软做软件，可以说是每一个做软件的人梦寐以求的事。为什么？因为除了过硬的技术条件外，微软能为自己的员工提供最大的实现自己创意的空间，能使员工的自我价值得到最完美的实现。

日本社会学家横山宁夫提出：自发的才是最有效的，激励员工自发工作的最有效的办法不是强制，而是触发个人内在的主动性。这种观点被称为“横山法则”，也称“横山效应”。

有自觉性才有积极性，无自决权便无主动权。在管理过程中，人们常常过多地强调“约束”和“压制”，事实上，这样的管理往往适得其反。如果人的积极性未能被充分调动起来，公司只是一味地制订规矩，那么，规矩越多，管理成本越高。聪明的企业家懂得在“尊重”和“激励”上下工夫，了解员工的需要，然后满足他们。只有这样，才能激起员工对企业和工作的认同，激发起他们的主动性，从而变消极为积极。

班级管理也是这样，促进学生自主学习的方法，就是处处从学生出发，尊重他们，为他们营造愉快的学习氛围，为他们提供发展自己的机会。班主任做到了这些，学生自然就会和班级融为一体，也就能达到让学生自主学习的目的。

据调查，上课时有54%的学生不管内容重要与否，都能控制自己注意听讲；39%的学生对不喜欢但重要的内容，会坚持注意听讲；7%的学生只听自己喜欢的内容。如此看来，只有少数（7%）学生的学习态度会受情绪影响。关于学习习惯的调查显示，22%的学生没有学习计划，36%的学生制订了学习计划但没有实施计划，42%的学生制订了学习计划并按计划学习。关于学习方法的调查显示，过半的学生没有遵循“预习——学习——复习”的学习模式。对于学生上课时是否能独立思考、主动提出问题的调查，结果更是不容乐观。（以上调查的详细数据可参见《教学管理》2008年第10期所载的《新课改下学生学习方式的调查》第35页）

从以上调查可以看出，目前学生学习的主动性、自觉性严重缺失，究其原因，主要有以下几个。

1. 学习动力不足，受外界影响大

相对于课堂学习的劳心劳力，网游、“超女”、电视剧、聚会，对学生来说更具吸引力。贪图享受的天性使学生厌学、逃学，更不用说自主学习了。

2. 没有养成良好的学习习惯

中学阶段对学生自主学习能力的要求高了，但相当多的学生还没有养成自主学习的习惯。中学阶段是学生自主学习能力形成、提高的关键时期，班主任一定要重视培养学生学习的自主性。

3. 教法简单粗放，没有深入布置作业

教师的“教”要有启发性，要像讲评书、说相声一样，调动学生的参与热情。教师只有教得精彩，引人入胜，才能更多地激发学生的学习兴趣，让学生更好地进行自主学习。但是，少数教师的教法过于简单，不利于学生自主学习的展开。

4. 学生厌学与教师职业倦怠

步入中学阶段，一方面，学生面临的学习任务重，同时又有升学的压力，很容易对学习产生倦怠感；另一方面，有些教师经过多年的教学，逐渐丧失激情，成功感下降，也产生了职业倦怠，因此影响了学生的学习。

上述几点原因在一定程度上都会影响学生的自主学习，班主任应从以上几点出发，设法利用“横山效应”让学生逐渐走上自主学习之路。

（二）学生自主，让课堂大放异彩

自主学习是学生在教师的科学指导下，围绕确定的学习目标，自主选择学习方法，自我监控学习过程，通过创造性的学习活动，实现自主发展的一种学习方式。以下是某班主任通过“横山效应”让学生自主学习的案例。

1. 以特定线索为主的自主学习

班主任布置了寒假作业——我心目中的化学，要求学生在课堂上展示。

小张酷爱武侠小说，他的汇报巧妙地把武侠小说的人物、情节、环境等融入化学研究中，立意新颖，通俗易懂。

“在我心目中，化学其实就是一部武侠小说，各个元素与化合物就像一个个武侠人物。元素的发现史好比小说的剧情，物质之间的化学反应就像一部部武学秘籍。

“二氧化硅（SiO_2）：谁人不知，谁人不晓？以二氧化硅为主要成分的水晶，晶莹剔透，价值连城。在‘化学江湖’中，它代表了那些英雄背后的美女，如冰清玉洁的小龙女，倾国倾城，用二氧化硅来形容再好不过。

“氧气（O_2）：‘化学江湖’中一个性格随和的人。但是此物质没有什么主见，容易随波逐流，和其他物质反应基本上是被还原成低价。我将它比作张无忌，此人虽然武功上乘，但在感情上却一直是跟着别人走，不管别人要求什么，他都会答应。

“氯气（Cl）：气中之剧毒者，黄绿色，处处散发着一股阴气。我将它比作老毒物欧阳峰，他用毒的能力首屈一指，而且阴险毒辣，颇有氯气的风范。”

小雷把所学知识和自己巧妙地联系起来，如“浓硫酸有很大的威力，它可以改变很多东西，正如化学时时刻刻都在改变着我们的生活一样。我和化学的关系，就像水与浓硫酸的关系：我甘心融入它的世界，被它包围，愿意在它的世界里，感受心潮澎湃的感觉，激动的心情难以言表。那沸腾的心啊，无论如何都不能平静！那翻滚的爱啊，无论怎样都不能停息！”

2. 以情景剧为主的自主学习

在学习金属时，班主任布置了作业——我最喜欢的金属，提出学生可以制作PPT进行演讲，说清自己喜欢某种金属的原因，或者根据自己喜欢的金属元素编制化学小品，进行表演。

下面是学生的表演——四大金属大PK。

锰：Mn——小赵

锂：Li——小胡

锡：Sn——小张

钛：Ti——小姜

有一天，四大金属碰到一块，各自吹嘘自己最优秀，互不服气，于是它们决定较量一番。

第一关：放置于室温下

不一会儿，锂就浑身抽搐，锂下……

旁白：锂为什么下去呢？

学生纷纷回答……

Li的全面介绍。

第二关：加热

100℃——三种金属都没事。

200℃——锡脸色苍白。

250℃——锡大汗淋漓。

270℃——锡下。

旁白：锡为什么下去呢？

学生纷纷回答……

Sn 的全面介绍。

决胜局：迎接两位的将是——王水。

把锰与钛放入王水中……

锰作融化状，钛作坚贞不屈状。

Mn 的介绍。

旁白：钛——“死不了的金属”。

Ti 的介绍。

3. 以生活为主的自主学习

小夏在学习食盐时，将食盐在生活中的用途总结如下。

食盐不仅是化学工业的重要原料，还是人类生活中的重要调味品。此外，食盐还有多种用途。

（1）喝淡盐水可以治喉咙痛、牙痛。

（2）误食有毒物，喝一些淡盐水，有解毒作用。

（3）每天用淡盐水漱口，可以预防各种口腔疾病。

（4）洗浴时，在水中加少量食盐，可使皮肤强健。

（5）豆腐易变质，如将食盐化在开水中，冷却后将豆腐浸入，即使在夏天，豆腐也可保存数月。

（6）将鲜花插入稀盐水里，可数日不谢。

（7）新买的玻璃器皿，用盐水煮一煮，不易破裂。

（8）洗有颜色的衣服时，先用盐水浸泡 10 分钟，然后再洗，则不易掉色。

（9）洗有汗渍的白衣服时，先在盐水中揉一揉，再用肥皂洗净，就不会出现黄色汗斑。

自主学习的核心是发挥学生的主体性、能动性，这些都在该班主任的课堂上得到了充分的展现。从课堂中我们感受到的是一种大开放的状态，在这种状态之下，知识与技能、过程与方法、情感态度与价值观相互交融，学生得到了美的体验、灵魂的提升。

横山效应能给班主任的工作带来很大的帮助，同时也向班主任提出了一定的要求，在运用横山效应培养学生的自主学习习惯时，应遵循以下原则。

1. 发挥学生的主体作用

探究是学生的探究，教师不能安排好途径和方法，牵着学生顺路直达终点，更不能为完成教学任务把答案直接告诉学生，让他们被动接受，而应让学生独立思考，自己作出决定或选择。在探究活动的各阶段都要充分发挥学生的主动性、能动性和独立性。

2. 注重合作

班主任要把自主学习置于合作的背景下来考虑，不能误以为强调学生的主体地位，就可以对学生放手不管，让他们孤立地开展自主学习活动，即进入“放羊式”教学模式。自主学习中的合作有多种形式，可以是学生之间的合作，也可以是师生之间的合作。教师在此过程中要注重启发学生，促进他们从自主学习的一个阶段过渡到另一个阶段。

3. 善于指导

孔子说，“不愤不启，不悱不发”，意为当学生思之未得、言之未出之时，给学生以指导，这应当成为班主任在学生自主学习时的指导思想。

实践证明，学生自主学习的愿望是强烈的，学生主动发展的潜能是巨大的，但他们的自主能力需要培养与提高。只要班主任充分相信学生、尊重学生，以充分调动学生的学习积极性为前提，以教给学生学习的方法为重点，以提高学生的智能为核心，就能使学生逐步获得较强的、能再生的基本素质，从而更加主动地学习。

（三）让学生自主学习的策略

横山效应强调的是员工自我的主动性，学生自主学习需要的也是自我的主动性，但是，班主任的引导和帮助，将会使学生的自主学习取得更好的效果。

1. 让学生树立自主学习的观念

人的行为往往受观念的影响，有了正确的观念，认清其意义和价值，人才能努力将观念转化为积极的行动。因此，教师必须让学生认识到自主学习的重要性，树立自主学习的观念，让他们获得自主学习的动力。

2. 调动学生学习的积极性和主体性

教学过程中，班主任应根据学生的特点，积极引导他们主动地发现问题、提出问题、解决问题，并倡导大家互问互答。除此之外，班主任还应在课堂上安排一定的时间，由学生提问、老师作答，这样一来，学生提问的积极性会越来越高，提出的问题也会越来越具有创造性。

3. 创设环境，让自主学习变成可能

这里的环境，并不单指诸如教室、阅览室等硬件条件构成的环境，更重要的是指由教育者与学习者之间的关系所构成的学习环境。为了创设有利于学生自主学习的环境，班主任首先必须转变教学理念，运用新的教学方法，把讨论型、研究型的学习引进课堂，切忌以教代练，越俎代庖。只有在参与讨论、研究的过程中，在不断的“历练”中，学生才能领会知识，并迅速进入角色。而一旦进入角色，学生的感知、记忆、思维、想象等智力活动和情感、意志、动机、兴趣等非智力活动就都会保持在最佳状态，大大提高其自主学习的效率。另外，构建和谐的学习氛围也是十分重要的。

4. 掌握方法，让自主学习得到保证

班主任要从传统的单纯“教”的圈子里走出来，在传授一定知识的基础上，让学生掌握自主学习的方法，这才是对学生最有意义的帮助，它能影响学生一生的学习，使教育长久地显示它的魅力。

方法的获得是一个循序渐进的过程，需要一步一个脚印地进行。例如，班主任可以先指导学生选择一个学习项目，并制订分阶段的学习计划，然后向学生推荐相关资料，学生经过自主学习，获得一定的思考成果后，班主任再指导他们进行必要的总结，或把自己的思考成果与前人的结论进行对比。当学生有了亲历的体会，最终获得的就不仅仅是结论，更为宝贵的是自主学习的经验和方法。

5. 加强对学生自主探索的训练

班主任可以让学生围绕具体的教学目标或某一问题，利用各种资源，独立进行思考、探索，并在老师或同学的帮助（师生、生生沟通，小组汇报等）下，释义思辨，发现知识规律，分析问题结构，构思解题思路，汇报学习成果，共同实现意义建构的过程。

自主学习追求教育本体功能的回归，关注每一个人的全面发展，力图使每个人都形成独立自主的精神与自主的判断能力。

皮亚杰认为："学生是对环境具有好奇心和探究欲望的主体，而不是被动的反应器。"如果让学生自己探索研究，他们的积极性最高，兴趣最大，学习也最有成效。所以，班主任应该利用横山效应，促使学生自主学习、主动发展。

华盛顿合作效应：打造合作学习的团队

（一）华盛顿效应启示

著名童话作家克雷洛夫曾经写过这样一个寓言故事：天鹅、梭子鱼和虾一起拉车，它们三个使出浑身力气，车还是原地不动。就力气而言，它们三个拉动这辆车是绰绰有余的，可是为什么车总是拉不动呢？原来，天鹅拉着车拼命往天上飞，虾拉着车一步步向后倒，梭子鱼则朝着池塘的方向使劲儿推车。他们谁也不想改变方向，车子自然就拉不动了。

这个寓言故事折射出了组织内耗的现象。组织内耗是指由于组织成员“窝里斗”，不仅耗费了组织的资源能量，降低了组织的运转效率，而且影响到组织的正常效能，损害了组织的整体利益。一般认为，合作群体的成员越多，组织内耗就越严重。两个人之间只存在一种关系，三个人就会存在三种关系，四个人就会存在六种关系，而成员关系越复杂，组织内耗就越大。所以，一个人完成任务的主观能动性最高，内耗最少；两人合作完成一件任务时，就有可能互相推诿；人越多，内耗越大，群体的主观能动性也就越差。

这就是“华盛顿合作定律”（也称“华盛顿合作效应”），它揭示了团队有效合作的重要性。团队的特点在于，将有才能的人聚集起来，并能够对一些非常规的问题提出创新的解决方法。

班主任应加强学生的团队合作建设，让每一个学生都能发挥出自己应有的水平。在组建学生合作团队之前，班主任首先应清楚一个新团队的发展历程。

1. 组成阶段

组成阶段是指团队初创阶段，这时每个成员都很有礼貌，同时也很迟钝。由于团队是新建的，每个成员都以自己的观点为准则，大都保守固执，有的成员甚至无法正常工作。

2. 磨合阶段

在这一阶段所有的不良情况都会暴露出来，“领导”或许会滥用职权，团队内部有可能拉帮结派，最严重的是，成员之间缺少交流和沟通，没有人愿意倾听他人的意见，有的人甚至不愿在公开场合交谈。

3. 规范阶段

在规范阶段，团队成员逐渐习惯在一起工作，内耗逐渐减少，新的合作精神出现，每个成员在表达自己的观点时有了安全感。最明显的进步是成员之间开始互相听取和采纳意见，全队有了统一的制度，并得到认可。

4. 履行职责阶段

这是团队建设的高峰阶段，团队成员间能够自由、坦诚地交换意见，团队最大限度地支持每个成员的决策。团队成员将个人能力融入团队建设中，全面体现出团队的精神实质，工作效率有了很大的提高。

在了解了合作团队的发展历程后，班主任还应清楚团队合作学习的其他方面。

合作学习兴起于美国，目前已广泛应用于我国中小学的教学实践中。它将社会心理学的合作原理纳入教学之中，强调人际交往对于认知发展的促进功能。其基本做法是，班主任将全班学生按照学业水平、能力倾向、个性特征、性别乃至社会家庭背景等方面的差异分成若干个不同的学习小组（每组3～6人），创设一种小组合作学习的情境，即小组成员不仅要努力争取个人目标的实现，更要帮助小组同伴实现目标，通过相互合作达到小组成员共同的预期目标。

团队合作学习将学生个体间的竞争关系改变为“组内合作”“组际竞争”的关系，将传统教学中师生之间单向或双向交流改变为师生、生生之间的多向交流，不仅提高了学生学习的主动性，也促进了学生间良好的人际合作关系。

（二）团队合作学习，让教学更高效

某班主任兼语文老师，在讲解“银河系”一课时，巧妙规避了华盛顿合

作效应不好的一面，让学生的团队合作学习取得了较好的效果。

师：同学们，暑假里你们观察过星星吗？看到过天空中有一条淡淡的光带吗？

生：在东钱湖外婆家，晚上乘凉时看到过，在天空中像丝带一样的，很好看！

生：我也看到过，这条光带横跨整个天空。

（由于大部分学生生活在城镇，一个班没有几个学生见到过这种现象）

师：这条淡淡的光带，看上去像天空中一条银色的河，其实就是我们常听说的银河。（可看课件上或书本中图 1.2.1 美丽的银河）那谁知道有关银河的故事和传说？向大家简要介绍一下。

（某生简单地描述了有关牛郎和织女的故事，并获得了全班学生的掌声）

师：银河真的是王母娘娘画的，由银子组成的河吗？（学生都笑着摇了摇头）我这里有几张拍摄到的银河照片，班里很多同学没有看到过，我们一起来欣赏一下。（出示课件中三张美国拍摄的银河系照片）我们刚才一起了解了有关银河系的知识，同学们想更详细地认识银河系吗？把你还想知道的有关银河系的问题，写下来。

学生思考了几分钟，提出了许多他们想知道的问题，如银河系是怎样形成的？银河系为什么会发光？银河系真的像带子一样的吗？银河系有多大？地球在银河系的哪个位置？我们看到的星星是不是都在银河系里面？

师：同学们，你们想知道的东西还真多呢。但我们这节课只能解决一部分问题，其他没能解决的问题，大家可以汇总后贴在“自然学习园地”上。

师：我把同学们提出的问题归纳了一下，这节课我们一起来学习有关银河系的三个问题：

（1）你能描述一下银河系是由哪些物体组成的吗？

（2）如果能远观银河系，你发现它像什么，能描述一下吗？

（3）展开你想象的翅膀，向同学描述一下你认为的银河系有多大？它在宇宙中是静止的吗？我们的家园——太阳系，在其中吗？

大家分小组进行学习，小组学习时间控制在 10 分钟内，学习的内容和步骤可以参照发给你们的表格，要求三点内容都要学习，最后选择你们小组比较感兴趣的一个问题，由小组发言人汇报你们组的学习成果。各组成员各司其职，现在开始小组合作学习。

（教师倾听小组讨论，适时地进行辅导；小组每个成员需要对小组表现进行评价，同学们的学习气氛比以前随意分组学习时要热烈得多；约 10 分钟，小组学习结束）

师：我发现小组学习气氛很好，特别是 1、3、8 组讨论热烈，学习得很认真。下面我们请各组发言人来发表一下各自的看法？

生：我们组对第一个问题“银河系的组成”进行讲解。银河系由 1500～2000 亿颗恒星、大量气体和尘埃物质组成。

师：还有其他同学补充吗？或者对该同学的发言，能评价一下吗？

生：我觉得他回答得简单明了，很好。我补充一下，银河系非常庞大。

师：大家说这两位同学回答得怎么样？

生：好。（拍掌）

师：我们一起解决了第一个问题。下面几个问题，哪些小组来回答？

生：我们回答第二个问题。我们小组认为银河系正面看很像蜗牛壳，侧面看像外星人的 UFO。

生：我们觉得银河系正面看如同向河中投掷一块石头后出现的波纹，侧面看像芒果核。

生：正面看像一支笔旋转起来后形成的图像。

生：正面看像头上正在扇的电风扇的中间部分，一圈一圈的。

生：我觉得他们都很有想象力，但是我们要科学地表述银河系的形状。银河系正面看像一个庞大的车轮状旋涡系统，从银河系的核心向外伸出四条旋臂；侧面看像我奶奶的老花镜，中间凸起部分汇聚了绝大多数的恒星和星际物质。

师：我实在太佩服你们超凡的想象力了。你们的回答让老师的视野也开阔了。哪个小组来回答最后一个问题？

生：我们小组认为银河系的直径约为 8 万光年，总质量是太阳质量的 1400 亿倍。银河系存在已经有 100 亿年了，它是不断地转动着的。太阳系位于离银河系中心 2.6 万光年的边缘处。

师：还有其他同学补充吗？（停顿，没有组要回答）没有了，是吗？同学们，银河系到底有多大，大家能想象出来吗？

（学生迷茫地摇摇头，这些抽象的数据不能让学生形成具体的印象）

师：我来告诉大家吧！光一秒钟可以走过多少距离？（有学生回答：30万千米）那30万千米有多长呢？一秒钟，光可以绕地球转过多少圈呢？猜想一下！（学生中有些说2圈，有些说1圈，有些摇了摇头）光一秒钟可以绕地球7圈半，（同学们发出了惊叹声）如果让一束光从银河系的一端沿直径走向另一端，需要走8万年呢！（同学们张大了嘴，遐想着）如果你们一家三口的质量和地球上所有海水加起来的质量相比怎样？（学生笑了，相比太悬殊）约1400亿倍。太阳的质量和银河系质量相比就相当于一家三口的质量和地球上所有水加起来的质量相比。光从银河系中心大约走2.6万光年就到了我们的家园——太阳系。太阳带着它的家族围绕着银河系中心在高速运转着，当然其他天体也在高速运转。

师：大家说银河系大不大？（学生们：大，太大了）那银河系就是我们平常所说的宇宙吧？

生：不是的。银河系不是宇宙，宇宙中还存在其他星系。

师：同学们能不能遐想一下你心目中的宇宙是怎样的？

生：有外星人吗？哪个星球上有可能有外星人呢？我想有外星人的。

生：现在还没发现外星人，不一定有的。

生：我们看见的星星其实就是一个像银河系的东西。

生：这些星星有不同的颜色，有些偏红，有些偏蓝。

生：宇宙非常非常大，由无数个星系组成，大得无边无际。

师：同学们心目中的宇宙很有色彩，也有生机。那我们借助哈伯太空望远镜来看一下深层宇宙的景象。（播放美国地理杂志上哈勃望远镜拍摄到的深层太空的景象）

师：和你心目中宇宙的景象相符吗？宇宙中有无数个像银河系一样的星系，它们每时每刻都发生着变化。宇宙中还有许多未解的奥秘，你想探究吗？

生：我很想知道宇宙是怎样形成的。

师：有同学知道吗？

生：有些天文学家认为宇宙的形成是起源于宇宙大爆炸。

师：这位同学知识面很广，现在许多科学家是这样认为的。当然还在进一步搜集证据进行论证。

生：宇宙很大，那宇宙外面是什么呢？

……

师：同学们的问题真多，很多问题老师也无法回答，甚至很多问题科学家也还在探索。同学们你们愿意长大后，去探索宇宙吗？

（全体学生都用力地点了点头）

在这节课的教学中，教师运用了小组合作的学习模式，引导学生自主学习，把全班分成12个小组，每个小组成员都有具体的职责。这样便提高了学生团队合作学习的效率，取得了较好的课堂效果。

现代教学论指出，教学过程是师生交往及生生交往中积极互动、共同发展的过程，没有交往、没有互动，就不存在或没发生教学。班主任采用团队合作学习的形式，对学生学会学习、学会沟通、学会交流具有积极的意义。

1. 有利于促进学生的个性化发展

在团队合作学习过程中，学生具有高度的自主性，学习过程真正成为学生发现问题、提出问题、分析问题、解决问题的过程，有利于学生的个性发展。

2. 有利于促进学生自学能力的提高

学生一般是在教师设计的模式中被动地接受知识，无法充分挖掘自身的学习潜能。现在提倡把课堂还给学生，学生不再是“观众”，而是学习的主体。教师的教学设计必须考虑在课堂上为学生提供充裕的时间进行阅读、思考、讨论交流，使学生在团队合作学习的过程中悟出学习的方法，以提高学生的学习能力和学习效率。

3. 有利于为学生营造合作、竞争的氛围

在团队合作的过程中，学生能发现他人的优势、学习他人的长处，学会与他人合作，进而完善自己。团队合作学习还可以激励学生发挥特长，形成多项交叉，实现优势互补，从而提高课堂教学的质量。

4. 有利于培养团队协作精神

学生在团队合作学习过程中能够不断地互相帮助。在这种学习氛围下，个别学习有困难的学生在同伴的帮助下，也能逐步掌握科学的学习方法，并能大胆发表自己的意见。在轻松获得知识的同时，学生既提高了学习能力，也增强了团体合作精神。

5. 有利于培养学生的创新精神和创新能力

传统的学习方式过分强调接受与掌握，忽视了发现与探究。在团队合作学习中，学生的自主性、独立性、能动性和创造性将得到充分的发挥，从而有利于进一步培养学生的创新精神和创新能力。

6. 有利于促进师生之间、生生之间的交流

在团队合作学习过程中，学生面对面交流，可以轻松、自由、随意地表达自己的思想感受。教师则以伙伴和顾问的双重身份参与交流。在传统的集体教学中，相当一部分学生由于得不到充分参与学习的机会，而不得不处于“旁听”“旁观”的被动学习状态。团队合作学习将有效改善学生的这一学习状态，赋予全体学生远多于传统课堂教学的参与机会和权利。

（三）让团队合作学习更有效的策略

合作学习方式是在“以学生发展为本”的教育理念指导下，为充分体现学生在学习过程中的主体地位，发挥学生的自主性和主动性，改革以往的灌输式、被动接受式的教学方法，而倡导的一种建立在师生平等、互动、开放基础上的教学方法。

在运用这种教学法时，班主任应注意规避华盛顿合作效应存在的劣势，尽可能地打造出高效的学生合作学习团队。

1. 组建合理的学习小组

合作学习是以学习小组为基本单位的，合理科学地分组是促进学生有效开展合作学习的前提。小组成员的多少、学识水平的高低、学习能力的强弱，都会影响合作学习的效果。因而班主任要做好分组工作。

一是组建小组的人数，一般4～6人为宜。这样既能保证学习任务分配到组内每个成员，使他们有独立思考的内容和空间，能够发挥各人能力和特长，又能保证组员之间有充足的时间进行讨论、交流，广泛表达个人见解，获得全面完整的知识。

二是在分组的形式上要遵循“组内异质、组间同质，优势互补”的原则。班主任分组时应充分考虑学生的性别、个性特长、知识水平、交际能力、动手能力等方面的差异，将具有不同能力优势的学生组合在一起，形成

优势互补。

例如，化学班主任分组时要考虑男女生的搭配。许多女生实验操作能力差、胆子小，但心细，观察事物仔细；而男生一般实验能力强，却容易粗手粗脚、忽视细节。如果在实验合作时适当地进行男女组合，就能真正形成优势互补。

在分组时，班主任还应考虑学生的学习基础和学习能力的差异，把基础好、能力强的学生分散安排到各个小组中，使每个小组都有领头人。这样更有助于小组合作学习的顺利开展，更有利于各小组间公平竞争，充分调动学生学习的积极性。

三是在小组的组织管理上，班主任应引导学生进行民主管理和自主管理。小组成立后，各组民主推荐组长，班主任要明确小组长的职责，使其充分发挥组长作用。组长与组员之间要建立相互依赖关系，组长负责把学习任务分解，并落实到每个组员身上，确保每个组员都能积极主动地参与到小组的合作学习中来。

2. 动静结合，促进合作学习

“新课改”课堂的一个重要标志是学生要“动”。“动”是动脑思考、动手操作、动眼观察、动心体会、动耳倾听、动口讨论。学生动用各种器官去学习，在课堂学习过程中处于主体地位，真正成为学习的主人。班主任从主导者成为学生学习的合作者，从中起到组织、协调、引导、帮助的作用。

当然，学生进行合作学习，不是交头接耳、各说各的，更不是肆无忌惮地大声研究问题，因为这毕竟是课堂。合作学习更要保持一定的秩序，保持良好的学习氛围。在别人表述自己的见解时，其他学生应认真倾听，之后可阐明自己的观点，然后通过综合小组成员的意见，归结出本小组最完善的方案，这才是合作学习的最终目的。让学生在合作学习后，加深对问题的理解，并懂得这需要多角度、多层次的思考，而自己的见解只是集体中的一部分，想要集思广益，就必须和多数学生进行交流。

3. 注重有效实施合作学习的过程管理

团队合作学习的整个过程大致为：明确学习任务——开展合作探究活动——交流反馈学习结果——师生共同综合评价。

（1）明确学习任务

在合作学习之前，班主任要使学生明确学习的目标和内容，告诉学生评价的标准是什么，以及合作学习的重要性，适时激发学生的学习兴趣，让学生明白怎样完成学习任务。

（2）开展合作探究活动

确立学习任务之后，小组要通过研究学习目标，明确主攻方向和需解决的问题，根据组员的特点进行分工合作，并进一步探索交流。在此期间，班主任要在组间巡视，针对学习过程中出现的各种问题及时指导学生。

（3）交流反馈学习成果

小组成员通过探究分别阐述各自观点，对有疑问的地方进行集体研究，再向全班汇报自己小组的交流成果。对本小组内无法解决的问题，班主任可以让其提出，并请其他小组帮助解决。

（4）师生共同综合评价

通过小组间的交流探讨，班主任指导学生逐步统一认识，得出结论，并对各小组及其组内成员的表现给予恰当的评价。

团队合作学习是“新课改”倡导的一种新的学习方式，有利于培养学生的合作精神和创新能力，提高学生学习的主动参与意识，促进学生全面和谐的发展。在“新课改”理念下，班主任应不断探索合作学习的内容、方式和策略，切实打造出一个个优质、高效的合作学习团队。

快鱼效应：让学生高效率地学习

（一）快鱼效应启示

青岛海尔集团的老总张瑞敏认为，在市场经济发达的国家，企业的兼并经过了三个阶段：第一个阶段是“大鱼吃小鱼”，即弱肉强食；第二个阶段是“快鱼吃慢鱼”，即技术先进的企业吃掉技术落后的企业；第三个阶段是“鲨鱼吃鲨鱼”，即强强联合。而在目前的中国，国企之间的兼并却不会出现上述任何一种情况，因为国有企业只要有一口气，就不会被吃，且“小鱼不觉其小，慢鱼不觉其慢，各得其所”。

张瑞敏认为，既不能吃活鱼，又不能吃死鱼，唯有吃“休克鱼”。企业表面是死的，其管理有严重问题，停滞不前，但是肌体还没有坏，只是处于休克状态。张瑞敏所说的“休克鱼”，事实上是对中国国情下的“慢鱼”企业的更传神的称呼。中国市场经济中的“快鱼”海尔，迄今已经实施了近20起兼并案，被收购的这些企业的亏损总额超过5亿元人民币，但是重组之后，盘活的资本总额超过15亿元人民币，可以说是“吃得其所，吃得其法”。

速度决定竞争成败。美国思科公司总裁约翰·钱伯斯在谈到新经济规律时提出，当今市场竞争不是“大鱼吃小鱼”，而是“快鱼吃慢鱼”，这就是“快鱼效应”。

在当今市场经济的激烈竞争中，几乎所有的经营型、服务型企业都在用尽全身解数抢占市场、扩大销量。而市场先机稍纵即逝，速度就成为获胜的关键因素之一。此时市场的成败，就不能仅仅以“大鱼”“小鱼”论，而要看“快”与“慢”了。

快鱼效应不只体现在市场竞争中，运用到班级内部管理中也能发挥重要作用。同样一件事，第一个人用一小时做好，第二个人用半小时做好，那后者就是“快鱼”，他能在有效的工作时间里做更多的事情。从整体来讲，如果班级的每一个学生，都有一种“快鱼”的紧迫感，摒弃懈怠和推托行为，多一些责任，少一些借口，学生自身的成绩乃至整个班级的发展都会得到飞速提高，获得更大成功。

长期以来，人们习惯把智商高低、学习努力程度和学习结果联系在一起。可是大量事实证明，那些学习优秀的学生并不都是智商最高的学生，也不完全是学习最用功的学生。有的学生脑子很聪明，学习成绩却不好；有的学生在学习上始终非常用功，但学习成绩却很一般。这就涉及学习效率的问题。

学生的学习效率在很大程度上决定着其知识的掌握情况，班主任常常可以看到一些学生的学习成绩同他的学习态度不能成正比，一些学习成绩好的学生反而在学习上没花什么时间。其实，问题的关键在于学生应该如何充分利用时间、讲究学习效率。因此，作为班级的管理者，班主任更应加强对管理学知识的学习，力争运用好快鱼效应，让学生都能高效地学习。

（二）高效学习源自班主任的努力

某英语班主任老师在教学中巧妙运用快鱼效应，采用高效课堂模式，让学生更高效地学习。

师：First，let's enjoy a video at the beginning of our class.

（教师播放百事可乐在印度投放的广告）

师：What's the video about?

生：Advertisement.

生：Cola.

师：Yes，it's an advertisement for Pepsi Cola.

（教师同时播放几张百事可乐的广告宣传图片）

师：We can see Pepsi's attractive and original ads nearly everywhere. Maybe that's why Pepsi becomes so popular nowadays. The company is successful in its ad campaign. Do you think so?

生：Yes.

师：Do you know how to build an ad campaign?

（学生纷纷摇头，都没有出声）

师：It doesn't matter. Today we will learn something about how to build an ad campaign.

（教师播放轻柔的音乐作背景）

师：请起立，下面给你们5分钟时间进行小组互动交流。

（教师巡视，再次调查学情，指导学生讨论）

师：请坐下。现在请各组同学上来展示。

（学生根据本组所获得的任务分工，依次上台展示）

Task One

展示学生：第一道题填appeal，短语appeal to的意思是“迎合，对……有吸引力”，to是介词，句子的意思是“这个歌手的声音吸引了很多歌迷”。第二题的答案是various，意思是“各种各样的”，句意为“成员们因为各种各样的原因没有出席会议”。第三题我们填的是reacted，短语react to是“对……做出反应”，根据后面的told，我们知道事情发生在过去，所以要用过去时，这句话的意思是“妈妈因为我向她撒了谎而非常生气”。第四题的答案是extremely，句子的意思是“对我们来说，掌握一门外语非常重要”。第五题的答案是audience，句意为“这部电影的目的仅仅是为了满足它的观众”。请大家注意audience这个词的拼写。Do you have any questions?

质疑学生：我觉得第一题的答案应该是appeals，因为主语是the singer's voice，应该用第三人称单数。

展示学生：哦，我们没有注意到这个地方，应该是appeals。（更正黑板上的答案）

下面的学生对他们的精彩表现给予了热烈的掌声。

师：So we should be careful when we do exercises. This group did a really good job. How many points can they get?

生：Three.

（教师在事先画好的计分表上给展示小组和质疑小组分别加上3分和2分）

Task Two

展示学生：第一题选D，第二题选B……

生：为什么啊？

展示学生：第一段主要讲什么是广告策划活动，所以选D；第二题选B，第二段讲的是如何决定广告活动的目标观众；第三题选A，第三段说的是广告活动的内容；第四题选C，第四段主要讲如何赢得目标观众。请问大家还有什么疑问？

生：没有。

师：这里的 target audience，我们可以翻译成“目标受众”。How many points can they get?

生：Three.

（教师给展示小组加上3分）

Task Three

展示学生：这道题大家可以通过阅读文章，找到相应的答案。第一题可以在文章第一、第二行找到答案，An ad campaign is an organized programme of advertisements using various kinds of ads to reach a particular audience。第二题在文章第三行可以找到答案，You must have a clear goal and target audience in mind。第三题我们可以在文章第七行找到，有报纸、杂志、电视、广告牌、邮件等。第四题是问我们首先要考虑什么问题，大家看蓝色的粗体字部分，一共三个问题。最后一题我们没有找到答案，请问哪位同学能帮助我们？

质疑学生：这题要到文章最后一句话中找，原文没有用 base on，用的是 depend on，应该是 You should depend mainly on your target audience and which kinds of ads reach that particular group best.

展示学生：大家同意吗？

生：同意。

展示学生：大家还有什么疑问吗？那这一项我们就讲解到这。

Task Four

展示学生：根据文章标题，第一空填 campaign；根据第三到第四行，第二空和第三空分别是 goal 和 target；第四空和第五空分别填 research 和 message，这个我们能在第一行蓝体字下面找到；根据十九行知道第六空填 information，就是“搜集信息”；第七空是 react，在原文第十九行可以找到；第八空和第九空分别填 ways 和 across，在文章第二十七行可以找到答案；根据第二十八行的内容可以知道第十空填 approach。

师：大家有没有不同意见？

（下面的学生都没有异议）

师：他们的答案都是正确的，非常好。

（教师给这一组学生加上 3 分）

Task Five

展示学生：这些都是书上的短语，我们一起来看。“一个经过组织的广告计划”是 an organized programme of advertisements；“各种各样的”是 various kinds of；“到达特定的目标受众”是 reach a particular audience；“记住，思考，计划”是 have sth. in mind；“传递消息”是 get the message across；“努力做某事”是 try to do sth.；“试着做某事”是 try doing sth.。我们再来看这个句子，主句是 an advertisement 到 audience，unlike 是介词，using various kinds of ads to reach a particular audience 为现在分词短语作方式状语。

质疑学生：“记住”是不是还可以用 keep sth. in mind?

（展示学生看老师）

师：对的，这里用 keep sth. in mind 也可以。这组表现得很好。How many points?

生：Four。

（教师在计分表上给展示学生和质疑学生分别加上 4 分和 2 分）

Task Six

展示学生：先看词组。“为了，以便”是 in order to；“决定某事”是 determine sth.；“决定做某事”是 determine to do sth.；“做一点研究调查”是 do a little research。下面来看句子，这个句子是简单句，in order to 在句中作目的状语，类似的结构还有 to 和 so as to。

师：这里我们要注意 to 和 in order to 的位置比较灵活，而 so as to 不能放到句首。

（教师为该组学生计 3 分）

Task Seven

展示学生：首先，我们先来看第三段中的重点短语。“迎合某人，对某人有吸引力”是 appeal to；“搜集信息”是 gather information；“关心，在乎”是 care about；“对……关心，与……有关”是 be concerned with。下面我们来分析一下这一段的重点句型，after 后是一个时间状语从句，这个状语从句里还包含一个宾语从句，在主句 it is time to decide……后跟了一个宾语从句。大家有没有疑问？

质疑学生甲：我想补充一下，我们以前还学过的 be concerned about 也可以表示“关心”。

展示学生：是的。be concerned with 和 be concerned about 都可以表示“关心”，但 be concerned with 还可以表示“与……有关”。

质疑学生乙：第二个宾语从句中，what 是充当什么成分的？

展示学生：它是作 know 和 think about 的宾语的。

（其他学生对他们的解释和质疑报以热烈的掌声）

师：Wonderful! How many points can this group get?

生：Five。

（教师给展示小组和两个质疑小组分别加上 5 分和 2 分）

Task Eight

展示学生：“（将想法、信息等）传达给某人，使理解”是 get sth. across；“组织，汇集”是 put sth. together；“依赖，依靠，取决于”是 depend on。这里有个定语从句，修饰 the way，省略了先行词 that 或 in which，which 连接的是一个宾语从句，作 on 的宾语。

质疑学生：我想补充下，depend on 有一个近义短语 rely on。

师：是的，rely on 也有“依靠”的意思。Good! How many points do you like to give this group?

生：Three.

（教师给展示小组和两个质疑小组分别加上 3 分和 2 分）

师：下面我们根据文章提供的信息，自己动手，通过制作广告海报来开展一个公益广告活动。有以下几个主题供各组选择：

（1）Animal protection 动物保护

（2）Anti-smoking 反对吸烟

（3）Anti-drugs 远离毒品

（4）Anti-littering 禁止乱扔垃圾

学生以小组为单位讨论并确定海报主题和设计方案，开始动手设计海报。

各小组依次上台展示本小组的海报，并向大家介绍创作理念。教师和学生共同选出一个优胜小组，并为他们加 5 分。

最后，教师带领学生完成巩固练习，并对课堂进行小结。

上述案例中，班主任依据“新课改”的要求，面向全体学生，注重对学生综合语言应用能力的培养，给学生体验、参与、合作和交流的机会，让学生走上高效学习之路。

班主任在每个环节上都设置了任务目标并进行即时评价，让学生明确努力方向。不同层次的学生都能主动参与到本节课的学习中来，并有所收获，学生增强了自信心、提高了学习兴趣，也变得更积极、更主动、更快乐，学习效率自然会有所提高。

班主任只有努力给学生创设一个民主和谐的氛围，给学生提供自我展示的舞台，才能让他们在学习中获得更多的快乐。只有当学生认为学习不是“受罪”，而是一种快乐的体验时，他们的学习效率才会整体性地提高。

（三）让学生高效率学习的策略

要想让学生高效率学习，除了靠学生自身努力外，班主任应巧妙运用快鱼效应，给予学生一定的引导，帮助学生提高认识并掌握高效学习的方法。

1. 引入泰勒科学管理理论

班主任可以引入“泰勒科学管理理论”，对学生的学习行为进行标准化、规范化的管理，从而保证学生学习的高效率。

班主任可严格要求学生养成良好的学习习惯。例如，在上课的时候让学生把文具、书本按要求摆好；严格要求学生做作业时精神集中，不得交头接耳，力求有速度、讲效率。

班主任应尽力培养学生的时间观念，让学生学会讲求效率，养成良好的学习习惯，最大限度地发挥自身潜能，让其在多方面的学习中得到更好的发展。

2. 加强学生时间观念的培养

时间是速度，是力量。合理利用时间是提高学习效率的最大保障。班主任要让学生知道提高学习效率的重要性，必须令其有切身的体悟。明确一件事的完成时间是多少，自己如何在最短的时间内完成，有没有更加快捷的方法，这不仅是学习方式的问题，更是学习方法的问题。班主任应让学生把握和调控自己的学习时间，保证自己在效率最高的时间段里学习。

3. 逐步培养学生的创新能力

能力是指成功完成某种活动所必需的心理特征。高效学习主要和学生的创新能力有关，班主任应逐步培养学生的创新能力，让学生敢于、善于转换新角度思考问题。

(1) 让学生敢于、善于质疑问难

问题是思维的向导，从这个角度看，提出问题比解决问题更重要。学生本来是善于发问的，可是到了学校后，变得不爱提问。有的学生会想：我提出这个问题后，老师会说我吗？在这个时候，如果班主任对学生加以鼓励，让学生把问题提出来，将有助于学生的学习和发展。

一般来说，学生会在难点处质疑，关键处质疑，易错处质疑。学生质疑以后，班主任应教学生解疑。解疑可有以下做法：①发动学生互相解疑。大家把自己的想法、观点说出来，互相讨论，在讨论中通过班主任的引导，解决问题。②引导学生自己解疑。学生自己提出问题，并带着这些问题读书、思考，进而想办法解决问题。学生在自读中自感自悟，自主地表达独立思考后的见解，这样才能发展个性，提高创新能力。

(2) 引导学生求异求新地质疑

培养学生的创新意识和创新能力，最重要的是尊重学生的个性，培养学生的求异思维，鼓励学生独立思考。班主任应引导学生尝试用不同的方法和思路去解决相同类型的问题，培养其思维的灵活性。

例如，教学《曹冲称象》这一课时，班主任可以让学生说说是否还有比曹冲的更好的称象方法，让学生充分表达自己的观点，让他们能够"没有顾虑，不怕权威，大胆怀疑，多元思考"。

4. 教育学生掌握适合自己的学习方式

心理学研究证明，使用简单的视觉、听觉和身体语言可以有效地提高学生的学习能力，提高他们的学习自信心和主动性。

心理学家认为，人们接收信息的有效方式是不同的，主要有视觉、听觉和动觉三种。班主任应给学生介绍一下有关学习类型的知识。学习类型可以从不同的角度划分，如从生理、智力特点上，从学习习惯上，等等。按照生理条件的不同，人的学习类型被分为视觉学习者、听觉学习者和动觉触觉学习者。不同学习类型本身没有好坏之分，在每一个文化环境、社会经济阶层或者每个班级里都存在着不同学习类型的人，班主任应引导学生进行调查和自我测定，让他们了解自己的学习类型和特点，合理安排自己的学习。班主任还应让学生了解“艾宾浩斯遗忘规律”，使其对自己的学习状况有一个了解，并结合遗忘规律，合理安排自己的学习时间，保证较高的学习效率。

5. 培养学生高效学习的习惯

让学生高效率学习，最重要的就是要学生养成讲求效率的学习习惯，把这种有意识的行为逐渐固化为自然的行为习惯。班主任要让学生对学习效率的认识从感性上升到实践，并强化到学习生活中去，让高效学习成为学生的一种自觉选择。

例如，班主任可以培养学生在规定的时间内完成规定的事情。这样，学生就能养成专心的习惯，学习效率自然得到提高。相反，如果班主任不注重学生这方面的教育，学生则会养成松散、拖泥带水的毛病，严重影响学生学习效率的提高。

学习必须讲究方法，而改进学习方法的本质目的，就是为了提高学习效率。当然，提高学习效率并非一朝一夕之事，需要长期探索和积累。一方面，可以借鉴他人的经验；另一方面，要充分结合自己的特点。

班主任应积极通过各种途径向学生传授高效学习的技巧，充分运用“快鱼效应”，让所有学生都能从根本上认识到高效学习的益处，并努力提高自身的学习效率。

木桶效应：加长“短板”，促进班级整体发展

（一）木桶效应启示

一个木匠看到家里有一些木板的下脚料，就做了两个木桶。由于那些木板有长有短，桶壁也就高低不齐。提水时，他发现用由十多根 50 厘米的木板和十多根 30 厘米的木板做的木桶来装水，还没有全用 35 厘米的木板做的木桶装得水多，就感到很奇怪。

认真看了半天，他发现那个看似比较大的木桶，水一装到木桶的 30 厘米处时，就开始往外流了。

这个现象就是“木桶效应”，又称“水桶原理”或“短板理论”。木桶效应是美国管理学家彼得提出来的，其核心内容为：一只水桶盛水的多少，并不取决于桶壁上最高的那块木板，而是取决于桶壁上最短的那块。

某公司的一位员工，由于脾气不好、经常顶撞上司，被安排到了一个可有可无的工作岗位上。以前他总会在工作中提出一些新想法，如今就算他提出来，也不能被管理层所知了。

无奈之下，他只能当一天和尚撞一天钟，对工作越来越懈怠了。

这天，公司给客户做的宣传文案被退了回来。情急中，有同事想到了他，就请他帮忙，结果他做的文案被客户选上了。

事后不久，总经理得知文案是他做的，就找到他说：“没想到公司还藏着你这样的人才。你完全有资格去做宣传部主任，怎么能在这个位置上浪费才华呢？”

听到总经理这样夸赞自己，他高兴极了，连连表示感谢。

“但是……听说你脾气不好。升职后，可不能对下属乱发脾气哦！否则，你去哪里找得力的助手辅佐自己啊？”

该员工一听，回顾自己的经历，觉得很有道理，于是在以后的工作中，非常注意收敛脾气。后来，他和下属打成了一片，为公司的发展做出了不小的贡献。

这个例子表明，给予“短木板”以激励，可以使“短木板”慢慢变长，从而提高个人的整体实力。人力资源管理不能仅仅局限于对个体的关注，而应把所有的人融合在团队里，进行科学配置，将好钢用在刀刃上。这样才能真正发挥出每一个个体的实力。

同样，一个班级由几十名学生组成，正如一只木桶是由若干块木板组成的一样。组成木桶的木板有长有短，组成班级的学生也有“长”有“短”。因此，要建立优秀班集体，达到整体优化的目的，班主任就必须分清学生群体中的“长板”和“短板”，采取科学的方法，将“短板”加长，变成“长板”，从而使班级这个“木桶”的“存水量”达到最大值。

武汉大学教授李格非先生，曾经在成都一家工艺作坊看到过一些用不起眼的老藤朽根雕刻、嫁接成的绝妙盆景，不由得啧啧称赞。并应店主的邀请，为其写了一副对联：“天生我才必有用，世无朽木不可雕”。雕刻如此，教书育人又何尝不是这样？就算后进生在思想品行和学习成绩方面比较落后，像老藤朽根一样，但只要班主任精雕细琢，也能将其雕刻成“绝妙盆景”。所以，班主任不应对他们失去信心，更不能嫌弃他们，而应努力教育、转化他们，让他们和班级一起发展。

（二）用鼓励“加长”后进生的“短板”

小丽是上海市卢湾区第三中心小学班主任陈静菊老师班上的学生。刚接手这个班时，陈老师就发现小丽有点特殊。小丽语言表达能力差，反应迟钝，常常考试不及格，也因此经常被同学歧视。

陈老师知道，这样下去不仅对小丽不好，对班级的整体发展也不利。身为班主任，必须管好、带好小丽这样的后进生，让他们也能和班级共同发展。

后来，通过一次智力测试，陈老师发现她的智商确实比正常学生低。家访中，陈老师还了解到小丽的母亲患有严重的精神病，经常发作住院；她的父亲腿有残疾，每天为了生活奔波，几乎没有时间管女儿；小丽的生活只能由年迈的奶奶照料。

知道了这些，陈老师非常心痛，更觉得自己有责任去关心她、帮助她、激励她，让她和其他学生一样健康快乐地成长。

为了赢得小丽的信任，陈老师经常让小丽站起来读一些简单的字母，但每次小丽都低着头，不开口说话。下课后，陈老师坐到小丽身边，和蔼地问："刚才为什么不读啊？是怕读错了吗？"

小丽点了点头。

"学会了拼音才能认字、看书，你愿意长大后一个字都不认识吗？"

她摇摇头。

"用嘴巴说，好吗？"陈老师鼓励道。

看着老师温和的目光，小丽终于开口了："不…愿…意。"虽然是断断续续的三个字，但却是她迈出的第一步。

"老师愿意做你的好朋友，教你读，你愿意吗？"

小丽羞涩地笑了。那略带傻气的笑容里流露出一股喜悦和信任。

受智力影响，小丽学得特别慢，成绩总是班里最差的，与倒数第二的学生都差二三十分。对此，陈老师告诉自己，一定要降低要求，不要期望过高。于是，每天上课，她都会在完成正常的教学任务后，留几个简单的问题，让小丽回答。一开始，小丽还是不敢开口说话，但在老师和同学们的鼓励下，终于开口了。不管回答得对与错，陈老师都会尽力找到小丽的优点，使劲儿地夸她，希望以此帮助小丽树立自信心。

慢慢地，小丽学会逐字逐词地回答问题了。有一天，她还主动找到陈老师，第一次完整地说了一句话："陈老师，我是不是很笨啊？同学们会不会看不起我呀？"

陈老师非常高兴，因为这说明小丽已经开始打开自己心灵的小窗户，关注自己在同学心目中的形象了。她也渴望一份平等，渴望被人尊重和赞赏。

于是，陈老师鼓励道："你一点也不笨。你看看你做事多'认真'啊，从来没有发生过不按时完成作业的情况，好多同学都比不上你呢，就连老师都佩服你的毅力。老师告诉你：做事认真的人就是最聪明的。"

听了老师的话，小丽腼腆而又高兴地笑了。

果然，受到鼓舞的小丽更加认真了。听她奶奶说，每天哪怕是做到晚上11点钟，她都执意完成所有作业后才去睡觉，甚至坚持每天默写词语、读课文。这份认真，让她学得非常扎实，每次词语测验都能及格，单元测验也基本上能及格。

上课时，陈老师故意问大家："从一年级到现在，我们班哪位同学进步最大?"

"小丽。"大家齐声回答。

"你们知道小丽为什么进步那么快吗? 因为她做事认真。无论多晚，她都坚持默完词语、背好英语才睡觉，从来不会拖拉作业。这比起那些家长在一边盯着还要赖作业的同学聪明多了。"

除了口头表扬，让同学为小丽鼓掌外，陈老师还给了她一些荣誉奖励：当升旗手、护旗手。同学们也一致评选她为"进步快的同学"、班级第一批"行规示范员"。这些更增添了小丽的自信。

渐渐地，在陈老师的鼓励下，小丽各方面的能力都达到了正常水平。她不但关心自己和周围同学的表现，还主动参与学校的各项活动。好几次词语竞赛，小丽的成绩都名列前茅，升学考试还考了90多分。她的认真态度更是让同学们佩服，他们纷纷将小丽定为自己学习的榜样。

木桶效应告诉班主任：一个木桶，要想使它装的水多，不仅要了解短板，还要设法把短板补长，只有把短板补长，才能实现木桶的最大价值。"后进生"无疑就是班集体这个木桶上的一块短板，但他们具有一个最显著的特点——既能落后又能进步。如能采取科学的方法，班主任就可以将其转化，向"好"的方向发展，即补长短板；若听之任之、放任自流，就会使其很快向"坏"的方向堕落，即继续缩短。

有些班主任对待后进生的态度过于简单或粗暴，经常有意或无意地冷落、轻视甚至放弃他们，认为只要抓好优秀生就能搞好班级。殊不知，这样做不仅极大地损害了后进生的自尊心，使他们产生自卑、逆反的心理甚至"破罐子破摔"，并对优秀生产生戒备和嫉妒心理。同时，班主任对后进生的态度还会影响到其他学生尤其是优秀生，使他们也跟着看不起、嘲笑后进生，这样就更加深了优秀生和后进生之间的隔阂，使班级凝聚力大大下降，甚至还会在对立和纷乱中让班级成为一盘怎么也聚拢不到一起的散沙。

小丽脑子比较慢，一直处于班级“短板”的行列。如果陈老师不管她，冷落她，她肯定会拖班级的后腿，而且其他学生也会跟着嘲笑她，使她越来越差。在这样的班级环境中，不仅小丽这块“短板”会被消磨得越来越短，就连其他的“长板”也会因班风、学风不良而越来越短。

深知这一点的陈老师，在了解到小丽的特殊情况时，就意识到自己有责任去关心、爱护她。她一次次地鼓励小丽，耐心地帮助小丽，终于让小丽打开了心扉，开始信任眼前这个和蔼可亲的老师。

功夫不负有心人，小丽变得越来越好。而其他学生，看到班主任对小丽的关爱，看到小丽的进步，也受到了积极的影响和鼓舞，愿意向小丽学习，做个学习认真、不断进步的人。

此时，陈老师的班级已是一个班风学风都优良的好班级了。在这里，每一个学生都能取得进步。

（三）把握后进生的“长短”，打造优秀班级

木桶效应告诉班主任，在班级管理中必须树立整体观念。这个“整体”分为两个层次：首先，班级是一个整体，它由“长”“短”不一的学生组成，班级管理必须从整体着眼，不仅要重视学生中的“长板”（优秀生），更要对“短板”（后进生）倾注极大的耐心和爱心，帮助他们由“短”变“长”，从而提高班级的整体素质；其次，学生自己也是一个由“长”“短”不一的木板组成的“小木桶”，他们也是优点和缺点并存的。在班级管理过程中，班主任不能片面地以某一个标准来评判学生，而应帮助学生发扬长处、弥补短处，以提高学生这个“小木桶”的存水量，进而提高班级这个“大木桶”的存水量。

在班级管理中，班主任具体可以做些什么呢?

1. 善于认识学生的“长短”

要教育、管理好学生，班主任首先应全面而准确地了解每一个学生。学生的先天素质、家庭环境与成长经历各不相同，因而思想状况、学习成绩及个性特点都会不同。在学校、家庭、社会三大教育因素中，社会环境、学校教育是两个比较稳定的因素，任何个人都不可能在短时间内改变它们，但家

庭环境却是一个比较灵活、机动的因素，是可以在短时间内进行改善的。因此，担负着学生教育和管理任务的班主任，如果能指导家长用科学的教育方法改善家庭教育环境，采取有效的措施教育后进生，那么后进生的转化和进步是完全有可能的。

班主任可以通过家访、家长会等途径，熟悉每一个学生，建立学生档案，收集每一名学生的信息，对所有学生的情况都心中有数。这样，在以后的教育、管理中，班主任才能真正做到“有的放矢”“对症下药”。

2. 善于在“短”中见“长”

每个学生都有自己的优点和缺点。班主任不能因为后进生的缺点很多，就看不到他们的优点，认为他们一无是处，而应用爱的眼光更全面、客观地看待他们，发现他们身上的闪光点。这样，班主任就不会只看到学生的短处而忽视他们的长处了。

此外，班主任还要善于发现后进生的点滴进步，并加以表扬，同时注意因势利导，促使其全面发展，实现他们由“旧我”向“新我”的良好转变。当然，这往往需要班主任有“绣花姑娘的功夫，老婆婆的心肠”，需要班主任积极提高自身的师德修养。

具体操作时，对那些在纪律方面自觉性不够高，但能见义勇为、助人为乐的学生；对那些文化课成绩不理想，但文体方面有一定特长的学生；对那些外表沉默寡言却能独立思考，常对某些问题有独到见解的学生；对那些虽暂时落后于他人，但有想进步、争荣誉欲望的学生……班主任都要善于观察、全面了解，从他们的“短”中发现“长”处，并帮助他们扬“长”避“短”，进而加长其“短板”。

3. 善于弥补学生的“短处”

在认清学生的长处、短处后，班主任就该寻求补短的有效途径和方法了。

教育和转化后进生是一项复杂而细致的思想教育工作。这需要班主任深入了解学生，从关心学生成长入手，动之以情、晓之以理、导之以行地教育学生。这样，在融洽的师生情感中，后进生才会把班主任的批评看作对自己的爱护，明白班主任的表扬是对自己的鼓励，自觉地把道德要求和行为规范转化为自己的良好习惯，从而“亲其师，信其道”。

具体操作时，班主任可以对经常违反纪律的学生，进行个别谈心，耐心地说服和引导；对学习有困难的学生，可以降低要求，循序渐进，对其进行个别辅导；对性格内向、沉默寡言的学生，可以经常组织各种活动，多给他们锻炼的机会；对暂时落后，尚有进取欲望的学生，可以多加鼓励和指导。

只要班主任对“短”处较多的后进生多增加一点感情投资，多给一点“偏爱”和关注，多向他们倾注爱心、热情和期望，对他们取得的点滴成绩，都能及时给予表扬和鼓励，学生一定会被感染，甚至还会产生罗森塔尔效应，让“短板”逐渐变成“长板”，进一步增大班级“木桶”的存水量。

4. 给学生创造“取长补短”的环境

教育的重要任务是挖掘学生潜能，而每个学生的潜能是不一样的，因此班主任要因材施教，令学生各展其长。这就要求班主任在工作中注意：可以要求学生德智体美劳全面发展，但不能要求学生平均发展；要努力教好每个学生，但不能要求每个学生都按同一模式发展，而应开发学生不同的潜能，发展每个学生不同的长处。

同时，班级是一个学生群体，班主任应注意发挥群体之间相互影响和感染的作用，增加班集体的凝聚力，尤其是要突出班委会的模范作用，让他们与后进生“一帮一，一对红”，要引导他们在与后进生的交往中，尽量保持一种宽容、友爱的态度。

此外，班主任对后进生要宽容。要用引导式、鼓励式教育，帮助他们一点点地改变。当班级出现不利于后进生发展的事态时，班主任要高度重视，尽快予以解决。

英国教育家洛克曾说：“每个人的心灵就如同他们的脸一样各不相同。正是他们无时无刻不表现自己的个性，才显示出难以想象的创造力和个性魅力。”班主任应始终坚持“以人为本”的教育理念，用自己的一双“慧眼”去帮助后进生发现自我、认识自我，要为各种人才的成长打好基础，为学生提供一个有利于他们发展的宽松的环境，使后进生的优点也得以充分展现。

班级建设、班级管理是一个复杂的系统工程。班主任只有树立整体观念，用发展的眼光看待后进生，不断维护其“长板”，加长其“短板”，后进生这个个人的“小木桶”和班级这个“大木桶”的存水量才会越来越大。当后进生的个人素质和班级整体素质都得到提高时，方能实现班集体的整体优化。

霍桑效应：给学生适当减压

（一）霍桑效应启示

位于美国芝加哥市郊外的霍桑工厂，是一个制造电话交换机的工厂。它拥有配套的娱乐设施以及完善的医疗制度和养老金制度等，但是工人们仍整日愤愤不平，生产状况也很不理想。

为了解决这些问题，工厂一直努力探求原因，并积极寻找办法。1924 年 11 月，美国国家研究会组织了一个由心理学等多方面的专家参加的研究小组，在该工厂进行了一系列的研究试验。

这一系列试验的中心课题是生产效率与工作物质条件之间的相互关系。其中有个“谈话实验”，即用两年多的时间，专家找工人个别谈话达两万余次，在谈话过程中，专家耐心地倾听工人对厂方的各种意见，并做详细的记录，对于工人提出的不满意见，专家不作任何反驳。

结果，这一“谈话实验”收到了意想不到的效果：霍桑工厂的产量得到了大幅度的提高。为什么会出现这样的变化呢？这是由于工人长期以来对工厂的各种管理制度和方法存在诸多不满，一向无处发泄，而“谈话实验”让他们充分发泄了这些不满情绪，从而使工人们感到心情舒畅，干劲儿倍增。

这种现象被社会心理学家称为“霍桑效应”。

在现实生活中，人们往往会在需要与可能之间、需要与目标之间、压力与动力之间产生矛盾，引发心理对抗，产生心理压力。这些矛盾的激化，很容易导致心理障碍。通常，学生面临的压力有以下几种。

1. 显性压力

(1) 学习压力

学习是学生的主要任务，在当前把考试作为重要择优手段的竞争日益激烈的大背景下，学生的学习压力之大是前所未有的。很多学生难以承受如此大的学习压力，形成过重的心理负担。

(2) 人际压力

人际关系直接影响人的生活、学习和工作。处于成长期的学生，随着身心发育而出现的自我意识的觉醒，使他们在人际关系方面不可避免地产生了许多新变化和新需求。他们会逐渐疏离父母而更重视朋友，会变得更为敏感，更在意别人对他们的尊重和评价。如果这种心理需求得不到满足，与他人相处就会不和谐，人际关系也会越发紧张。

2. 隐性压力

在承受如影随形的学习压力、人际压力的同时，学生内心也在默默承担着一些无法诉说的潜在压力。这种易被忽略的、藏于教育管理者视线之外的隐性压力，给学生造成相当大的困扰。如果这些压力和困扰不能及时得以释放和疏导，就会导致学生注意力分散、精神萎靡，以致影响到学生的正常学习和生活。

身体发育带来的性困惑和性压力，也让学生痛苦、焦虑。青春期，学生身体快速地发育成熟，使学生对异性产生强烈的兴趣，渴望与异性交往，而伴随着这种渴望产生的却是更多的焦虑和压力。

除了身体发育带来的性压力之外，无法捉摸、起伏不定的情绪以及考学、就业等社会压力，也通过各种途径渗透到学生大脑中，给他们造成无形的压力。

这些常常不被家长和教师察觉的隐性压力，是最容易给学生带来挥之不去的负面影响的。

香港中文大学医学院做过一项调查。结果显示，在7000名受访的中学生中，有26%的人表示曾感到伤心和绝望，36%的人曾萌生自杀念头，15%的人甚至表示曾认真考虑过自杀。可见，学生的心理压力问题已经相当严重，减轻学生的压力、舒缓学生的情绪已刻不容缓。

苏霍姆林斯基说：“一个好的教师意味着什么？首先意味着他热爱孩子，

感到跟孩子交往是一种乐趣，相信每一个孩子都能够成为一个好人，善于跟他们交朋友，关心孩子的欢乐和悲伤，了解孩子的心灵，时刻都不忘记自己曾经也是个孩子。”班主任应以关爱学生的态度教育学生，这样的教育才能让学生有安全感、信赖感，这样的教育才会有成效，才会提高学生的自信，才能使学生心中的不满、怨气、焦虑等负面情绪得以释放。

（二）倾听学生心声，释放学生压力

雨佳是重庆市江北区洋河花园实验小学的学生。他本来是个爱动脑筋，上课积极发言，成绩也非常优秀的学生。可是，蒋氏萍老师却发现，自从她接手雨佳所在的班，他却有了 180 度的“大转弯”：家庭作业字迹潦草；上课不认真听讲，经常画卡通；考试成绩更是一落千丈……

出现这样的情况，蒋老师第一个反应就是联系他的家长，了解具体情况。

首先，她向雨佳的家长反映：雨佳的数学家庭作业没有完成，希望家长在家里能督促他完成家庭作业。可是，雨佳的外婆却说，他回家说现在的数学老师教得不好，他不想听课。

任何一位教师听到学生这样的评价，心里都会不舒服，更何况蒋老师就是他的数学老师。

打完电话，蒋老师心里有种说不出的滋味。作业不想批改，教科书、备课笔记也看不下去，做什么都没精神，大脑里一直想着雨佳外婆那句“他们的数学老师教得不好”。

要知道，在原来执教的学校，家长和学校领导都非常肯定蒋老师的教学。不仅学生个个喜欢她，就连同年级的其他班的学生都希望可以上她的课。可是，现在为什么雨佳说她教得不好呢？

想了好久，蒋老师决定，还是跟雨佳好好谈谈，听听他是怎么想的。

午餐后，蒋老师找到雨佳，两人进行了一次推心置腹的谈话。

谈话还没开始，雨佳像有所察觉似的，有些紧张。

看到他的样子，蒋老师首先想消除他的紧张情绪，这样他才能跟自己说出心里话。

于是，蒋老师关切地问：“今天的饭菜怎么样？中午吃饱了吗？”

"嗯！还行，回锅肉特别好吃！"这样的问候让雨佳顿时放下了戒心，一边说还一边可爱地伸出舌头，舔了舔嘴角。

蒋老师被雨佳的样子逗笑了，他自己也跟着笑了起来。

"那今天的数学课觉得怎样？你听懂了吗？"看雨佳防备放松，蒋老师转入了正题。

一听到这话，雨佳低头沉默了。

"是不是不喜欢听蒋老师上课？觉得蒋老师讲得不好？"

"不是。"雨佳急忙争辩。

"你不是这样对家长说的吗？"蒋老师追问。

他的脸红了起来，又是低头沉默。

蒋老师拿出课堂上雨佳画的卡通画，问："那你为什么上数学课画这个呢？"

看到自己数学课上画的滑稽人物，雨佳忍不住笑了。

"你画得不错，但还是不要在数学课上画了。"蒋老师直白地说。

他微微地点了下头。

接下来，蒋老师真诚地说："我承认，我没有x老师教得好。但是，我是你们的老师，哪怕只教你们一天，也要对你们负责。如果我不负责任，可以晚上不备课；上课也不用管你们，随便你们怎么玩；下课了更不用花时间批改你们的作业。反正这对我也没有什么坏处，还能清闲一下。"停顿了一下，蒋老师继续说，"你是一名各科成绩都很优秀的学生，我不想看着你的数学成绩往下掉而不管你，那样你以后就只能'单脚走路'了。你觉得这样你能'追'上班上的谁呢？"

听了蒋老师的比喻，雨佳感激地点了点头。

蒋老师笑着说："我知道，你们现在换了一个老师，肯定需要时间去适应老师的教学方法。但也不能因为某些情绪就不听课，那样你怎么学知识呢？"

"蒋老师，你能不能上课时讲慢点，我有些跟不上。"雨佳终于鼓起了勇气，说出了自己的看法。

"好啊！你这个建议怎么不早说呢？害得老师瞎猜了很久，一直在思考到底自己哪点做得不好。"蒋老师故意打趣地说。

雨佳一听，也笑了。

“雨佳，你帮老师找出了不足，老师很感谢你。那你能找到自己的问题吗?”蒋老师顺势把“寻病因”的任务交给了他。

他摸着脑袋想了一会儿，说：“上课没听讲，在画画；家庭作业也没做完；考试成绩也不好……”

“你看，问题还真不少！”蒋老师笑着说，“这样吧，你先把家庭作业补完，好吗？至于今天上课讲的内容，待会老师再单独给你讲讲。”

5分钟不到，雨佳的家庭作业就写完了。

蒋老师一看，全对，高兴地说：“你看，这么聪明的孩子，不学就会变笨的哦！现在我们来看看今天讲的内容吧……”

雨佳很聪明，一点就通，甚至还在个别地方提出了自己的独到见解。

蒋老师很高兴，但还是压住兴奋，对他提出了要求：“雨佳，你上次考试才考72分，卷子也没有给家长签字。这次准备考多少分呢?”

此时的雨佳虽然有些不好意思，却信心满满地说：“这次至少95分，如果达不到，您就请家长来吧。”

“男子汉，说话算话。”说着，蒋老师伸出了小拇指，和他拉钩。

考试后，蒋老师故意先看他的试卷，居然得了97分，全班第二。知道成绩后的雨佳，高兴得像只猴子一样活蹦乱跳。

从那以后，雨佳不仅上课精神抖擞，下课还会缠着蒋老师问这问那。他的数学作业做得工整又正确；考试更不用说，始终排在前三名。

“为什么妈妈心情不好的时候可以去星巴克喝咖啡，爸爸心情不好的时候可以去打保龄球，而我心情不好的时候却不能去找我的朋友倾诉?”一个五年级小学生这样说。

学生和成人一样也有压力，他们在学校也会遇到不开心的事情，偶尔也会莫名其妙地想发脾气。这个时候，他们最需要的是周围人的倾听。

“喷泉是压力的花朵”，适度的压力是进步与成功的原动力，但过重的心理压力往往会给学生带来不可承受之痛，让学生变得萎靡不振、自暴自弃。面对各种各样的考试，面对来自各方的压力，学生的问题层出不穷。班主任应该如何给学生减压？又如何把握好其中的度？这就需要班主任给学生的压力“安装”一个安全阀，来自动调节学生的压力，使之尽可能地一直处于

"安全状态"。

"霍桑效应"中的"谈话实验"就是因为帮助工人发泄了负面情绪、减轻了心理压力，才让他们产生积极情绪、干劲儿十足的。案例中，雨佳学习态度的转变也是因为蒋老师找到了他的问题之所在，并帮助他把身上的压力释放了。

学生抑郁的心情需要舒解，班主任应像霍桑工厂的心理学家一样，先弄清学生过重的压力来自何方，再帮助他们疏导和释放压力。蒋老师的做法给班主任提供了一个范例，值得班主任借鉴、学习。

（三）释放学生压力，让管理更实效

每个人都有心情郁闷到极点、抓狂、想发泄的时候，学生也一样。学习、教师、同学、家长，都有可能让他们产生消极的情绪。此刻学生最需要的是有人能理解，有人能倾听，有人能给予情感的认同和支持。

通常，当学生表现出暴躁、郁闷、自卑、焦虑、不安等消极情绪时，班主任经常运用的处理方式是安慰、劝导，结果却是徒劳的。其实，安抚学生最重要的一点是真正体会到他内心的痛苦和烦恼。此时，班主任最应做的是让学生有一个释放不良情绪的机会。这样学生才会敞开心扉，说出自己的心里话，真正接受教师的安抚。

那么，班主任具体应怎么做呢?

1. 让学生发泄负面情绪

看见学生闹情绪，尤其是跟教师闹情绪，班主任一定不要先乱了阵脚，和学生一样烦躁不安。绝大多数学生都是愿意在班主任面前表达自己的内心感受的，而这也说明他对班主任有一定的信任。所以，当学生闹情绪时，班主任不要立即喝令学生收拾情绪，而应宽容一点，给学生一些时间发泄，等他安静后，再慢慢地了解情况并教导他如何处理不快的情绪。

2. 给学生安静的时间

学生有时会把一些不快、不满隐藏在心里，不想让别人知道。学生的那种小心思也是很微妙的。

更多的时候，班主任可能面对的是闷闷不乐的学生。这时，班主任不要立刻追上去问个究竟，而是给学生一些独处时间，让他自己去反思、自己去

舒缓情绪。

当学生独自闷半天，班主任再去了解情况时，他们往往会愿意向教师尤其是自己信任的班主任倾诉。这要比在学生还未准备好时就去询问，效果更好。

3. 认真倾听学生的心声

当学生把一件小事重复多次拿来述说时，班主任应珍惜这些机会多去听听学生内心的想法和感受，这也是班主任与学生分享内心世界的绝好机会。

若要真正了解学生的内心世界，与学生进行深层次的心灵沟通，班主任必须要有正确的倾听态度，这包括诚恳、开放、接纳、热情和非批判性的心境。学生只有感受到了班主任的这些态度，才会乐意向班主任倾诉，表达自己的心声。而当班主任用眼神、表情或手势，让学生感到班主任对他的话很感兴趣、很愿意帮助他时，他就会坦诚地说出自己的心里话。

4. 稳定自身情绪

班主任应首先稳定自己的情绪，这样，在与学生沟通时，就不会带着负面情绪，才能够正面影响学生。

班主任在处理学生因负面情绪而导致的行为（作业不认真、故意捣乱等）前，要先提醒自己“学生虽然难以引导，但生气是没有用的，我可以用另一种沟通方式试试”，以愉快、轻松的心情与学生进行沟通和交流。

一位教育家曾经说过：“教育是什么？教育实际上就是用一棵树去摇动另一棵树，用一朵云去推动另一朵云，用一个心灵去唤醒另一个心灵。”班主任要学会从学生的角度考虑问题，真正进入学生的情感世界，让师生之间产生心灵的碰撞与情感的共鸣。

“释放自己，我就会变得更美丽。”只有释放，学生过重的心理压力才会得以缓解，由过重的心理压力所引发的一些不良行为才会相应地减少。

班主任要正确运用霍桑效应，经常与学生进行对话交流，倾听学生的心声，让学生有机会表达自己的思想、宣泄自己的情绪，给学生的压力一个出口，让学生能够拥有良好的心理状态，进而使班级管理更合理、有效。

热炉效应：制度面前人人平等

（一）热炉效应启示

一个农妇在院子里的火炉上烤栗子。因为怕吃的时候烫着，她就去厨房拿筷子。

栗子的香味吸引了一群贪吃的猴子。

还没等栗子烤熟，最小的猴子就心急地伸出了爪子。结果刚碰到炉沿，就被烫得“哇哇”直叫。

猴子妈妈一看，一把推开小猴子，自己去拿，结果也被烫得“哇哇”直叫。

猴子爸爸一看，一边连连骂它们没用，一边自己把爪子伸进了火炉里，结果不仅烫着了爪子，还把毛烧着了。

用手去碰烧热的火炉，会受到被烫伤的惩罚，这就是“热炉效应”。

这一西方管理学家所提的惩罚原则，其实际指导意义在于，有人在工作中违反了规章制度，就像去碰触一个烧红的火炉，一定要让他受到“烫”的处罚。这样，违规的人有了痛感，就会在以后的工作中多加小心，严格遵守规章制度。

春秋时期，孙武去拜见吴王阖庐。为了试探孙武的才华，吴王给了他180个宫女进行现场操练。

孙武将她们分为两队，并任命吴王最宠爱的两个妃子当队长。

列队完毕后，孙武说：“操练时，我让你们向哪个方向转，你们就向哪个方向转。”众人答应。

随后，孙武发出向右转的号令。谁知，众女兵不但没动还大笑不止。

孙武说："可能是因为我解释得不够明白，这是我的责任。"于是又把前面讲过的规则说了一遍。可是，再次发令时，宫女们还是笑而不动。

这次孙武坚决地说道："解释、交代得不清楚是将官的责任，交代清楚而不服从命令就是队长和士兵的过错。"说着，他命令左右把队长推下去行刑。

吴王急忙阻止道："她们是我的爱妃，请手下留情。"

孙武回答："将在外，君命有所不受。"于是，坚持把吴王的两名宠妃"正法"，又命两位排头的宫女当队长。

这样，大家再也不敢说笑，都操练得非常认真了。

看到这样的训练成果，吴王当即任命孙武为大将。

热炉效应是把各种规章制度比喻成"火炉"，如果有人有意或无意碰到它，就要被烫伤，即受到惩罚。当然"火炉"的存在并不是为了烫伤人，而是使人聚集取暖、获得热量。就像法律的存在，并不是为了约束、限制人，而是维持秩序，维护人与人之间的权益。

"没有规矩，不成方圆。"每个班都有班级公约和班规，如何避免班级公约、班规成为一纸空文呢？热炉效应可以给班主任一些启示，让班级管理卓有成效。

1. 警示性

热炉火红，不用摸也知道它会烫伤人。这是热炉效应的警示性原则。班主任要明示班级公约、班规，让学生知道什么是不能做的，什么是做了会遭受处罚的。比如，一些男生以能打架为荣，还经常在班上吹嘘自己的"壮举"，甚至同学之间也常常会拿打架来开玩笑。对此，班主任可以在班级公约、班规中明确规定打架是绝对禁止的，如果打架将会遭受严厉的惩处。

2. 即时性

当你碰到热炉时，立即会被烫伤。这是热炉效应的即时性原则。在错误行为发生后应立即进行处罚，绝不能拖泥带水，更不能等事件过去许久后，才对其进行评判或制裁，这样不但起不到警示作用，甚至还会让学生误以为是一种变相的支持。所以，对违反班级公约、班规的事件，一定要及时处理，并且及时公告处理结果。

比如，某班两个学生打架了。该班班主任想等周五班会上再处理此事。结果，第二天班上又发生一起打架事件。如果该班主任能在第一起打架事件发生后，立即严格依照班规处理当事者，第二起打架事件或许就不会发生。

3. 一致性

你一旦碰到热炉，肯定会被灼伤，这是热炉效应的一致性原则。在执行班级公约、班规时，班主任的“说”和“做”要尽可能保持一致，说到就做到。只要学生违反班级的规章制度，就一定会受到相应的惩罚。

4. 公平性

不管是谁碰到热炉，都会被烫伤，这是热炉效应的公平性原则。不论是班干部还是普通学生甚至于班主任自己，只要触犯班级公约、班规，都要受到处罚，做到“班规面前人人平等”。一些教师、班主任有时为了维护班干部的“威信”，对他们所犯的错误故意不处理或从轻处理。殊不知，学生的眼睛是雪亮的，久而久之，这样做不仅让班级干部脱离了普通同学，还会导致班级公约、班规的“名存实亡”，甚至会破坏班主任的威信。

马卡连柯曾经说过：“合理的惩罚制度有助于学生形成坚强的性格，能培养学生的责任感，能锻炼学生的意志，能培养学生抵抗和战胜引诱的能力。”“正确地和有目的地应用惩罚是非常重要的，优秀的教师利用惩罚制度可以做很多的事情，但是不合理地、机械地运用惩罚会使教师的一切工作遭受损失。”实践也表明，惩罚制度的成功操作是一种艺术和技巧，也是一种本领和智慧。在这一点上，热炉效应值得每一位班主任学习和运用。

（二）依“法”判案，坚持一碗水端平

辽宁省辽阳市第一高级中学特级教师王家娟，在班级管理中，非常注重“以法治班”。她认为，班规就像国家的法律，制定了就必须贯彻执行，对谁都适用。

在全体学生一致赞同下，王老师给班里定了这样一条班规：“同学之间要互相爱护、互相帮助。处理事物要做到公平、公正，不能以个人的意愿利用班规假公济私，老师违反班规同样要受到处罚。”

执行班规时，王老师坚持就事论事。就算那些自认为是老师眼中的“红人”违反了班规，她也坚持一碗水端平，绝不偏袒任何一方。

小强是王老师班里的后进生，经常做一些调皮捣蛋的事。几乎每次上课，老师都要再三点名提醒他认真听讲。渐渐地，大家都习惯性地认为：只要有犯错误的事情发生，就一定是小强做的。

有一次，王老师安排大家分组进行学校大扫除。班长小丽和小强被分到了一组，负责厕所及周边的卫生工作。由于每个小组负责的地方都不太大，王老师要求大家下课前必须做完所有工作。

责任区分完，学生们就热火朝天地干了起来。下课后，王老师带领几名班干部检查工作。看到大家把学校打扫得非常干净，她很是欣慰，并按班规给每个小组都加分以示奖励。

当走到班长小丽与小强的责任区时，王老师与在场的人都愣住了。只见地上一片狼藉，到处都是纸屑，似乎根本就没有打扫过。

面对这样的情景，王老师非常诧异，问道："小丽、小强，你们能告诉老师这是怎么回事吗?"

还没等小强开口，小丽就抢先说："老师，刚才我看到别组的同学抬水很吃力，就帮他们去抬了一下水，结果小强就开始偷懒。他什么都不愿意干，还不停地狡辩，逃避责任。"

这时，卫生委员也帮腔说道："小强平时就不爱干活，每次值日都找借口逃跑，而且个人卫生也不好。这次肯定又是他偷懒了。"在场所有班干部都开始帮着班长说话。这种"群起而攻之"的架势与小强的孤立无援形成了鲜明的对比。

但是，王老师并没有像班干部们想的那样对小强进行批评，而是关切地问道："小强，你为什么不说一说原因呢?"

小强嘟囔着说道："说了有什么用，反正你们也不会相信我。"

看到小强一脸的失望，王老师非常心痛。小强现在放弃的不仅是为自己辩解的机会，更表现出了对公平、公正原则的怀疑。为了让小强相信老师绝不会因为某些原因就偏袒班干部而歧视他，王老师说道："小强，老师相信你是一个好孩子。没关系，只要是事实，王老师就一定会相信。我们有班规，谁对谁错不是一个人说了算的，而要根据班规来裁定。"

看到王老师信任的目光，小强鼓起勇气说道："班长不愿意和我一组。我们刚开始打扫卫生，她就说要帮助别组同学抬水，然后就跑开了。都快下课了，她才回来。我觉得她就是嫌厕所太脏，不愿意干。所以我就把里面的都扫完了，她只要把外面的打扫一下就行。可是她说她还有别的事，结果就没干完。”

听到这些，王老师非常感动。为了照顾女同学，小强自己已经把最脏的活儿都干完了，可是班长不但不领情，还找借口把所有责任都推到小强身上。在这个看似很小的事件背后，反映出的是班干部与后进生之间的矛盾、班干部对班规的逾越以及后进生对班规的不信任。

王老师严肃地说道：“小强虽然有时很调皮，但是今天他打扫卫生的表现却是值得我们学习的。”看到老师为小强说话，大家都疑惑地看着王老师。

为了让班干部认识到自己的错误，王老师对小强说：“小强，既然这样，那你为什么还要把最脏的活留给自己干呢?”

小强以一副男子汉的口吻说道：“班长是女孩子，作为男人我觉得照顾女同学是应该的。”

“即使她并不想和你一组，你也愿意帮助她?”

小强笑了笑说：“无所谓。其实有时班长挺好的，上次她还教我写作业了呢。”

听了这些话，小丽惭愧地低下了头。

“小丽，你是不是不愿意和小强一起打扫啊?”看到小丽的样子，王老师已经明白了七八分，但还是想求证一下。

“老师，对不起。”小丽更加惭愧了。

“小丽，你是班长，当老师不在时，你就要对整个班集体负责。班干部的作用是更好地帮助同学，是为同学服务的，不能因为你是班干部就觉得比其他同学高人一等。”王老师顿了顿继续说道，“小丽，小强照顾你是女同学，已经把最脏的活儿都干完了。你有什么要说的吗?”

小丽真诚地说：“小强，对不起。”

听了班长的道歉，小强却有些不好意思了。

看到二人已经心无芥蒂，王老师继续说：“这次小强和小丽的工作没有做完，主要是因为班长逃避责任，所以按照班规，老师不仅不能给她奖励，还要罚她将剩下的工作做完。大家有异议吗?”

所有人都默不作声。

王老师继续说："你们都是好学生，所以大家才选你们当了班干部。但是，身为班干部，你们又要比其他同学承担更多的责任。犯了错误并不是什么丢脸的事，只要勇于承认，主动承担责任，还是值得表扬的。小丽，你愿意接受老师对你的处罚吗？"

小丽认真地点点头，说道："愿意。"

王老师的公平公正赢得了学生热烈的欢呼，特别是老师没有因小强是后进生就怀疑他、因小丽是班干部就偏袒她的做法，更是赢得了全体学生的交口称赞。王老师公正地对班长进行处罚，让更多学生感受到了班规的权威性与公正性，也乐于遵守、甘于遵守。

从此以后，不但班干部和后进生之间的矛盾得到了化解，而且后进生再也不会因为觉得班规只会维护好学生的利益而故意违反了，班干部也不再盲目地用班规来处罚别人了。凡事都依"法"办事，同学之间的矛盾减少了，班级气氛也变得更加和谐了。

《论语·子路》有云："其身正，不令而行；其身不正，虽令不从。"当管理者自身端正，作出表率时，不用下命令，被管理者也会跟着行动起来；相反，如果管理者自身不端正，却严厉地要求被管理者端正，即便是三令五申，被管理者也不会甘心服从。

班主任作为班级的直接管理者，一定要做到公平、公正，要依"法"行事，尤其对待班干部与后进生，更要一视同仁，严格按照班规制度进行管理，这样，学生才会信服，才会严格遵守班规，班级管理也会变得轻松、高效。

古希腊著名的哲学家、爱非斯派的创始人赫拉克利特曾说过这样一句名言："公正，一定会打倒那些说假话和作假证的人。"为了得到某种利益，某些人不惜侵犯他人利益。如果事后没有得到公正处理，就会产生或加剧矛盾。而如果事情处理得公平、公正，这种矛盾就会自然消失。

班级中出现矛盾也是如此。小丽和小强之间的矛盾，就是因为小丽面对后进生时有一种优越感，认为自己比小强学习好，老师更喜欢自己，所以自己有特权；而小强则因为学习不好，总觉得自己不如班干部，有一种自卑感，认为班主任不会站在自己这边。与此同时，如果班主任或班干部处事不公，就会使班干部和后进生之间产生一种矛盾，导致后者反感前者，不听从前者的管理。

面对班干部企图凌驾于班规的做法，班主任只有依“法”公平、公正地评判和处理，才能化解矛盾，让所有学生都信服。因此，王老师公平、公正的态度，不仅让班长接受了应有的处罚，维护了班规的权威性，还给了班干部与后进生一个警醒：班规是公正的，是必须服从的。

有了这样的班主任，学生就会更加严格地要求自己，尽可能地依照班规做事；而班干部在处理班级事务时，也会依“法”办事。于此，班级就会一派和谐，少有矛盾、冲突发生了。

（三）严格执行规章制度，让班级管理更高效

学校有制度，班级也有制度，学生应明确知晓自己该做什么，不该做什么，违反了规定就该接受相应的处罚。这就好像已经标明了哪里有“热炉”，无论是有意还是无意地碰上热炉，都会受到烫伤的惩罚一样。如果全班学生都具备这种意识，不管是班级管理还是制度执行，都会容易得多。

班主任作为班级管理的指挥者，应该怎样做呢？

1. 学生违规后，尽可能迅速反应

如果班主任在学生违反班规后没能及时给予批评教育或惩戒，则会减弱训导的效果。在学生有过失后，班主任应迅速地进行教育、训导，这样学生会更容易将教育与自己的错误联系在一起，而不会错误地认为班主任对他有个人成见。因此，一旦发现有学生违规，班主任应尽可能迅速地进行分析和处理。

如果班主任不能及时处理学生的违规事件，不让违规的学生挨“烫”，其他学生可能会错认为该学生犯的错误不严重，或认为班主任执法不严、处理不公，从而产生不平心理，甚至有的学生还会自觉或不自觉地跟着“摸”一下“热炉”。这样就会大大减弱班规的约束力和威信力。

巴顿将军曾说：“对犯错者应该立即责备。”畅销书《一分钟经理人》中建议：“要在错误发生后立即加以责备，你要明白地指出他们错在哪里，用坚定的口气告诉他们错了。”因此，当学生违反班级公约、班规时，班主任应立即指出他们的错误并教育他们、劝导其尽快改正，同时还要劝诫其他学生“有则改之，无则加勉”。

2. 要事先警告学生

班主任在对学生的违规行为进行正式的批评教育或惩处之前，有义务事先给予警告，即班主任必须首先让学生了解并接受班级的规章制度，以及违规后会遭受的处罚。如果学生得到了明确的警告，就会清楚地分辨班主任的批评教育以及惩罚是否公正，同时也会严格约束自己的行为，尽可能不去触碰“热炉”。

所以，班主任应在班会、队会上经常向学生宣讲班级公约、班规，让学生真正知晓班级公约、班规的内容和内涵。

3. 注意行使权力的一致性

公平地对待学生，就是要求班主任的批评教育、惩戒活动必须具有一致性。如果班主任以不一致的方式处理学生的违规行为，就会使规章制度丧失效力，降低学生对规章制度的信服度。同时学生也会对班主任的工作能力、个人魅力产生怀疑。另外，学生由此产生的不安全感和不信任感也会使班级工作、班级成绩受到影响。

当然，这里所说的一致性，并不是要求班主任对待每个学生完全相同，而是要结合具体的环境因素、学生实际以及违规事件的起因、过程、性质等，做出尽可能恰当的决定。

班主任要做到公正、公平，就必须根据规章制度而不是根据个人感情来行使手中的奖罚大权；班主任要严格按照规定行使权力，不搞“网开一面”，不搞“下不为例”。这样，当预见到某种行为会使自己付出过高的代价、遭受严厉的惩处时，学生就会自我督促，养成遵守班级规章制度的自觉意识和良好习惯。

4. 做到对事不对人

热炉效应的一项原则就是批评教育、惩戒活动不针对个人。处罚应与特定的过错相联系，而不应与违犯者的人格相关，即班主任的批评教育、惩戒活动指向的应是学生的违规行为而不是学生本身。比如，一位学生多次迟到、早退，班主任可以指出他的这一行为影响了班级的学习风气，但不应责怪他自私自利。

美国著名管理学家斯蒂芬·P. 罗宾斯一再强调：“（管理者）训导应对事不对人。”这个道理听起来很简单，但事实上很多管理者（包括班级管理者）都忽略了。成功的批评教育、惩戒活动，应只针对具体的行为，而不是针对任何个人。

批评教育、惩戒学生时，班主任应着重描述事实而不是判断或评价。无论怎样心烦，无论对违规的学生存有怎样的偏见，批评教育、惩戒活动都应只针对事件，而不要针对个人，更不能上升到学生的人格问题，否则只会适得其反。

制度是一个组织保持正常有序运转的基本要素。班级作为学校的最基本组织，在管理中自然也不能缺少相应的规章制度。不管班主任采取何种管理方法，也不管班主任推行何种管理理念，都不能缺少必要的制度作为保证，否则班级管理就会无章可循、无法可依，各项工作就会陷入无序的混乱状态。因此，可以说，班规的制定是班级管理工作的开始。

但是，有令不行或者执行得不好，无异于是设置了一个幌子、一个摆设。可见，一个班级纵然有最细最全的规章制度，如果不严格执行，班级管理仍然可能很混乱，学生仍然纪律散漫，班风仍然不正，学风仍然不盛。因此，在班级管理中，制定出适合班级的班规固然重要，但更重要的是要严格实施和执行班规。

特里效应：坦率地承认过错

（一）特里效应启示

布鲁士·哈威给一位请病假的员工发放了全薪。

当他发现这一错误后，随即向那名员工说明情况，并提出会在他下次的薪水支票中减去多付的薪水金额。

这位员工说这样做会给他带来严重的财务问题，请求是否可以分期扣回多领的薪水。但这样，哈威需要先获得上级的核准。

“我知道这样做，老板一定大为不满。”哈威说，“在我考虑如何以更好的方式来处理这种状况的时候，我知道是由于自己的过失才造成现在的错误，所以我必须在老板面前承认。”于是，他找到老板，坦白地说出了详情。

老板听后大发脾气，先是指责人事部门和会计部门的疏忽，后又责怪办公室的另外两位同事。在此期间，哈威则反复解释说这是他的错误，不关别人的事。

最后，老板看着他说：“好吧，这是你的错误。尽快把这个问题解决吧。”

就这样，这件事很快得以解决，而且没有给任何人带来麻烦。

从那以后，由于哈威勇于认错的坦率品质，老板更加看重他了。

勇于承认错误，为哈威带来了老板的信任。一个人有过错，就坦率地承认，不仅可以减轻自身的负疚感，还有助于解决由这一错误引发的问题，减少带来的损失。

勇于承认错误是人生存的基本法则之一。在企业中，上下级不是两军对垒的关系，而是需要互相理解、并肩作战、共同奋斗的战友。承认失败，可以避免更大的损失，也可以重新获取机会。

美国田纳西银行前总经理特里说过：“承认错误是一个人最大的力量源泉，因为正视错误的人将得到错误以外的东西。”这句话被管理人士称为“特里效应”。

“金无足赤，人无完人。”“人非圣贤，孰能无过?”每个人都会有自己的缺点，都难免会犯一些错误。

承认错误并不是丢脸的事，相反，在某种意义上，它还是一种具有“英雄色彩”的行为。因为承认错误越坦率、及时，就越容易改正和补救。而且，自己主动认错比别人提出批评后再认错，更能得到别人的谅解。

班主任只是一个师者、长者，而不是圣人、神仙。面对那几十个成长中的学生，面对他们那脆弱、叛逆的心灵，面对千变万化的教育教学流程，就算再认真对待，再小心翼翼，仍可能犯一些意料之外的错误。比如，面对学生犯的错误，他可能因一时心急，态度粗暴，甚至制造“冤假错案”；处理学生矛盾时，也可能会因个人喜好而错怪某些学生……

任何班主任都有可能犯一些大小程度不同的错误，关键是班主任对待自己错误的态度。

如果班主任文过饰非，抱着“师道尊严”不放，只会拉大与学生之间的心理距离，失去学生对他的信任，拒绝接受他的教育，拒不服从他的管理。

莎士比亚说过：“最好的好人，都是犯过错误的过来人；一个人往往因为有一点小小的缺点，将来会变得更好。”托尔斯泰则说：“一个人必须把他的全部力量用于努力改善自身，而不能把他的力量浪费在任何别的事情上。”

若要犯错后仍能得到学生的尊重，班主任首先要做一个坦率承认错误，并主动改正的人。这样，在班级管理中，班主任不仅能以德服人，还能对学生起到表率作用。

（二）真诚道歉，给学生尊严

案例 1：

一天晨检，某班主任来到教室门口，发现讲台周围粉笔头撒了一地。环顾教室，更是不堪入目：地面上到处是废纸、饮料瓶。这时，卫生委员来了，于是班主任就查问谁是昨天的值日生，并想了解分工情况。在得知没有明确分工时，班主任更生气了。

等到所有值日生到齐后，班主任逐一询问，结果他们都声称自己昨天做了值日，还做得“很干净”。看着这一群“睁着眼睛说瞎话”的学生，班主任忍不住要发火了，他努力控制着，让他们找出证人对质。

他们所提供的证人只有一个——女生晓白。还没等班主任开口问，晓白就面无表情地说：“做了！做得很干净呀。”

班主任再也忍不住了，他提高了嗓门，大声地训斥道：“你看看你们像话吗？这像扫过的吗？罚你们连续扫一周。”

看到班主任生气了，晓白开始解释。在晓白的解释中，班主任很快就意识到这是一个误会。晓白以为班主任在说她没做值日，而那天，她是擦走廊瓷砖的值日生，并且确实擦得很干净。

而此时，班主任早把所有的火都撒到了她身上。

在这种僵持状态中，班主任选择了先回办公室。冷静下来，他很快就意识到自己理智不足，冲动有余。左思右想后，他决定找到晓白，澄清误会。

当天下午放学后，他就找到晓白，并与她进行了沟通，坦率地承认了自己的错误。

“首先，老师要跟你道歉，不应该把火都撒在你身上。老师真没想到，事情会那么凑巧。不管怎么样，老师也不该对学生发脾气。所以，老师诚恳地跟你道歉！”

出乎意料的是，晓白的回答让班主任更感动，甚至是惭愧。

“老师，我从来没有看到您发那么大的火。作为班级的一份子，看到教室脏成那样，我也是有责任的，不能只管自己的值日区，而不管其他地方。我当时委屈，是因为您当时那么批评我，给我一种所有责任都应由我来承担的感觉。”

看到晓白这样，班主任更后悔了：“对不起！老师没有想到，给你造成这么大的困扰。我明天会在班里作个说明，并向全班同学表达我的歉意。”

“老师，不用了。事情搞清楚了，就好了。”

在谈话的最后，班主任再一次郑重地表达了自己的歉意。

次日班会刚开始，班主任就再次表达了自己的歉意，并保证以后无论如何都不会向学生发脾气。

全班学生一看班主任因昨天的事情道歉了，都不说话了。片刻之后，那些值日生们都站了起来，面向全班同学说："我们也跟大家道歉，同时也向班主任道歉。值日本来是我们的责任，而我们不仅没做，还跟老师撒谎，让老师生气。以后，我们一定会做好值日，不让类似的情况再发生。然后，我们再向晓白同学道歉。昨天她挨骂时，我们应该主动站出来承认错误，而不该让她一个人承担。"

看到学生们居然那么快就自觉地做检讨了，班主任很欣慰，说："我们大家都吸取教训吧。这样，我们班才会越来越好。"

德国教育家第斯多惠说过："只有当你不断地致力于自我教育的时候，你才能教育别人。"班主任只有不断地教育自己做一个真诚的人、诚实的人，有错误就坦率地承认，才能更好地教育学生。而学生也才会信服班主任，按照班主任的要求去做。

案例1中，班主任误会了女生晓白，对她发了脾气，当意识到这点后，他就主动向晓白道歉，并在班会上公开认错。

"正视错误的人将得到错误以外的东西。"该班主任在承认错误后，不仅得到了女生晓白的谅解，而且促成了那些值日生的自我反省，以及全班学生的信服。

案例2：

因为要选拔参加市长跑的运动员，所以某班主任亲自带着学生晨练。

进行准备活动时，队里传出一阵吵闹声。一眼望去，他看到学生小鹏正在和几个男生吵闹。

小鹏体育成绩很突出，平常上课也很遵守纪律，今天是怎么了。班主任很生气，厉声呵斥道："小鹏！干什么呢？不想上课一边待着去！"瞬间，其他学生都向小鹏看去。

小鹏的脸一下子涨得通红，想说什么却没说出口。

因为要选运动员，班主任没有继续追究此事，让学生开始跑步。

本来，以小鹏的实力，他肯定会跑在前面，可今天，他跑得很慢，并且还一边跑一边和几个学生聊天。

班主任顿时火冒三丈，怒吼道："小鹏，你给我过来！"

他走过来，问："老师，有事吗？"

"居然还问我，为什么跑那么慢？"

他不以为然地斜了班主任一眼，说："我不想被选上。"

听了他的话，班主任气得想扬手打他。

这时，其他同学也围了上来，怯怯地望着班主任和小鹏，小声地议论着。

此时的小鹏，眼泪汪汪地看着班主任，一双小拳头攥得紧紧的。

看到小鹏那委屈而又不服气的样子，班主任也意识到自己不应该发脾气，就让体育委员继续带着大家跑，自己把小鹏带到办公室。

为了缓和尴尬的气氛，班主任再次问道："你怎么不愿参加市里的比赛呢？跟老师好好说说。"

他这才一五一十地说出原因。原来做准备活动时，有几个学生取笑他跑快了像只鸭子。他很生气，就和他们吵了起来。

可班主任却不分青红皂白地只批评了他。他有点不服气，所以就不想被选上。

事情搞明白了。班主任也意识到自己对这件事处理不当，伤害了一个学生的自尊。该怎么办呢？还没等班主任开口，小鹏却说："老师，是我不对，该跟您说清楚。我下次一定改，您让我去跑步吧。"

听了这席话，班主任更内疚了。他没说什么，示意小鹏离开。其实，此时他已经决定当着全班学生的面，给小鹏道歉，真诚地对他说"对不起"。

没想到，这样做了后，班主任反而得到了全班学生的热烈掌声。而小鹏则当场表了决心：一定要被选上，并且还要在比赛中取得名次。

果然，之后，小鹏每天都早早地来到学校锻炼，并在后来市里的比赛中取得了第二名的好成绩，给学校争了光。

雨果在《悲惨世界》中说："尽可能少犯错误，这是人的准则；不犯错误，那是天使的梦想。尘世上的一切都是免不了错误的。错误犹如一种地心吸力。"可见，对于人来说，犯错误都是不可避免的。

《托尔斯泰传》中有句话说："一个人必须把他的全部力量用于努力改善自身，而不能把他的力量浪费在任何别的事情上。"没错，勇于向学生承认错误也是班主任的一种美德。

班主任要敢于放下自己的“架子”，对学生坦率地承认错误，大声地说出“对不起”。相信你不仅会得到是学生的谅解，更会收获一把开启学生心灵的钥匙。

案例 2 中，班主任没搞清楚状况，就批评小鹏，这让小鹏很委屈。而当误会解开时，小鹏又很贴心地先进行了自我反省。班主任也在弄清了事情的原委后决定向小鹏公开道歉，他没想到，这样做既赢得了学生的爱戴，也激励了小鹏。

（三）敢于认错，更易赢得学生的心

在以往的师生关系中，班主任大多是高高在上的说教者，是真理的拥有者。他们所说、所做的一切都是正确的，都是学生不敢质疑也不会质疑的。

世事无绝对。班主任不是圣人，也难免犯错。在工作中，班主任应如何面对自己的错误，让学生信服呢？

1. 虚心接受学生的指正

有时班主任犯错了可能会不自知，或者刚一犯错，就被学生指了出来。对此，班主任不能恼羞成怒，而应虚心接受学生的意见，让学生看到班主任敢作敢为、知错就改的良好品质。

在学生眼里，坦承错误、积极改过的班主任，更值得他们尊敬、爱戴和学习。所以，当错误被学生指出来时，班主任可以用微笑表示歉意，虚心接受并加以纠正。同时，班主任不要忘记感谢学生，顺势称赞学生一下“真棒，都能发现老师的错误了，谢谢你”，让学生真正感受到班主任是值得尊重的，是与学生平等的，是可以以心换心、倾心沟通的。

2. 发现错误，及时纠正

有错误，说声“对不起”，对班主任来讲应该不难，关键在于道歉要及时，尤其是在公开场合。比如，因学生调皮捣蛋，班主任说了一些过火的批评或责骂的话语，在意识到自己的态度不好后，应立刻向学生真诚地道歉。这样，不但可以很快地缓解紧张的师生关系，还能敦促学生进行自我反省。

3. 敢于承认错误

只要是犯了错误，班主任都应敢作敢为，鼓起勇气向学生坦白承认。这样，才能缩短甚至消除师生间的心理距离，班主任在学生心中的形象才会更真实、可信。

人人都会犯错，老师也不例外。一旦发现自己有错，哪怕是很小的错误，班主任都应鼓起勇气承认。只有敢于面对错误、勇于改正错误的老师，才值得学生学习、尊敬和信任。

4. 有误解就坦诚道歉

在教育教学过程中，班主任难免因一时冲动或其他原因，在没搞清事实真相前，就对一些学生妄下结论，导致学生觉得委屈、不服甚至心灵受到伤害。

事实上，很多时候被班主任冤枉、误解，学生还能默默承受，甚至予以谅解，他们受不了的是真相大白后班主任不能诚恳地道歉，只是轻描淡写地带过或对自己犯的错误避而不谈。

托尔斯泰说："改过迁善从不嫌迟。"

这个道理，用在班主任身上也一样。犯错本就需要自我反省，如果错而不改甚至还"毁灭证据"，这样的班主任就不值得学生原谅、信任和尊重了，更没有资格要求学生听从他的教育和管理。

班主任应尽量少犯错，如不能避免，就应坦承错误、积极改正，尽全力将错误带来的不利后果、不利影响缩减到最小。这样才是真正对学生负责，这样的班主任才是学生学习的榜样，才能将学生的心凝聚在一起。

坎特效应：教育从尊重开始

（一）坎特效应启示

20 世纪 80 年代到 90 年代初期，正是纺织业的困难时期。斯卡拉曼丝绸公司却渡过了难关。其中的原因就在于全体员工团结一心，亲密合作。

该公司的全体员工之所以能团结一心，亲密合作，则是缘于管理者比特女士对员工的尊重。作为公司总经理，比特非常注意尊重员工，哪怕是细微之处都不放过。比如，演讲时，她从来不用“工人们”这个称呼，而是用“师傅们”。她本来是一个极爱干净的人，却欢迎光膀子的工人随时进她的办公室谈事情。

比特因尊重员工而推动了企业发展，这种现象在企业管理中被称为“坎特效应”。“坎特效应”是由美国哈佛商学院教授罗莎贝斯·莫斯·坎特提出的，他认为尊重员工是人性化管理的必然要求，是回报率最高的感情投资。只有员工的个人身份受到了尊重，他们才会真正感到被重视、被激励，才真正愿意为公司奉献全部，才会真心和管理者打成一片，主动与经理沟通想法，探讨工作，积极完成管理者交办的任务，发自内心地为工作团队的荣誉和发展付出。所以，尊重员工应该成为管理者最需要具备的职业素养。

著名广告人曼宁说：“从基本小事上做起，尊重他人是任何领导都应该做到的事情。”班主任是班级领导，并且还担负着教书育人的重任，所以更应从细微之处尊重学生。

“一切最好的教育方法，一切最好的教育艺术，都产生于教师对学生无比热爱的炽热心灵中。”毋庸置疑，班主任对学生的爱无处不在。日复一日

"三更灯火五更鸡"的备课和批改作业，终其一生"春蚕到死丝方尽，蜡炬成灰泪始干"的奉献，都是班主任爱学生的最好体现。甚至于恨铁不成钢的责备、包办一切的呵护、疾言厉色的批评，很多时候也是出于班主任对学生深深的爱。

但是，一些班主任也会不时抱怨——费劲千辛万苦换来的教育成果与自己的教育期待相去甚远；对自己的苦心，一些学生根本就不领情，反而师生之间关系日渐疏远、紧张，甚至还时常发生对立、冲突。这是为什么？

爱默生说："教育成功的秘密在于尊重学生。"爱，但缺乏尊重——这就是问题的症结所在。

马斯洛的需求层次理论表明：人的需求遵循生理需求、安全需求、被尊重的需求、人际交往的需求和自我实现需求的递增规律。只有基本的需求得到满足之后，人们才可以更加安心地工作，更愿意全心地付出，进而才能自我管理和自我实现。

每个人都希望被爱、被尊重，希望受到别人的关注。在学生眼里，班主任就是他们的榜样，班主任的一言一行都可能成为他们的模仿对象。如果班主任不能学会关爱学生、尊重学生，很有可能会在他们内心深处留下难以擦拭的"污点"。所以，班主任应重视学生、欣赏学生，把关爱和尊重学生放在教育教学的首要位置。

成功的教育并不是班主任苦口婆心一遍遍地重复自己苍白的个人观点，而是让学生在不知不觉中不断地自我认识、自我判断、自我修整，促使学生不断思考、不断进步，轻松快乐地获得知识、得到教育。

学生的成长需要关爱，需要尊重，就像小树苗需要阳光、水和自由的空气一样。班主任应深入学习坎特效应，像亲人、朋友一样，尊重、关爱和理解学生。

（二）用尊重维护学生的自尊

江西省吉安县永阳中心小学班主任肖秋莲老师，很受学生喜爱。究其原因，是肖老师能够尊重每个学生。

肖老师班上有个学生叫影子，聪明、学习好，但很傲气。一次，上完语文早自习后进行月考，她无意间把一些语文资料及书本放在了桌上，结果被监考老师发现了。监考老师把书本和资料拿到讲台上，并对她说：“考试不能作弊哟。”

监考老师刚说完，学生们就四下议论开来，说她作弊。

没想到，监考老师的这一举动和学生们的议论深深刺痛了她，严重地伤害了她的自尊心。不但这次考试没有认真考，她还从此一蹶不振、自暴自弃，上课毫无心思，学习成绩迅速下滑，和同学们也很少交流，变得沉默寡言甚至有点自闭了。

肖老师深入了解情况后，知道她是被误会了。监考老师在没有了解情况的基础上就说影子作弊，而且还当场下结论，伤害了这位成绩一直很优秀的学生的自尊心。

之后，肖老师去找监考老师说明情况。监考老师意识到了自己的错误，同意向影子道歉。后来监考老师来到班上，当着全班学生的面，承认了错误。

还有一次，影子因贪睡没去上早自习。肖老师知道后，找她谈话，问她为什么没来上早自习。影子没作声，只是一味地低着头。肖老师知道她认识到了自己的错误，就没再责备她，反而关切地说：“你昨晚一定学习得太晚了，要爱惜身体。”

影子听了既感动又惭愧，因为那天晚上她并没有学习。为了对得起肖老师的信任，她更加发奋努力，学习成绩一直是班级第一名。

肖老师认为，学生是在错误中接受教训而逐渐成长起来的。所以，学生犯错了，只要有悔过之心，只要情况不是很严重，她就会予以宽容、谅解。

一天上午，班长神色慌张地跑到办公室说：“肖老师，我准备上交的60元伙食费被人偷了。”

偷东西不是一件小事，会是谁拿的呢？班长怀疑是他的同桌小蔡，因为只有他知道钱放在哪里。

肖老师请班长不要声张，然后到班级里说：“同学们，班长不小心把这个月的伙食费弄丢了。哪位同学捡到了，请交给班长，好不好？”

听到这一消息，大家议论纷纷：“老师，是被偷了吧？”“我们搜书包吧，看看到底是谁拿的？”

肖老师断然否决了，说：“不行，我相信咱们班同学都不会做这种事的。”说着，她装作不经意地看了一眼小蔡，他脸上有些不自然。

中午放学后，肖老师主动找到小蔡，请他帮忙提供线索。小蔡一听，脸就红了，连声说：“我没拿，我没拿……”

“老师相信你没拿，你平时是最听话的孩子了，有损班级荣誉的事你怎么会做呢？况且你家境很富裕，又不急用钱，是吧？”

听了肖老师的话，小蔡的脸更红了，额头上都冒出汗来，连招呼都没打就跑出去了。

不一会儿，他又回来了，喘着粗气，交给肖老师60元钱，一句话没说就哭了起来。

肖老师一边给他擦眼泪一边说：“小蔡，老师相信你，你绝对不是有意的。”

听了肖老师的话，小蔡哭得更厉害了。

下午，肖老师向全班学生宣布：“班长丢的钱找到了，是他自己粗心大意，夹在了同桌的英语书里了。小蔡发现后就交给了我，让我们为他的行为鼓掌。”

全班响起了热烈的掌声，也有学生为误会了小蔡说“对不起”，而小蔡更羞愧了。

事后，肖老师将此事如实地告诉了小蔡的父母。他母亲说：“肖老师，谢谢你，你的一席话挽救了一个孩子呀！”

陶行知曾经说过：“真的教育是心心相映的活动，唯独从心里发出来的，才能打到心的深处。”从他的话中，班主任们不难领会，离开了情感，一切教育都无从谈起。怎样才能使教育的过程成为师生情理互动的愉快过程，进而收到良好的育人效果呢？做到这点，最重要的一条原则是尊重学生。

自尊心人皆有之，渴望得到尊重是人们的内在需求。尊重学生，不仅是教师应具备的职业道德，而且是保证良好的教育效果的前提。

影子没有作弊，却因一个无意中的马虎行为，被监考老师误以为作弊，还当众下了定论，这怎能不让她觉得委屈呢？作弊本就是丢面子的事情，更不要说被监考教师当堂“抓住”并当众指出了，这深深伤害了影子的自尊。

庆幸的是，她的班主任及时发现了这一问题，并请误会她的老师亲自向她道歉，当众澄清事实，修复并维护了影子的自尊，让她重新找回了自己。

人不可能尽善尽美，每个人身上都或多或少存在一些不足和缺陷。我们没有理由苛求他人不犯错误。班主任面对正在成长的学生，更需要多给予教育和引导，应当尊重学生犯错误的权利，并给他们改正错误的机会。

因为一时的私心，小蔡偷拿了班长的钱。小偷小摸行为的严重性，每个班主任都非常清楚。小蔡的班主任选取了一种柔和的处理方式。虽然明知是小蔡做的，她却当着全班学生的面坚持说班上不会有小偷，并拒绝了大家提出的搜书包的建议。

这让小蔡有了一个自省的过程。果然，他主动找老师承认错误了。而后，班主任又说是班长放错了地方，并亲自找小蔡父母讲明情况，更让小蔡在保住尊严的同时，有了尽快改进的敦促力量。

班主任要尊重每一位学生，使他们健康发展，这是坎特效应给每一位班主任的启示。学生的心灵本是像露珠一样晶莹剔透的，但也像露珠一样一碰就碎。爱学生，就应想办法保护他们、爱护他们，而尊重无疑是班主任给予学生最大的爱。

（三）通过尊重将爱传递给学生

给镜子一缕阳光，它便能反射出一片天空；给心灵一缕阳光，它能反射出一个美丽的天堂。教育活动是双向的，班主任尊重学生，才能赢得学生的尊敬；学生尊重班主任，班主任的教育管理活动才会卓有成效。

李圣珍老师说："尊重是一个人的立身之本。如果爱是老师从事教育工作的基础和前提，那么尊重就是施行爱的教育的基础。"在班级管理实践中，班主任怎样做才算是尊重学生呢？

1. 尊重学生的人格和自尊

马斯洛在他的《动机与人格》一书中提出，除了少数病态的人之外，社会上所有人都有一种对自我尊重和他人尊重的需求。他将这种心理需要归纳为自尊需要，一旦得到满足就能激发出自信的力量，使人觉得自己在这个世界上有价值、有用处。如果这种需要长时间得不到满足，人就会产生自卑、弱小和无能的感觉。所以，班主任将这种自尊需要的理论纳入班级教育与管理之中，是十分必要的。

苏霍姆林斯基说："在影响学生内心世界时，不应挫伤他们心灵中最敏感的一个角落——自尊。”维护学生的自尊，就要尊重他们的学习成果、情感表现、个性特点等。自尊对一个人来说，是一种积极的行为动机，是一种进取的心理状态。学生赢得了自尊，有助于克服自身的弱点，更为自信自强，奋发努力。

班主任是学生人格和自尊的直接保护者，应致力于创设一种师生相互尊重、理解、宽容的氛围，把尊重学生的人格与维护学生的自尊心作为班级管理的重要原则。班主任尊重学生，学生才会更尊重班主任，才更愿意接受班主任的教育、指导和管理。

2. 尊重学生的情感

尊重学生的情感与尊重学生的人格，具有同等的重要性。情感是行为的动力，学生在校的一切活动都与他们的情感体验密切相关。学生只有在良好的情感状态下，才能安心接受教育。专制、冷酷、高压的管理方法，极易使学生产生紧张、焦虑、忧郁、恐惧等负面情感，从而对学生的学习、生活造成不利影响。因此，班主任应把与学生建立良好的、相互信任的和亲密的情感关系，作为重要的工作目标。

为了达成上述目标，班主任需要多理解、尊重学生的情感，帮助学生处理好情感问题。班主任应主动帮助学生克服各种情感危机，运用各种方法、手段帮助学生保持一个良好的情感状态，培养学生情感表达和自我调控的能力，使每个学生的情感都能得到应有的尊重与健康的发展。

3. 尊重学生的发展

促进学生的发展，是班主任工作的最终目标。尊重学生的发展，是指班主任开展工作时，要遵循学生身心发展的规律，不能阻碍学生的发展，要把学生的身心发展当作自己工作的头等大事。

要做到尊重学生发展，班主任除了全面审视自己的教育观、管理观外，还需要做到：通过学习、研究，形成科学的发展观；对全班学生的发展情况有切实的了解，并结合实际情况，帮助学生确立自己的发展目标；必须采用与学生发展水平相适应的方法和手段开展工作；应帮助学生排除各种阻碍发展的因素，并为学生的发展创设条件……

4. 尊重学生的管理权

班级管理应是班主任和学生共同参与的管理。班级管理目标的实现，不仅要依赖班主任的辛勤工作和劳动，还有赖于学生良好的自我管理以及对班级管理的积极参与。班主任要信任学生，引导学生进行自我管理，并为学生参与班级管理创造条件和契机。

比如，班主任可以在晨会、班会活动中宣讲“自己的事自己做”，可以实行“一日班长制”“班干部轮换制”，并举行各类竞赛活动，激发学生兴趣，强化学生的自我管理意识。

5. 尊重学生的个性差异

每个学生都是独特的个体，就像山一样，有华山之险、黄山之奇、峨眉山之秀的不同风景，人更是如此。所以班主任要结合每个学生的实际情况，因材施教。积极鼓励学生“各显神通”，根据自己的长处来发展自己。

教育是一门艺术，个性教育就好比“根雕艺术”。班主任只有充分地了解学生的性格、习惯、兴趣、爱好、潜能和心理状态等因素，才能对学生做出客观、公正的评估，尊重他们不同的兴趣、爱好、个性，挖掘他们各自的潜能，因势利导、扬长避短，才能做好个性教育。班主任只有把每个学生的闪光点视同珍宝，精心呵护与引导，把学生的个性差异看作宝贵的资源，给学生以尊重和关爱，才能缓解、消除学生的逆反心理，从而避免工作中可能出现的偏颇，让教育教学、班级管理收到意想不到的效果。

“尊重他人，就是尊重自己。”尊重是相互的，获得他人尊重的前提就是必须尊重他人。

一位教育家说：“尊重是教育的应有之意。”有了尊重，班主任才会敬畏生命，才能给学生真正的爱。而接受了班主任“尊重”教育、“尊重”管理的学生，也会在学习、生活中尊重他人，即学生体会到班主任对自己的尊重，便能回馈给人以同样的尊重。

麦克莱兰效应：让学生自我管理

(一) 麦克莱兰效应启示

美国马里奥特饭店规定客人每天的离店结账时间是中午12点以前，但总有客人询问前台接待人员，自己能否在下午2：00之前再离店；餐厅的服务员接到一份价格中等的家庭订餐单，菜单上没有客人要点的菜，然而顾客却坚持不让用其他菜来替换；餐厅菜肴出现质量问题，客人非常不满，要求餐厅服务员立即进行赔偿和补救，并且希望马上得到答复……诸如此类的问题，常常令服务员头疼不已。

可是，此时客人往往会得到服务员这样的回答："不行，这不符合我们的规定"，或"我得和我们经理商量一下"。甚至还会听到很无奈的回答："我希望能为您做点什么，但是现在我什么也做不了，而且这并不是我的错。"

遇到上述情况，绝大多数客人都会感到不悦，甚至大发脾气。

于是，公司就在下属的多家餐馆里做出了一项规定，任何雇员在有需要的情况下都可以用不超过餐厅规定限额的额外支出安抚不满的顾客，如为顾客免费送上饮料，甚至可以代付账单。

这给了雇员一定的自主权，让他们可以在规定范围内自由地采用适当的方式安抚顾客。结果，客人们就算遇到一些不开心的情况，也会因得到了相应的补偿而对这家店产生好感，从而多次前去用餐、住宿。而员工呢，也因为有了这些权力而不会在出现问题时遭到顾客的责难，也不再因事情处理不好遭受上司的指责，工作起来就越来越顺手了。

像马里特奥饭店这种因赋予员工一定的自主权，而大大地调动了员工工作积极性、提高工作效益的现象，就是对麦克莱兰效应的经典诠释。

美国哈佛大学教授戴维·麦克莱兰，深入研究发现，从根本上影响个人绩效的并非人们通常所认为的智商、技能或经验，而是诸如“成就动机”“人际理解”“团队影响力”等一些被称为资质的东西。

1973年，麦克莱兰发表了题为《测量资质而非智力》的文章，提出了“成就需要理论”，他认为在必要的时候，管理者应为自己的员工贴上一个权力的标签，这样可以极大地提升他们的工作热情与主人翁意识，而其所产生的效果往往是其他激励方式所不及的。

后来，管理学界就将这一理论称为“麦克莱兰效应”。

在班级管理中，班主任同样可以通过给予学生一定的权力，让学生进行自我管理，从而提高班级管理的效益。

什么是班级管理？就是指班主任按照一定的原则，运用科学的方法，为建立良好的班集体，而不断进行协调的综合活动。简单地说，班级管理是指班主任对所带班级学生的思想、生活、学习等各方面的管理。

实践证明，一个拥有几十个学生的班级，仅靠一个或几个教师管理是不行的，关键是要教育和指导学生学会自我管理，使每个学生既是接受管理的客体，又是实施管理的主体，达到“管是为了不管”的目的。

陶行知说过：“学生是学习的主人，生活的主人，更是自我管理的主人。”因此，班主任要把培养学生的自我约束能力、自我管理能力、自我教育能力作为班级管理工作的突破口，让学生的自我管理成为改善班级状况，提高班级工作效率的一剂良药。

（二）让学生的自我管理成为班级管理的主旋律

一些班主任经常抱怨现在的学生越来越难管理。而江苏省如皋市磨头镇大高小学班主任陈祥老师，却认为造成这种状况的原因是班主任在班级管理上存在误区：不是管得过死，管得过多；就是什么也不管，对学生放任自流。

在陈老师的实践中，他引导学生进行自我管理，并努力让这种管理成为班级管理的重要组成部分。

1. 学生自己定班规

没有规矩不成方圆，没有制度不成管理。但是，管理成效如何，还要看制度是如何产生的。只有自己作出的选择，才可能真正对其负责，才会认真、理智地处事，才会勇敢面对挫折，主动承担责任。

学生是最了解自己的人，也对怎样管理自己最有发言权，所以陈老师就发动学生为班级制定班规。

陈老师的想法刚说完，学生们就行动起来，写班规、定制度，积极性非常高。班规从初稿到定稿都由学生说了算，使学生真正感受到了自己就是班级的主人。

在班规的制定过程中，学生不但知晓了班规的内容，明确了个人努力的方向，知道自己该做什么，不该做什么，在以后执行班规时，也就会很自觉。

班规的内容涉及班级工作的方方面面，包括全体师生在班集体中享有的权利、应当履行的义务以及不作为和乱作为后应当承担的责任、接受的惩罚等。比如，“老师或学生干部因工作不负责任或严重失误而导致班级荣誉受损时，应在全班学生面前公开道歉”“全班学生投票数过半就可以否决老师的提议”“投票数占全班学生总数3/5以上对班主任或班干部提出不信任案时，班主任或班干部应当主动辞职”“班主任老师对学生偶尔出现的小错误，原则上不得在全班公开批评”……

此外，对一些违反班规行为的制裁措施，学生们还有所创新，如“当众唱一支歌”“当教室的义务保洁员”“当教室的义务锁门员”“做1～3次好人好事”等。

由学生自己制定的班规，就是学生日后行事的准则，也是推行自我管理的基础。自我制定、自我管理，学生不仅执行起来更认真，而且对自己要求也更严格。

2. 让学生自己选班干部

班规制定出来了，但如果不认真执行，也是一纸空文。所以，在班级中一定要建立班规的执行机构，这是实现学生自我管理的重要途径。

在制定出全体师生共同遵守的班规之后，陈老师因势利导，发动学生毛遂自荐，竞争上岗。由自荐学生上台演讲，针对班级管理，提出富有创造性的设想，然后由全体学生民主选举班委会成员。

班委会学生实行轮换制，即文娱委员干一期（以一个月为期）后再依次担任劳动委员、体育委员、学习委员、卫生委员等职，这样每个学生都有综合锻炼的机会。

每届班委会任职一学期，上任前要进行“施政演说”，卸任时要进行总结陈述。学生自己建立的班委会，班干部在学生眼中就不再是班主任的“传话筒”，而是班集体的服务者。这样，班干部也会更真心地为班级服务，而班级也就成为一个团结、和谐的战斗集体。

3. 让学生代理班主任

一些班主任不放心把班级交给学生管理，认为那样会乱套。而陈老师却认为班主任一定要转变理念，充分信任学生，相信学生的集体智慧会大于班主任的个人智慧。要想把班集体变成学生成长的“沃土”，班主任就要把管理权交给学生。

陈老师通过选一名学生担任代理班主任，而自己“退居二线”当顾问的代理班主任制度，把管理权移交给学生。

陈老师设置的代理班主任的职责，包括：在工作任期内，给每一位学生写一句赠言，做好一名同学的思想工作，为班集体做一件实事，协同班干部全面负责班里的各项工作，等等。

上任前，代理班主任的培训和指导是最重要的一环。关键是要让代理班主任能真正站在班主任的角度思考和处理问题，在亲身经历中去感悟成长，激活自身内在的主动性，进而完成高标准的管理。

当一名普通学生在代理班主任工作的过程中，为班集体做了一件事情，哪怕是微不足道的小事时，如主动捡了废纸、擦了黑板，第一次在众人面前宣读了自己的代理宣言，讲述了自己的值日感受等，都会产生强烈的成就感。

一位学生在代理日记中这样写道：“我感觉空气里也散发着一种骄傲的气息，同学们的掌声已在我耳边回响3天了，久久挥之不去。我的心情真好，这个班集体真美。”

写这篇代理日记的学生，原本性格腼腆，有点自闭，是代理班主任制度让他走出了自我的小圈子，成长为一个非常有责任感的阳光男孩。

这一代理班主任制度，给班级带来的变化不仅表现在学生的学习上，更多的是在做人上。它的设置给班级创设了一个宽松的学习环境，让学生获得了更多快乐和成就感。整个班级也因此变得更加团结、和谐。

正是这套学生自己制定、自己实施、自己监督、自己完善的班级管理机制，让学生真正地成为了班级的主人，促成了一个有序的班级管理网络。在陈老师的班上，人人都是管理者，人人都是被管理者，人人都在为班集体付出，人人都从班集体中获益。这样的班级，每天都有新变化，每天都有新发展。

班主任是最小的“主任”，却是管人最多的“主任”，是学校教育的核心力量，是学校与学生教学关系的“桥梁”，是班级蓬勃向上、稳步发展的保证，是学校健康有序发展的主要力量。

在班级管理中，班主任要注意充分发挥学生的主体作用，培养学生的自主意识，发挥学生的自我管理才能，营造“人人都是小老师，人人都是小主人”的氛围，让学生在学习中体验成长的乐趣。只有这样，才能让学生在班级活动中充分发挥自主性，成为班级的主人，使班级成为学生健康成长的精神家园。

苏霍姆林斯基说：“教育的目标是培养一个能够自治的人，而不是一个要别人来管理的人。”班级管理追求的不是他治，而是自治；不是他律，而是自律。

陈老师对学生实行的管理，就是放手让学生可以自己做、自己管。而他这个班主任要做的就是与学生一起制定制度，给他们提供自我管理的宽松环境。学生在这样的班级中，感受到的不是制度的约束，而是发展的自由。

学生自己制定班规，学生自己选班干部，学生自荐当代理班主任，每一个班级管理的环节，都有学生的参与，都是学生实践自我管理的机会。而这在一定程度上也体现了班主任对学生的信任，体现了班主任对学生自主权的尊重，对学生主体意识的尊重。

随着学生主体意识的逐步提高，班级自主管理、自我教育制度的完善、班级管理工作就不再是班主任个人的事了，而成为班级中每一个成员的责任。教育也不再是外部强加于学生的，而成为学生自己的行为。班级管理由此走上良性循环的轨道，班级工作效率也会得到极大提高。

（三）培养学生自我管理能力，让学生自主管理

苏霍姆林斯基指出："真正的教育是促进自我教育、自我管理的教育。只有学会自我教育、自我管理的人才可成为真正的人。"班主任作为班级的领导者、组织者和管理者，尤其应注意培养学生的自我管理能力，让学生自觉地进行自我管理。

1. 培养学生自我管理的能力

"授之以鱼，不若授人以渔。"教育是要将"捕鱼"的本领传授给学生，而不是直接将"鱼"给他们。引导学生进行自我管理，根本上在于培养学生自我管理的能力。正式的课堂教学一般不包含培养学生的自我管理能力，于是丰富多彩的课外活动就成了培养学生自我管理能力的重要途径。

首先，班主任要制订严密的活动计划。其次，要充分调动学生活动的积极性。班主任只能给予学生一定的指导，而不能一手包办整个活动，还应尽量使每一位学生都得到锻炼的机会。最后，班主任要重视对活动结果的评价，强调活动的深远意义，使其能长期发挥效力。

"兴趣是最好的老师。"做任何事都要遵循这个规律，班级管理也不例外。每个学生在班上都想表现自己。为此，班主任可为学生创设一个参与班级管理的机会——"一日班长制"，力求满足他们的表现欲望，调动他们进行自我管理的积极性。

"一日班长制"使全体学生都能得到锻炼，促使每个学生在管理班级的同时不断反省自己、完善自己、发展自己，从而强化学生的自主管理意识，使其在不当班长时也能自觉地管住自己。

班级里，人人都是被管理者，但同时又都是管理者，管理因时而动，权力彼此制约。因此，班主任在培养学生自主管理时，要让学生全员参与、相互制约，这样才能为班级建立起真正以学生自我管理为主的新机制。

2. 给学生创造自主管理的机会

90后学生是"完全数字化的一代，是刷新的一代，是做主的一代……"他们的思想在变、思维方式在变，班主任的管理方式自然也应随之改变。这就要求班主任对学生进行自主教育，真正做学生学习和成长的引导者。

中小学生开始有意感知事物，情感丰富，易冲动，意识上开始有主动

性、独立性和果断性。他们能运用道德知识评价和调节道德行为，有一定的策略和自我设想，有自律意识。因此，班主任要相信学生有管好自己和班级的能力，不要对班务事事“亲力亲为”，更不能在管理上一味地压制学生。这样，不但班主任自己很累，学生也不会喜欢。

班主任要善于给学生创造自主管理的机会，适当地把管理班级的权力下放给学生。这样不仅施展了学生的管理才华，给学生提供了宝贵的锻炼机会，班主任自己也能从繁杂琐碎的班务工作中解脱出来。一举多得，何乐而不为？

3. 给学生提供自省、交流的机会

孔子说过，“君子日三省乎己”，这道出了自我反省的重要性。法国的帕斯尔曾说过：“人必须认识自己，如果这不能有助于发展真理，至少有助于规范自己的生活。”唐太宗也曾说：“以人为镜，可以知得失。”

自评，是学生进行内省的表现；同伴的评价，则是学生之间互相帮助的表现，可以让学生更全面地认识自己。同时，同伴热情洋溢的鼓励和诚恳的建议，还会给予学生追求进步的信心和力量。班主任要引导学生将自评和他评有机结合起来，比如，可以利用每天下午放学前的一段时间，让学生自检，用简短的话语总结自己一天的表现，其他同学也可以提建议。这是生生、师生的交流与分享，更是心灵与心灵的碰撞，可以培养学生的自我反思意识和进取精神。这一点对培养学生的自主管理能力尤其重要，可以让学生不断认识自己，互相促进，共同提高。

4. 采用正强化让学生愉快地接受管理

长期以来，学生的良好行为动机处于被动状态，因为怕班主任和其他教师批评，怕家长知道后教训自己，更怕班主任的惩罚。尽管班主任、科任教师和家长想尽办法来教育有不良行为习惯的学生，结果却不尽如人意。

综观这些做法，大多以罚为主，把学生当成被动接受的客体，学生何来快乐，何来动力？

正强化是指个体在某一情境下做某种事情，若获得满意效果，下次遇到相同情况时，就会乐于去做并做得更好。中小学生的心灵是纯洁的，他们乐于遵守纪律，乐于配合班主任的工作，也乐于为集体服务。只要教育得法，每个学生都会成为班级管理的积极参与者。

那么究竟该如何调动学生的积极性呢？基本途径是给予正面强化。比如，班主任可以采用加分得红旗评奖制度，或者对其进行语言鼓励，用正强化的方法巩固学生的正面行为，使学生不断体验到成功的快乐，从而自我敦促，激发进取心，形成自我管理意识。这样，学生就会越来越容易接受管理，也会越来越善于管理自己。

5. 持之以恒，让学生养成自我管理的好习惯

当前实施的素质教育是一种发展人、完善人的教育。在素质教育的大背景下，重视学生在学习中的主体作用，提倡学生自我教育、自我管理、自我学习已经成为必然。如何使学生学会教育自己、管理自己，学会自觉主动地学习，实现其主体地位，让其养成自尊、自信、自强、自律、自立的品质，已经成为摆在广大班主任面前亟待解决的重大课题。

任何事情，只要认准方向、找准方法，并坚持到底，就会取得成绩。培养学生自主管理的能力，让学生自己管自己，也是如此。培养措施一旦制定出来后，班主任要付出爱心和耐心，不断引导学生参与培养活动，让学生在实践中不断认识自我，逐步学会自主管理。

叶圣陶先生说过："教是为了不教。教育的最高境界应是自我教育。"同样的道理，班级管理也不应只是班主任简单的发号施令，而是教学生学会管理。管是为了不管，最终实现学生的自我管理。

班主任要向麦克莱兰取经，好好研究"麦克莱兰效应"的真谛，并用其指导班级管理工作，让每一个学生都成为班级管理的高手，都能在管好他人的同时管好自己。

贝尔效应：为学生创造表现的机会

（一）贝尔效应启示

英国著名学者贝尔天赋极高。很多人认为，如果他毕业后进行晶体和生物化学的研究，一定会多次赢得诺贝尔奖。但他却心甘情愿地走了另一条道路——把一个个开拓性的课题提出来，指引别人登上科学高峰。于是，有人把他这种甘为人梯的行为称为“贝尔效应”。

企业界有很多将“贝尔效应”发挥到极致的伯乐，如柳传志。

联想控股掌舵人柳传志在商界创造了多个传奇，为企业家津津乐道。但是，更为人所钦佩的是他对人才的提拔和培养。如今，“柳传志”这个名字已成为培育人才的品牌。

他自称用人之道是“用人不疑，疑人不用”，至于选拔联想接班人的必要条件则是德才兼备。柳传志已为联想控股旗下 5 家子公司挑选出 5 位少帅，包括联想集团董事长杨元庆、神州数码总裁郭为、联想投资总裁朱立南、融科智地总裁陈国栋以及弘毅投资总裁赵令欢。

对于这些德才兼备的英才，柳传志没有担心他们发展壮大了会夺自己的位子，而是尽可能给他们表现机会，并帮助他们发展。因为他知道，只有联想人发展了，联想才有大发展。

尼采在《查拉斯图拉如是说》中提出了“人梯学说”。他认为，“人类艰辛劳作的终极目的，是使最接近人类超越理想的完美个体诞生。因此，那些自愿被超越并且支撑超越者的个体是阶梯，而人类正是一个阶梯一个阶梯地向上进化的。”这与贝尔效应的真谛是一致的。

可以说，贝尔效应给班主任们最大的启示就是尽可能地为学生创造表现机会，甘做学生的人梯。班主任要以班级和学生为先，要慧眼识才，提拔任用有能力的学生，要积极为有才干的学生以及需要展示自我的学生，创造脱颖而出的机会。

作为班级的灵魂人物、学生学习的榜样、学生最信赖的人，班主任更应将贝尔效应发挥到极致。当前，班级的管理与发展，甚至是学生能力的培养，都不是班主任一个人所能做到、做好的。虽然一个好的班主任可以带好一个班级，培养出一批好学生，但他不能只凭一己之力管好班级，他们需要其他教师以及班干部和学生的支持与配合。班级的管理与发展，不是班主任个人的事情，也是每一个生活、学习在这个班级里的学生的份内事。

当班主任能全面地发现每一个学生的特长与能力，并给他们搭建一个展示自己的平台时，就可以让整个班级"人尽其才，才尽其用"。

（二）把机会给需要的人

这天，某班主任面带微笑，走进了教室。

看到班主任很高兴，学生们也一下子变得轻松起来。

"上课""起立"……不对。今天的"起立"声除了有班长晓晓的外，还有另外一个声音。

循声望去，班主任发现调皮鬼小炫正不好意思地冲着她笑呢。

刚想责备他一句，班主任又立刻忍住了。今天大家心情都那么好，可不能因这点小事破坏了气氛。于是，她就和颜悦色地问："小炫，你又不是班长怎么也喊'起立'了？想篡位啊？"

"我想喊，所以就情不自禁地喊了出来。"看老师没发脾气，小炫不好意思地笑着说。

"没错！喊'起立'的确很爽，不过要表现好才可以呢。如果你最近两个星期的表现都能得到大家的认可，老师完全可以让你正当地喊一回，做一天的班长。"班主任许诺说。

几天后，班主任正在教室做课前准备。小炫小心翼翼地走过来，轻轻地问："老师，你前几个星期答应我，如果我表现好的话，就让我当一天的班长，让我喊'起立'。现在，你能让我喊吗？"

经他一提醒，班主任突然想起这件事来，仔细一想，小炫最近的表现确实不错，于是就问旁边的几个学生："你们说小炫最近的表现怎么样？够不够资格当班长？"

一个学生说："他的作业比以前交得快了，也写得整齐了。"另一个学生说："他上课也不转过身来做鬼脸了。"还有学生说："中午做作业时，老师有事出去了，几个同学讲话，小炫还制止他们呢。"……

想不到，小炫还真把"当班长"作为目标了，并且还用实际行动证明了自己能做班长，是个有上进心的学生。这样的学生，怎能不给他表现机会呢？班主任打定主意，立刻召集全班学生，宣布从今天起由小炫喊"起立"，为期两周，其间他也是班长的助手，有权管理班级的事情。

同时，班主任还宣布：以后谁愿意喊"起立"，想当班长助手，也可以提出申请。但是，他的表现必须得到大家的认可，报名多的时候由大家投票决定。

学生们听后，立刻高兴地鼓起掌来。

班里有个叫小芳的学生，她长着一双会说话的大眼睛，但身体却很瘦弱。上课时，小芳从不主动举手发言，老师提问她也总是低头回答，声音小得像蚊子声。课间十分钟，除了上厕所，她就安静地坐在座位上发呆。每次有人邀请她一块儿玩，她都是勉强笑一下，仍坐着不动。

小芳的表现引起了班主任的注意。一开始，她以为小芳只是性格内向，后来发现小芳有着严重的自卑心理。

由于小芳是新转来的学生，所以要想找到根源，最直接的方法就是做家访。通过和小芳父母的交谈，班主任了解到，小芳以前只是稍微有些内向，后来就变得非常不爱说话了，也不和同学出去玩。父母问她原因，她也不说。多次劝解无效后，父母也就随她去了。

看来一定是发生了什么事让小芳受到了打击，再加之父母没有及时进行疏导，才导致小芳变得极度自卑。因而最关键的是要让小芳说出事情的原委，但这并不容易。通过与小芳的几次谈心，班主任终于了解到了她自卑的原因。原来，有一次她参加演讲时出了差错，结果被一些同学嘲笑，甚至平时一起玩的时候有些同学也常拿这个作笑料。于是小芳就变得越来越不自信，认为自己什么都做不好。

找到了根源，班主任就可以对症下药了。从哪里摔倒的，就应从哪里爬起来。有一次，学校让每个班选一名学生参加校演讲比赛，班主任就特意选小芳去参加。开始，小芳不愿意去，班主任就让她的小组成员一起给她鼓劲儿。再加上老师和家长的鼓励，小芳最终去了，结果表现得很不错。评选结果出来后，班主任对她说："你看表现得不是很好嘛！怎么老说自己不行呢？以后有这样的活动，你还应该参加，不然就浪费了自己的才华了。"小芳第一次在老师面前开心地笑了。

之后，市里举行中小学生绘画比赛。听同学说小芳的漫画画得很好，班主任就又找到了她，鼓励她去参加。这次小芳又获得了名次。

看到小芳确实实力很强，班主任就在班会上征求大家的意见："大家那么喜欢看漫画书，为什么不组建个漫画兴趣小组呢？组长呢，我看就让小芳当吧。她漫画画得那么好，我们不仅有免费漫画可以看，还能让她推荐一些漫画书给我们。"

学生们一致同意。

看到大家那么支持她，小芳的笑容更灿烂了。

一位名校长说过："学校不应是藏龙卧虎之地，而应该是龙腾虎跃之地。"班级，作为学校的基本构成单位，同样应该是龙腾虎跃之地。班主任作为学生的主要培育者，应该让那些隐藏着的"龙""虎"学生飞腾跳跃起来，让学生的激情释放出来，让他们的能力施展出来。

马斯洛在阐述自己所提出的"五个需要层次"理论时说："个体成长发展的内在力量是动机，动机是由多种不同性质的需要所组成的，而各种需要有先后顺序与高低之分，每一层次的需要与满足，将决定个性发展的境界或程度。"当较低级的需要得到满足后，人们就会不由自主地开始追求更高一层次的需要，并且也只有最低级的需要得到满足后，人们才能拥有舒适、愉悦的心情，才能更好地调动自己的内在动力，去挖掘并激发自身的内在潜能。

当学生具备一定的素质和能力时，就想做一些与自身素质和能力相匹配的工作，从而展示自身的才能，体现自己的价值。他们也会像阿基米德那样说："给我一个支点，我就能撬动地球。"但是，基于学生的个性特征、生活经历、家庭背景等种种因素，学生可能会压抑自身的这种想法，就像案例中的小炫和小芳。小炫虽然是个调皮捣蛋的学生，但是也有自己的“小小梦想”，希望像班长那样喊“起立”；小芳因为一次演讲失败被人嘲笑，就把梦想掩藏在心里，不相信自己能够再实现梦想。

韩愈在《马说》中曾经感慨道：“世有伯乐，然后有千里马。”有特殊或优秀才能的学生，就是千里马；而能够发现学生的特殊或优秀才能，并委以重任，给予其表现机会的班主任，就是伯乐。韩愈又说：“千里马常有，而伯乐不常有。”古往今来，有数不胜数的“千里马”因与“伯乐”失之交臂，而沦为拉车驾辕的普通马，甚至失去日行千里的特殊才能。这不仅是千里马的悲哀，更是一种让人扼腕叹息的人才浪费。

一个班级肯定会有拥有特殊才能或优秀素质的学生存在，而班级的管理与发展，也确实需要班主任联合他们的力量。所以，班主任要睁大自己的慧眼，寻找“千里马”式的学生，给学生展示的平台，让他们展示并运用自己的特殊才能。这样，他们才能创造出与自身才能相匹配的价值。也只有这样，班级管理才会更高效，班级才能真正获得发展。

案例中的小炫和小芳都是不起眼的学生。但是，班主任却通过给他们提供机会和平台，让同学们看到了他们的长处，让他们得到了适合自己的发展机会，并因此发展了自己，还带动了全班学生的发展。

所以，为了班级的发展，班主任一定要多给那些有潜力的学生一些机会，要让他们和自己一起为班级的发展努力奋斗，为班级管理添砖加瓦。

（三）搭建平台，为学生发展创造机会

学生的成长需要班主任铺路架桥、搭建平台，这是学生成长的重要途径。从某种意义上讲，班主任的成功与否，不仅在于其培养出了多少名牌大学生，更在于他培养出了多少“小画家”“小音乐家”“小故事大王”“小班长”。

要想充分发挥贝尔效应，让学生挖掘潜力、脱颖而出，班主任应做哪些工作呢？

1. 给学生指出明确的目标

就像贝尔为许多人提供研究课题一样，班主任也应给一些学生提供明确的努力目标，让他们在目标的指引下不断地改进自我，并对未来的学习与发

展都有一个明确的方向。比如，一些学生适合从事管理工作，班主任就可以让他当班干部，参与班级管理；一些学生适合从事体育运动，班主任就可以让他参加体育小组，可以推荐他进班级或学校的体育队；一些学生有很好的人际关系处理能力，班主任就可以让他协助班干部甚至出任班干部处理班级矛盾以及管理班级的外联事务……当然这些学生可能不自知，甚至还会因学习成绩不好而自卑。对此，班主任应引导学生及时发现自身的优势，并给他们在合适的发展方向上定位。

2. 给学生搭建发展平台

有了明确的努力目标后，班主任还要力所能及地给学生搭建平台，让学生有“用武之地”，能够施展自己的才华。

然而，几乎每一位学生，都会承受来自同伴、家长、学校、社会等方方面面的压力，而这些压力也往往决定着学生行为处事的态度，影响着学生自我发展的积极性。所以，一方面，班主任要给学生搭建适合其发展的平台，让学生能够在繁忙的学习之余发展自己的特长或爱好；另一方面，班主任还要给学生搭建具体的平台，而不能仅仅停留在口头上。比如，给喜欢绘画、音乐、书法、体育的学生聘请校外辅导员，或组建兴趣小组，让本校相关教师给予指导；设置“一日班长制”，让有兴趣、有能力参与班级管理的学生，有机会为班级出谋划策……

3. 敢用有能力的学生担大任

大胆任用人才，大胆提拔人才，这不仅是企业繁荣发展的条件，也是班级获得大发展的条件。然而，一些班主任在选人、用人方面，似乎按学习成绩选任班干部的观念仍然根深蒂固。一些学生有能力，但因调皮捣蛋、学习成绩不好等原因，而不被重用，甚至弃用。

班主任作为班级管理者，要真心为班级和学生的未来着想，要有爱才之心、识才之能、容才之量、用才之艺，要不拘一格地选拔人才，大胆放手地任用人才，并着眼于发挥人才的作用。

没有人是十全十美的，一些有能力的学生总会存在这样那样的不足。对此，班主任要把眼光放长远，要看到学生的长处，并帮助学生扬长补短；同时还要让有能力的学生站在能胜任的工作岗位上，为班级管理和发展做更多有意义、有价值的事。

4. 给后进生创设机会，让其体验成功

一些后进生在成长路上，经历多次失败，很容易陷入自卑的泥潭。要改变这种状态，班主任必须充分相信他们能迈出成功的一步，为他们创设一个通向成功的“阶梯”，同时必须让学生获得机会，重新认识自己的潜能，提高自信。

学生越有机会表现自己，就会越积极地投入学习活动中。连续的表现机会则更能推动学生积极争取、主动把握。所以，班主任要尽可能地给后进生创造一些表现机会，可以是学习方面的，如找一些较简单的问题让他们回答；也可以是非学习方面的，如让组织能力强的学生担任小组长、小队长，让动手能力强的学生去做实验。班主任还可以经常举办一些故事比赛、音乐歌唱比赛、体育运动比赛、书法比赛、绘画比赛等，让学生参加。

5. 及时给予学生支持和帮助

有能力的学生被班主任选用，担当要职后，可能会因自身的缺点或不足出现一些问题。对此，班主任要勤与他们沟通，充当他们的后盾，随时给予他们支持和帮助。当他们做出成绩时，班主任要及时予以表扬，提高他们的“士气”；当出现问题时，班主任也要及时伸出援助之手，与他们共同商讨对策，让学生感受到班主任的支持和信任。

赫茨伯格曾经提出了一个激励员工的“双因素理论”，他认为能够促使人们产生工作满意感的因素叫作“激励因素”，这些因素包括工作表现机会和工作带来的愉悦感、成就感、责任感等。

学生也一样，需要拥有多方面的表现机会，需要通过学习或班级管理带来愉悦感，推动自己不断进步。

班主任应像贝尔一样，尽可能地为每一位学生创造表现机会，让学生能够自由地展现才华、释放能量，并在展示和表现中获得愉悦感和成就感，从而产生学习的热情和参与班级管理的激情。

马太效应：让学生得到公平的关爱

（一）马太效应启示

《新约·马太福音》中有这样一个故事：一个国王远行前，交给三个仆人每人一锭银子，吩咐他们："你们去做生意，等我回来时，再来见我。"

国王回来后，第一个仆人说："主人，你交给我的一锭银子，我已赚了10锭。"

于是国王奖励了他10座城邑。

第二个仆人报告说："主人，你给我的一锭银子，我已赚了5锭。"

于是国王便奖励了他5座城邑。

第三个仆人报告说："主人，你给我的一锭银子，我一直包在手巾里存着，我怕丢失，一直没有拿出来。"

于是，国王命令将第三个仆人的那锭银子赏给第一个仆人，并且说："凡是少的，就连他所有的，也要夺过来。凡是多的，还要给他，叫他多多益善。"

"马太效应"一词就来源于此，是指一种"好的愈好，坏的愈坏；多的愈多，少的愈少"的现象。

1968年，美国科学史研究者罗伯特·莫顿发现了一个这样的现象："相对于那些不知名的研究者，声名显赫的科学家通常会获得更多的声望，即使他们的成就都是相似的。同样，在同一个项目上，声誉通常给予那些已经出名的研究者，就像一个奖项几乎总是授予最资深的研究者，即使所有工作都是由一个研究生完成的。"

1973年，罗伯特·莫顿把这种现象命名为"马太效应"，并归纳为：任何个体、群体或地区，一旦在某一个方面（如金钱、名誉、地位等）获得成功和进步，就会产生一种积累优势，有更多的机会取得更大的成功和进步。

社会心理学家认为，马太效应是一个既有消极作用又有积极作用的社会心理现象。其消极作用是：名人与未出名者干出同样的成绩，前者往往受到更多的关注和褒奖，结果会使其中一些人因没有清醒的自我认识和理智态度而居功自傲；而后者则可能无人问津，甚至还会遭受非难和妒忌。其积极作用是：其一，可以防止社会过早地承认那些还不成熟的成果或接受貌似正确的成果；其二，马太效应所产生的“荣誉追加”和“荣誉终身”等现象，对无名者有巨大的吸引力，促使他们去奋斗。

但在班主任工作中，马太效应的消极作用相对较多，既可能使学生形成自傲和自卑心态的对立，又会使学生拥有的机遇不均等。如学习优秀的学生，发言机会就多，而发言机会愈多，能力则会愈强，而学习较差的学生得到的发言机会就少，这就可能造成优者越优、差者越差的两极分化；学习优秀的学生会得到学校提供的各种各样的锻炼机会，处处受到优待，而学习较差的学生往往会被排斥，不给他们机会参加学校选拔性质的竞赛活动，甚至有时他们参加班级性竞赛活动的机会也会被剥夺。这些对于学习成绩较差的学生来说是极不公平的，会严重打击他们的自尊心，甚至会影响他们的世界观、人生观。

具体来说，马太效应可能会对班主任的工作产生以下消极影响。

1. 导致班主任工作不讲技巧，学生“贫富不均”

教育中的马太效应可能使某些班主任在工作中，将荣誉、奖励、表扬过分集中在几个优等学生身上，使这些学习优秀的学生成为精神上的“富翁”。而那些学习中下等的学生却什么也得不到，成了精神上的“贫困户”，甚至可能连他们的进步和“闪光点”，也容易被忽视，得不到及时的肯定和赞赏，从而使他们的自尊心、积极性和主动性严重受挫。

2. 导致评定学生时“一叶障目”，以偏概全

教育中的马太效应可能使某些班主任只以学习成绩来衡量学生的好坏——成绩好就是好学生，成绩不好就是差生，从而忽视了学生其他方面的诸多优点。这种一味以学习成绩评判好坏的教育标准，使班主任不能真正深入细致地了解学生，不能客观、公正、全面地评价学生，更会使管理工作处于消极被动的状态。

3. 导致班主任“人云亦云”，不能以发展的眼光看问题

教育中的马太效应可能使某些班主任在脑海中形成一种思维定式，带有一定的趋向性和专注性，常常会根据已形成的定式信息来判断人和事，下意识地把学生分成“好”“差”两种，在管理工作中用不同的眼光和态度对待不同的学生。如他们对一个学生有好的印象，就会“和颜悦色”，甚至对其某些错误行为也持肯定态度；而如对一个学生有不好的印象，就会“全盘否定”，甚至对他的一些良好表现也持否定态度。

马太效应在某些班主任脑海中形成的定式会导致他们思想的僵化。他们在教育教学工作中受僵化的思想指导，就很有可能造成工作的失误，从而不仅不利于班级中良好人际关系的建立，不利于对学生的表现进行公正的评价，更不利于对后进生的教育引导。

4. 导致班主任表率不力，教育方法简单、粗暴

教育中的马太效应，一是可能使某些班主任身教不力，即他们不能像春雨润物一样对学生进行细微的、潜移默化的教育。

二是可能会使某些班主任“心”教不诚，即他们无法让学生弄清楚什么是对的、什么是错的，发现错误也不知如何改正。甚至可能导致他们把学生的错误作为整治学生的理由，把学生作为“改造”的对象，使学生在心理上产生对立、反感情绪，对班主任的教育产生“阻抗”心理，甚至与之“背道而驰”。

三是会造成某些班主任言教不服，即当学生出现了问题，他们只是一味地去“堵”，一味地去“管、卡、压”，言词无力，无的放矢而不是在调查研究的基础上，对学生提出合情合理的要求，使学生能心服口服地接受和改正。

在教育教学工作中，班主任肩负着教育、教学和管理三重使命。班主任工作效率的高低，直接关系到教育教学工作的得失与成败，这就要求班主任在工作中必须减少失误、提高工作质量，摆脱马太效应的误区，以反马太效应的正确教育观，尊重每个学生及其在不同情况下的自尊心，给每个学生以师爱，让每个学生带着自信，潇洒地走向灿烂的明天。

（二）摒弃马太效应，给学生公平的爱

某班主任接手新班后发现，班里的学生两极分化现象较为严重。

丁丁在学校里是一个“风云人物”，他学习很棒，成绩一直稳居年级前

三名，特别是数学和物理，还拿过省里的奥林匹克竞赛奖；体育也不错，是长跑冠军，学校运动会上常见到他的飒爽英姿。班主任听说，他还是围棋业余五段。另外，丁丁在文艺方面的表现也不错，弹得一手好钢琴。

因此，各科老师都很喜欢他，见面就夸他是“小天才”，有什么活动、荣誉都会第一时间想到他。

老师的偏爱让丁丁越来越自负。上课时，如果班里其他同学回答错了问题，他就会发出“嗤”的一声，或者干脆夸张地哈哈大笑，让回答问题的同学很尴尬。

以前的班主任因为丁丁各项成绩优秀，对他的自负总是予以包容，未能及时制止。结果丁丁越发狂妄，有时甚至还会欺负成绩不好的同学。

与丁丁相反的是小晓，他的成绩不太好，处于下游水平。因为有一点结巴，说话声音总是很小。他不太好动，平时总是一个人呆在教室里，不与其他学生出去玩儿。他上课总低着头，老师也很少提问他。甚至在一些集体活动中，小晓因为内向、自卑也被大家不自觉地排除在外。

一次上课时，班主任让小晓回答问题，他扭捏了半天才站起来，低着头小声说道：“老……老师，我……我不会。”

小晓说话的声音很小，班主任问了两次都没听清他的回答，正想让他坐下时，丁丁“嗤”了一声说：“真笨，这么简单的问题都不会。”

听到丁丁的话，小晓的脸涨得通红，头垂得低低的，眼里泛起了泪花。他认为自己的确很笨，不像丁丁那么聪明，那么受老师们的喜欢。

班主任觉得丁丁和小晓长此下去，不但会继续影响他们的学习成绩，而且还会妨碍他们的健康成长。

班主任通过调查了解到，丁丁因为得到越来越多的荣誉而被忽略了缺点，得不到批评教育，他也就越发自负；小晓因为成绩较差，加上自身有小缺陷，得不到老师的关注，渐渐地变得越来越自卑、内向。

班主任了解了丁丁、小晓性格形成的原因后，就知道自己下一步该怎么做了。

对于丁丁，首先，班主任在他取得了成绩时，只进行适当的夸奖。当组织活动时，班主任不只提名丁丁，也会给其他学生机会。

其次，班主任客观地指出丁丁的缺点，既不以偏概全，也不视而不见。

再次，班主任特意为丁丁创造了一点儿遭遇挫折的机会，来健全他的心理机制，让他不至于过分自负，经受不住任何打击。

最后，班主任有意让丁丁去了解一些英雄模范、成功人士的事迹，让丁丁通过这些事迹认识到还有很多比自己更优秀、更具专长的人，认识到“强中还有强中手”，这样他就不会为一点点小成绩而自负了。

对于小晓，班主任先把他与一位性格外向的学生安排成同桌，让同桌课上、课下帮助他，和他一起学习、玩耍，用同桌的外向性格去影响他。

在课堂上，班主任让其他学生主动和小晓讨论学习内容。只要小晓会答的问题，班主任尽量提问他，并在小晓回答后及时予以肯定，给予他鼓励。

在班里，班主任还让小晓来担任“小红旗颁奖手”，让他对看到的其他同学的好人好事进行记录，并在班会时为他们颁奖，来增加小晓与其他学生的情感交流。

在课外，班主任经常组织一些集体活动，引导小晓积极参与其中，为集体活动出谋划策，使他在情感上与集体融为一体，成为集体中的一分子。

经过一段时间后，丁丁过度自负的行为有所收敛，也学会了主动帮助成绩较差的同学。小晓做事越来越有自信，成绩越来越好，笑容也越来越灿烂。

身为教育者的班主任，最大的心愿莫过于学生都能健康地成长，但现实总不会尽如人意。有聪明好学的优等生，也有反应慢、习惯差的困难生，因而难免会出现对优生优待、差生差待的马太效应现象。

马太效应使得少数学生成为“精神贵族”，另一些则成为“精神贫民”。由于过度的甚至是不当的表扬，“精神贵族”学生变得自负自傲，“精神贫民”学生则变得自卑、内向，这一切都不利于学生的健康成长。

案例中的班主任首先摒弃了马太效应，不偏爱优秀生丁丁，对学习较差的小晓也一视同仁，把他们每个人都看成是一座“金矿”，给予正确的关心、爱护，引导他们健康、茁壮地成长。

（三）消除马太效应的消极影响，给予学生公平的关爱

班主任在工作中因马太效应的消极因素可能会陷入误区，若不能防患于未然，势必会给教育教学工作带来严重的负面影响，给学生的心灵蒙上抹不

掉的阴影。

那么，面对不同性格类型的学生，班主任具体可以采取哪些方法来消除马太效应的负面影响呢？

1. 正确认识，不偏不倚

J. D. 斯托奇曾说过：“不要幻想所有的孩子都是温顺的羔羊，很难想象一条大河只有中规中矩的舒缓，没有湍激和咆哮会是什么样子，逾越规纪、桀骜不驯是充满亲和力的美妙。”苏霍姆林斯基也曾说过：“青少年时代没有打过架抑或连这种冲动都没有过的人日后要成为英雄是不可能的。”

对此，班主任应有一个正确的认识，不要凭自己的喜好区别对待这些学生，要包容学生的不同性格，努力做到不偏不倚。

2. 正面引导，适时点拨

个性强的学生虽然主观上不是想对谁有害，但他的做法却可能让人不愿接受，结果导致事与愿违、欲益反损。比如，高傲的学生因目中无人，不但“自尊”不了，反而易被人轻视；逞强好胜的学生因爱“显摆”，结果“要强”不成反而暴露了自己的缺点；办事急躁的学生由于考虑不周，反而使事情进展缓慢；固执、任性的学生由于听不进正确的意见而与真理背道而驰。

对此，班主任应对这些学生进行正面引导，让他们认识到：性情暴烈的马，只有在羁绊的约束下，才能成为奔驰千里的良骥，否则它只是一匹野马；志向高远的鸿雁，只有加入集体的行列，才能飞翔万里，否则它只是一只孤雁。任何人脱离了群体都无法真正表现“自我”。

3. 共助活动，促使转化

成绩较差的学生可能会因为受到较少的关注和成绩不理想，而成为内向、自卑型的学生，表现为不喜欢展现自己、胆小自卑、对集体事务毫不关心。这一类学生虽表现如此，但在他们的内心深处，同样潜伏着自我表现的欲望和实现自我价值的精神需求，只不过这种欲望和需求被自卑的心理抑制和掩盖了。

对此，班主任应循循善诱，让全班学生一起来帮助这类学生，让他们积压的“溶浆”喷发出来，进一步实现转化。具体地，班主任可采用以下几种小方法帮助内向型学生。

（1）提供机会

内向型学生往往有着较丰富的知识、较细腻的情感以及较深刻的内心世界，班主任要独具慧眼、仔细观察，一旦发现其具有某一方面的特长，便创造条件，为他提供表现的舞台，让内向型学生的潜在才能得到充分发挥，使其消除自卑感、树立自信心。

（2）给予激励

激励是一种效果显著的教育手段。内向型学生由于不善表现自己，往往对自己认识不足，形成自卑心理。对此，班主任尤其要关心、激励这类学生，引导他们正确认识自己，增强其进取心，不让这部分学生游离于集体之外。

（3）组织活动

集体活动是思想教育的有效形式。在集体活动中，学生活跃在集体氛围之中，可以直接感受到集体的存在以及集体荣誉的重要，进而在感情上融于集体，增强主人翁意识。于此，班主任可设计讲故事比赛、绕口令比赛、拔河比赛等活动让内向型学生敞开心扉，不知不觉地融入集体的暖流之中，从而让他们在不同的活动中展现出自己的能力，找到自身的价值。

俗话讲，“五个手指头伸出来长短不一”。在一个班集体中，几十名学生在思想品德、知识技能、人格智慧诸多方面总是不平衡的，客观上的差异并不能导致学生心理的畸变，但班主任工作中的马太效应则会使这种可能变成现实。受马太效应消极影响的学生，或不求上进、感情冷漠，或自暴自弃、甘心堕落，最终，这种不健康的心理可能会影响他们的一生。

对于教育中的马太效应，班主任应取其精华，去其糟粕，努力做到对班内学生一视同仁，多关心、爱护有问题的学生，发掘其身上的闪光点，给予他们更多的温暖和帮助。

班主任在班级管理工作中，应重视自己的教育观念及工作方法，通过尊重、关心、激励，培养学生健康的心理，追求“大面积丰收”，防止马太效应消极影响的产生，立足于素质教育管理工作，让每个学生都能得到足够的关怀。

杰亨利法则：坦率真诚是沟通的绿色通道

（一）杰亨利法则启示

英国的著名企业维京集团是一家年营业收入高达数十亿美元的大企业。该企业创始人兼董事长理查德·布兰森建立了一种“把你的点子大声说出来”的坦率沟通的创意机制。该公司所有员工都知道布兰森的电话，员工一有好的构想，就能迅速让他知晓。集团每年举办一次“家宴”，为那些想要贡献创业点子却又不易碰到布兰森的员工创造毛遂自荐的机会。

维京集团旗下的每个企业都有一套可以使员工的建议、点子上达管理层的“渠道”，如财务服务机构等。常务董事常年在当地一家餐厅预留8个空位子，只要员工认为自己的新点子够好，就可以申请和常务董事共进午餐，在用餐时商讨“经营大计”。

另外，维京集团还有一个性质接近于总部办公室的机构——“维京管理团队”，协助新事业的实际开发作业。

这一系列的创意机制，极大地调动了维京员工的创造性和积极性，各类点子层出不穷。如维京新娘公司、日益壮大的维京国际互联网事业等，最初都是源于员工向布兰森提出的建议。

维京集团能获得巨大的成功，成为年营业收入高达数十亿美元的大企业，是因为布兰森运用杰亨利法则，创设开放的氛围，鼓励员工和领导层之间自由地进行沟通、交流，从而使企业受益。

“杰亨利法则”是以发明人杰瑟夫·卢夫特和亨利·英格拉姆的名字命名的，它的核心是坚信相互理解能够提高知觉的精确性和沟通的有效性。它从两个维度上划分了促进或阻碍人际沟通的个体倾向性：揭示和反馈。揭示是指个体在沟通中坦率公开自己的情感、经历和信息的程度；反馈则指个体成功地从别人那里了解自己的程度。

杰亨利法则基于这样的假设：当开放区的信息量增加时，人们之间会更好地相互理解。因此，他们建议运用坦率真诚的沟通方式，通过揭示和反馈来增加开放区的信息量，即通过提高自我揭示的水平和倾听他人的反馈这两种方式扩大开放区的面积，从中获益。

传统的班主任具备权威，学生必须尊重班主任并始终保持服从的态度。而新的教育背景下，学生自我意识和主体意识的逐步增强，使师生关系发生了转变。新的“教育规划纲要”下，班主任已不再是权威的化身，学生也不是沉默无言的受教者，当班主任评论学生时，学生同样也在评价班主任。

这种变化有以下四项趋势：首先，由“单向沟通”趋于“双向沟通”；其次，由“差序格局”的“伦理基础”演变为“平等思想的自由、民主方式”；再次，由“价值理想追求”朝向“务实功利取向”；最后，由静止的“伦理规范”发展为动态的“生活艺术”。

这种变化具体表现在以下几点：由“上下关系”转为“平等关系”；由“敬畏、服从班主任”转为“不怕权威”；由“单向（上对下）传播”转为“双向（交互）交流”；由“教师为中心”转为“学生为中心”；由班主任“命令、指挥”学生转为师生互相“沟通、商量”；由师生关系“持久、深远”转为“短暂、疏离”；由“单向的教”转为“教学结合”；由学生对班主任“不敢抗命”转为“故意作对”；由沟通系统“专制封闭”转为“民主开放”。

师生沟通是一种动态的过程，而非静止的。不论班主任还是学生，都同时充当传达者和接收者的双重角色。因此，班主任必须依照学生的特点，扮演亦师亦友的角色，借助有效的媒介，如语言、文字等与学生进行交流，善用与学生相处的时间，熟悉学生的次级文化，深入了解学生的生活与心理世界，缩短师生间的距离，以尊重和接纳的态度，坦率真诚地与学生沟通。

（二）坦率直言，让真诚变成促进的力量

案例 1：

南宁市第三十三中学的赵文虎老师从第一次做班主任到现在接的都是差

班，他的同事都戏称他为“差班专业户”。对此，赵老师只是一笑了之。“我不入地狱，谁入地狱？何况，差班也是班，差班的学生也是我们的学生，总得有人来管。”赵老师说。

差班带多了，赵老师也摸出了一些路数：“班主任带班要斗智斗勇，要讲策略，求计谋，出奇招，进行坦率的激励。高中的学习关系到学生的前途和命运，只许胜不许败，而且容不得半点的拖拉。第一次班会，是班主任的就职宣言，也是全班学生的动员大会，更是吹响全面扭转班风、学风号角的最佳时机，此时，特别需要我们坦率的激励。”

在第一次班会上，赵老师说：“同学们，我这个暑假很难过，因为知道要来带我们这个班，我曾经多次要求校长给我换别的班，但一直都没成功。于是我茶饭不思，白天胡思乱想，晚上做噩梦，度日如年……”

全班一片寂静。

“然而，今天我所看到的却跟我想象的相差十万八千里，我看到每位同学都青春活泼、精神饱满。别人都说我们的班是差班，你们现在的班主任——我，第一个不同意。同学们，你们同意我们是差班吗？”

“不同意，我们不是差班。”学生们异口同声。

赵老师说：“说我们是差班，这是我们每位同学的耻辱，也是我这个班主任的耻辱。同学们，当别人说我们是差班的时候，你们还是选择沉默吗？不在——”

“不在沉默中爆发，就在沉默中灭亡！”学生们再一次异口同声。

“对，不在沉默中爆发，就在沉默中灭亡。请记住，‘树争一张皮，佛争一炷香’。我希望同学们要争一口气，我们不是差班。那么，当别人说我们是差班的时候，我们应该怎么办？是用最恶毒的语言辱骂他们，同他们吵个两天三夜，还是狠狠地揍他们一顿……”

学生们哄堂大笑。

“不，同学们，我们要用实际行动来回答他们：我们不是差班！我们要用行动来改变别人对我们的看法。当然，好班不是靠喊出来的，而是用实力打造出来的。昨天已经成为历史，今天，我希望同学们用自己的行动证明自己，来改写我们的历史。为了我们灿烂的明天，同学们，扬起我们的风帆，出征吧，胜利就在彼岸。记住，在这条战船上，我是你们当中的一员……”

学生们长时间地鼓掌。

“那么，从现在起，就让我们行动起来吧，我们的目标——争取这个学期把倒数第一的帽子摘掉，争取坐上倒数第二或倒数第三的位置……”

“不!”

“是不是目标太高了？难度太大了?”赵老师还要再激学生一下。

“不，我们要争第一。”

……

诚然，第一次班会不可能什么问题都解决掉，还需要班主任去做很多事情，可是，赵老师与学生坦率的沟通与激励，使马上鞍、枪上膛，让学生鼓足了勇气，促使他们奋发前进。

赵老师在这里就是运用了杰亨利法则。他在举行第一次班会时，就坦率直言：“我看到每位同学都青春活泼、精神饱满。别人都说我们班是差班，你们现在的班主任——我，第一个不同意。”他的一言一行，渗透着对学生的尊重、信任和理解，字字千钧，有巨大的震撼力。

赵老师坦率直言，与学生站在了一起，拉近了与学生之间的距离，增强了学生的信心，也就为管理好差班，打下了良好的基础。

案例 2：

小丽给人的感觉就是没有女孩子样，说话的时候更是出口成“脏”。班主任虽多次对她进行教育但没有任何效果。上课时，她睡觉，老师把她叫起来，她就想尽一切办法找老师的麻烦。

一次，数学老师把她叫醒后，她十分生气地对数学老师说：“你的课讲得太没意思，不如睡觉舒服。”就这样，她把数学老师气回了办公室。班主任把她找来训了一顿，她迫于压力给数学老师赔礼道歉，但事后仍然没有任何改进。

一次期中考试结束后，在分析会上，班主任发现原来在班级前 15 名内的小丽，这次却考了 30 多名。班主任向其他老师打听原因，老师们说：“上课她几乎不听课，还总是睡觉，能考到 30 几名就不错了。”

分析会后的第三天，班主任正好在走廊里值班，中午放学的铃声一响，小丽又像平时一样，第一个窜出了教室，边跑边吼：“下课啦!”

她突然看见了班主任，转身准备从走廊的另一侧跑下去。此时，班主任把她叫住，带到了心语室。班主任开门见山地对她说："这次考试考得不太好啊，可是就凭你这聪明劲儿，你能考不好？"

"聪明个屁！我一天天傻呵呵的，老师都对我爱搭不理的。"

"注意你的措词。女孩子说话可要文雅一点，不然将来连对象都找不着啦。"

听班主任说完，小丽吐了吐舌头。接着又对班主任说："我从小就这样，没人管，习惯啦！"

"你认为老师们对你爱搭不理的原因是什么？"

"就因为我嘴臭呗！"

"那你就不能嘴香点吗？"

"习惯啦，都臭了十几年啦。"她低着头说。

"都臭了十几年啦，你还没臭够，就不想香一香？"

"也想，就是改不了这臭毛病。"

"其实能改，就是你不注意改罢了。"

"是吗？"

"是，只要你想改就一定能改掉。我给你提个建议，不知你能不能听？"

"老师，你说说看。"

"其实很简单，就是你和别人说话的时候，不要急着把话说出来，先在脑袋里想一想再说。就像写作文一样，你先在脑袋里构思，想好了文雅的词语再说。这样过一段时间你的嘴就会变香啦。"

"那我试试吧。老师，我想问你一个问题。"

"问吧。"

"他们都不管我，你为什么还管我？"

听了小丽的问话，班主任笑着对她说："整个班级的学生都是我的学生，虽然你有一点小毛病，但我有义务教育你，这是作为一个老师的基本职责。"

她点点头说："我明白啦。"

"明白就好，不是老师不管你，是你不让老师管。如果你想让老师管你，我给你提两个要求，如果你做到了，老师肯定会管你的。"

"老师你说吧！"

"第一个要求，从今以后你不要再出口伤人，说话要'三思而后行'；第二个要求，从今以后不要在课上睡觉，要认真完成老师交给你的任务，好好学习。这两个要求都做到了，老师再不理你，你来找我，我帮你，行吗?”

“行，谢谢老师，我会努力的。”小丽说完给班主任鞠了一躬。

过了几天，各科老师都向班主任反映，说小丽这几天就像换了个人似的。听着老师们的话，班主任的心里十分高兴。

师生间坦率真诚的沟通足可以改变教育效果，就像案例中的小丽一样，班主任通过与她坦率地沟通，使她最终改掉了出口成“脏”的坏习惯。

师生沟通是一门艺术，而教育的问题在很大程度上是沟通的问题。一次成功的沟通，就是一次成功的教育。

教育中如果缺乏沟通，则学生的“心事”班主任永远也猜不明白，而班主任的“柔情”学生也永远不懂。通过沟通，班主任既能走进学生的心灵世界，也能让学生真正理解班主任的良苦用心。通过沟通，师生得以化解误会、联络感情、交流意见，进而使学生在愉快的气氛中发挥潜能，达到最好的学习效果。

（三）应用杰亨利法则，坦率真诚地沟通

在管理工作中，班主任往往抱怨学生的顽劣，殊不知“精诚所至，金石为开”。班主任应真诚地去了解学生，并且与学生就他们所关注的问题展开轻松的、安全的讨论。由于学生群体与教师群体在道德文化和道德规范上的认识处在不同的层次，双方不可能达成高度共识，也不可能从一开始就摘下各自的面具，像朋友一样进行真诚的沟通。在这方面，更多的工作需要从班主任自身做起。

1. 放下“架子”

在与学生的实际接触中，有些班主任有意识地突出自己的地位，站在一个比学生高很多的心理位置上和学生谈话，想以此树立自己在学生中的权威。甚至有些班主任做错了事或是遇到不懂的问题，为了维护自己的“权威”与“面子”也不在学生面前承认，这种行为是不可取的，会使班主任在学生心目中的形象大打折扣。

中小学生大多善良、纯真，对班主任尊敬而略有畏惧。班主任若还要在学生面前摆架子，而不是以平等的态度去与学生交流，非但不能进行有效的

沟通，还会导致师生间的隔阂越来越深。

2. 营造真诚氛围

真诚是与学生进行有效沟通的第一要素。班主任只有以一颗真诚的心与学生沟通，学生才能将“掏心窝”的话告诉班主任，也只有这样，班主任才能找到问题的症结，进而与学生进行有效的沟通，达到理想的教育效果。

班主任的真诚不仅表现在与学生沟通方面，更重要的是，在平时，班主任就要给学生留下一个真诚的印象，营造出真诚的氛围。其实，营造真诚的氛围并不难，只需做好以下几件小事。

第一，不管在什么时候，班主任都不要吹嘘自己多么有能力。能力不是自己吹出来的，而是在实际工作过程中显示出来的。

第二，班主任要说真话，办真事。“知之为知之，不知为不知，是知也。”不要言不由衷，懂就是懂，不懂就是不懂。很多时候，班主任示己之弱给学生看，更容易让学生产生亲近信赖的感觉。

第三，班主任一定要“守口如瓶”，不要随意向其他科任教师和家长透露与学生的谈话内容，不要动不动就向家长打“小报告”，否则，班主任不仅会在学生中失去威信，而且会引起学生的反感。

3. 运用平行交谈法

师生间真诚的心理沟通，除了需要教师对学生的无功利性的热爱之外，还需要平行的师生关系。因为仅仅有爱心并不能形成平等的师生关系，也不易产生良好的德育效果。“平行交谈”源自塔菲尔《用心去教养子女》一书，意即父母与子女一边做些普通活动，一边交谈，重点放在活动上，而不是谈话的内容上，双方也不必互相看着对方。这种沟通方式很值得班主任借鉴和使用，在与学生进行沟通时这种非面对面的交流会让师生都感到轻松、舒畅，往往能起到很好的效果。

4. 适度

有个成语叫过犹不及，意思是说做事情要掌握“度”。班主任与学生沟通时也应讲究适度。这个“度”包括三方面的内容，即适时、适事、适性。

适时，即沟通时班主任要选择恰当的时机。选择恰当的时机与学生进行沟通时，可以取得令人意想不到的效果。

适事，即谈论的事情要选准，要有针对性，不能让学生感到不知所云。

适性，即沟通的方式要与学生的性格特征相符。班主任与学生沟通时，要善于掌握学生的性格特征，当硬则硬，当软则软。

5. 充分利用作业本

作业本记录了学生的学习过程，透过作业本可以看到每位学生的学习态度和掌握知识的情况。教师批改作业，不只是批改对错，更是师生情感交流的过程。班主任应充分利用作业本这个平台与学生进行适当的沟通。例如，班主任可在学生的作业本上写下“孩子，潦草的作业表明你的态度并不认真。老师相信你下次能写好，希望老师的信任能成为你前进的动力。”短短一句话，有可能收到意想不到的效果。

6. 适时保持沉默

由于班主任在学生心目中所处地位的特殊性，在某种特定的沟通环境下，班主任的适时沉默会体现出一种自信心和力量感，能使学生产生一种无形的心理压力。也就是说，班主任有意识的沉默是一种很有效的批评和暗示方法，此种方法往往更具说服力。

师生关系作为班主任管理工作中的一个最基本的人际关系，不但是班主任开展管理工作的主要心理背景，直接影响着教育教学的效果，而且是班主任和学生之间进行沟通和交流的最直接的途径，对于教学活动以及素质教育的展开都有重大影响。

师生关系作为学生的学习环境和成长氛围的构成因素，对学生的影响是全面而深刻的。在教育规划纲要的倡导下，班主任应该用真情感化学生，用真实的微笑面对学生。“真诚、坦率地与学生平等相处，与学生平等对话”，应成为班主任工作的一项自我要求。

班主任应该爱自己的学生，成为他们的好朋友。如此相处一段日子后，学生就会视班主任为亲人，愿意把自己的烦恼说给班主任听，而有了快乐的事，也会迫不及待地告诉班主任，让班主任分享他们的好心情。

路，长时间没人走，就会长满野草；心，长时间不沟通，就会变得陌生。班主任应该充分认识沟通的重要性，并根据教育规律和学生心理发展的规律引导学生走出迷雾，言传身教，让学生实现各方面的和谐发展。

路径依赖：跳出思维定式，摒弃路径依赖

（一）路径依赖启示

有人将5只猴子放在一只笼子里，并在笼子中间吊上一串香蕉。只要有猴子伸手去拿香蕉，就用高压水教训所有的猴子，直到没有一只猴子再敢动手。

然后用一只新猴子替换出笼子里的一只猴子，新来的猴子不知这里的"规矩"，竟又伸出上肢去拿香蕉，结果触怒了原来笼子里的4只猴子，于是它们代替人执行惩罚任务，把新来的猴子暴打一顿，直到它服从这里的"规矩"为止。

试验人员如此不断地将最初经历过高压水惩戒的猴子换出来，最后笼子里的猴子全是新的，但没有一只猴子再敢去碰香蕉。

起初，猴子怕受到"株连"，不允许其他猴子去碰香蕉，这是合理的。但后来外界因素不再介入，而新来的猴子却固守着"不许拿香蕉"的规则不变，这就是路径依赖的自我强化效应。

路径依赖原本是阿瑟用来描述技术变迁的自我强化、自我积累的性质的。阿瑟认为，新技术的采用往往具有报酬递增的性质。由于某种原因，首先发展起来的技术常常可以凭借领先的优势地位，利用巨大规模促成的单位成本降低、普遍流行导致的学习效应和许多行为者采取相同技术产生的协调效应，致使它在市场上越来越流行，人们也就相信它会更流行，从而实现自我强化的良性循环。相反，一种较之其他技术更为优良的技术却可能由于迟到一步，没有赢得足够的跟随者，而陷入恶性循环，甚至"锁定"在某种被

动状态之下，难以自拔。

为什么会产生路径依赖呢？因为背后都有对利益和所能付出的成本的考虑。对组织而言，一种制度确立后，会形成某个既得利益集团，他们对现在的制度有强烈的要求，只有巩固和强化现有制度才能保障他们继续获得利益，哪怕新制度对全局更有效率。对个人而言，一旦人们做出选择后会不断地投入精力、金钱及各种物资，如果哪天发现自己选择的道路不合适也不会轻易改变，因为这样会使得自己在前期的巨大投入变得一文不值，这在经济学上叫“沉没成本”。沉没成本是产生路径依赖的主要原因。

对学校而言，影响班主任解决问题的路径依赖因素很多，突出表现在解决问题方面的错位上。这种错位是“以习惯方式解决问题倾向”的思维定式，在管理中主要有以下几种错位倾向。

1. 置身事外看社会问题的错位倾向

这种错位倾向主要表现为：班主任喜欢站在社会“外围”或是将自己游离于社会之外去看待或评价社会问题。其典型特征就是人们常说的“对人马列主义，对己个人主义”。一方面，这类班主任在从事实践活动过程中，从来不屑于民主，也不讲民主，听不得一点儿不同意见甚至见不得学生提出比自己略高一筹的建议，喜欢以个人好恶来看待问题或解决问题。而另一方面，这类班主任站在个人或少数人立场上，对个人受到群体规范制约大为不满，口口声声大呼“民主”。这种思维错位的产生，是对事物“利己排他性”的间接概括反映，因而造成班主任“置身事外看社会问题”的错误心理定式。

2. 狭隘角度观客观存在的错位倾向

这种错位倾向主要表现为：班主任喜欢以权力代替组织，以职位代替群体，甚至以自我观点代替真理。其典型特征就是在班主任掌握了可以决定问题和支配他人权力的情况下，“无视群体或他人存在，独断专行、横行无忌”。这类思维定式错位的产生，是对事物“以我为中心”的间接的概括的反映，因而造成班主任“狭隘角度观客观存在”的错误心理趋势。

3. 单一模式应对复杂问题的错位倾向

这种错位倾向主要表现为：班主任在面对复杂的管理问题时，只是（甚至只会）用传统习惯中形成的单一模式。这类思维定式错位的产生，是对社会事物“得过且过”间接概括的反映，因而造成班主任“以单一模式应对复杂问题”的错误心理趋势。

4. 主观武断处理各类事情的错位倾向

这种错位倾向主要表现为：班主任喜欢在面对实际问题时，偏听偏信，不懂得兼听则明的道理，不知道具体问题应该具体分析，一味凭主观认识甚至猜测臆断看人待事。其典型特征就是班主任在面对不同事物时，“我说是怎么样，那就是怎么样”，即使明明知道自己错了也要固执己见。这种思维定式错位的产生，是对凡事“班主任绝对正确、‘组织’绝对正确”间接概括的反映，因而造成班主任“主观武断处理各类事情”的错误心理趋势。

班主任形成路径依赖，养成定式思维容易出现以上四种错位倾向，所以班主任应克服思维定式的弊端，形成创新的管理方式。以调查盗窃事件为例，班主任应克服以下几种思维定式，摒弃路径依赖。

第一，贫困者思维定式。班主任遇到盗窃事件，大多自觉不自觉地认为学生盗窃是家境不好的原因。事实上有时候盗窃者的家庭经济条件并不差。

第二，品德不良思维定式。人们一贯认为盗窃者品质恶劣，作恶多端。但也有一些特殊情况，需要具体问题具体分析。例如，品学兼优的学生因学习或考试压力过大，为释放压力选择盗窃；学生亲情、友情方面出现重大变故，为释放压力选择盗窃等。这些类型的盗窃具有很大的迷惑性和欺骗性，同时这也是学生偷盗与社会偷盗行为的一种区别。

第三，速战速决思维定式。许多班主任遇到盗窃事件，认为越快动手，破案成功率越高，但有时却不尽然。盗窃的学生在案发不久，心理戒备往往相当严密，经验不够的班主任常常查无所获。当盗窃的学生以为风声过去，就会放松警惕，这时候班主任进行调查，往往更易查获。

一旦侦破盗窃事件，班主任往往又陷入严肃处理的思维定式。出于爱护学生的角度，盗窃事件水落石出之时，班主任也不应将调查结果轻易公之于众。

陶行知先生说过：“创造需要广博的基础；解放了空间，才能搜集丰富的资料，扩大认识的眼界，以发挥其内在的创造力。”因此，班主任应从各种设想出发，不拘泥于一个途径，不拘泥于既定的理解，多方向、多角度、多层次、全方位地开展班级管理工作。

(二) 摒弃路径依赖，为完善学生人格创造机会

案例 1：

大庆市第十七中学的丁榕老师认为，班主任在工作中应不断实践、不断反思、不断提升，把教育外化与教育内化相结合，对学生的教育最终由“要他做”变为“他要做”。

丁老师新接手了一个高一班，经过几天观察，他发现班中 48 名同学，有一个共同的问题——自私。

丁老师很气愤，本想狠狠地批评他们，但他静下心来一想，这样做可能会加剧学生的逆反心理。

想到这儿，他决定换一种方式对学生进行教育。他精心设计了一节班会课，题目为“难忘的初中生活成果展示会”，让每一个学生尽情展示自己初中最闪亮的时刻。

开班会时，丁老师将桌椅摆成“U”形，请每个学生把最能展现自己初中实力的成果摆在桌子上。

当同学们互相观看时，丁老师发现，在一堆生日卡桌前围的人最多。他听到一个男孩正读生日卡上的话：“你是校花，连哭都美。”

再看看那个持有生日卡的女生，脸上神采飞扬，正滔滔不绝地讲述着当时在校受宠时的情形。

丁老师召开这节班会课，就是想对学生进行一次无声的教育，通过展示过去来认清现在的自己。

借着这个机会，丁老师又及时设计了第二节班会课，题目是“回顾过去，展望未来”。

会上，小红讲述了她初中的一位化学老师：“当化学老师发现自己患了晚期喉癌后，第二天仍然来到课堂，他穿着笔挺的西装认真地给我们讲课。我们劝他休息，可化学老师却说：‘人的生命就是自然燃烧，让我在生命的最后时刻给你们上课吧。’一直到他说不出话来，还坚持用手势给我们上课。我们几乎每天都是含着眼泪，认真地听化学老师讲课，在中考中，我们班的化学成绩名列全校第一。”

听到这里，丁老师和全班同学都被感动了，这时有学生提议请丁老师也

说说心里话。

面对一张张真诚的面孔，丁老师直言不讳地说：“说句心里话，现在的我特别想念刚刚送走的高三毕业班，因为他们和我走过了一段不平凡的感情历程。那是在一个新年元旦晚会结束后，当我把最后一个学生送回家，踏进自己家门时，发现我唯一的、年仅 7 岁的儿子被旁边盖楼的推土机轧死了。我的学生和他们的家长们闻讯后纷纷赶来，学生们哭着说：‘老师，我们就是您的孩子。’那时，我的心颤动了，但没有失声痛哭，更没有被这残酷的事实所击倒。第二天，我平静地走进课堂继续给学生们上课。”

听到这里，全班学生都哭了。

丁老师静静地说：“过去已属于死神，现在才属于自己。今天的我，有决心让我们班成为最好的班，成为我们温暖的家。”

紧接着，丁老师在黑板上写了一个大大的“家”字，并说道：“家有了，我们应该为这个家做些什么呢？我给每个人一张纸，请你们写出自己的想法。”

晚上，看着收上来的 48 张纸条，有 34 个学生的意愿是当班长，丁老师不失时机地设计了第三节班会——“下棋”。

丁老师将全班学生每 4 人分为一组，一男一女下棋，余者观棋，其中有意给一组少发一枚棋子，由学生自己找东西代替。活动结束后，请同学们讲述体会。

通过交流，学生们认识到活动中缺一个人不行，少一个人也不能称之为集体，人人心中要有大局，要顾全大局，而全班的各项工作就是一盘棋。

丁老师出示了一张大棋盘纸贴在黑板上，上面写着：“生活要找准位置，请每人找到最适合自己的位置。”

有的学生主动要做小卒，没有棋子的学生把自己找来的东西贴到棋盘外，边贴边说：“哪里需要我，我就是那个棋子。”

此刻，丁老师趁热打铁，给学生发了 48 张聘书。

从此，学生们乐此不疲地为这个新建立的家做着自己的工作。由于人人有事做，班级的各项工作井然有序。

丁榕老师以班会活动为切入点，激起了学生的热烈交流与讨论，再通过三次班会活动，层层递进，使学生明白了一个道理：生活就是要找准位置，只有这样，才能创造价值。

面对学生们的自私，丁老师摒弃了路径依赖，跳出了定式思维，联系学生和自身实际，为同学们精心安排了一个游戏——下棋。在游戏过程中，丁老师通过特意缺失一枚棋子，让学生明白，大家都是班集体中不可缺少的一部分，缺了任何一个都不行，从而促使学生加强团结，纠正自私的坏习惯。

案例 2：

有一位美术老师在上美术课时拿了一幅事先画好的画，让学生展开联想，猜一猜画上的那个人在干什么？

有的学生回答："这个人在进行体育锻炼。"

有的学生回答："好像是在练武术，蹲马步吧。"

接下来又有许多学生说出了自己的观点，这时有个小男孩站了起来。他学习成绩不好，平时上课就爱调皮捣蛋，很多老师见到他就头疼。一看到他站起来了，美术老师就问："你说说画上这个人是在干什么？"

小男孩说："我看这个人在拉屎。"

还没等美术老师开口说话，全班同学哄堂大笑，小男孩的脸当时就红了。

美术老师问："你们笑什么呀？这话没什么可笑的呀！"说完，美术老师转身对小男孩说："你说得太好了，你的思维太敏捷了。你简直就是个天才，你就是画画的料，因为你的想象力丰富，画画就需要有灵感。你太棒了！"

美术老师把这个小男孩夸得美滋滋的。美术老师又说："如果用你说的做个医药广告，那商家就乐坏了。不过做广告，广告词很重要，你能再想一句广告词吗？"

小男孩想了一会儿，马上走到黑板前，写上了这样几个字：从此不再痛苦。

美术老师大声说："好，你设计的这个广告，商家保准会出高价购买。"

就这样，一堂美术课过后，小男孩就喜欢上了美术老师，天天围着美术老师转，从此以后对美术特别感兴趣。

如果美术老师按照惯常思维，对小男孩进行责难或嘲笑，小男孩很可能备受打击，从此再无信心，甚至会惧怕老师、惧怕学校、惧怕学习。

所以，班主任尤其要摆脱路径依赖，改变思维定式，以自己的爱心来关注、爱护学生，维护学生的奇思异想，维护学生的自尊心，让他们在自由的天空尽情发挥自己的想象。

(三) 防止路径依赖，开展创新管理

随着“新课改”进一步深化，教育教学方法不断更新，新工具、新材料、新媒体等大量知识传媒手段出现，学生接受新事物越来越迅速。什么样的教育理念，什么样的育人方法，就会培养出什么样的学生。因此，探索新形势下班主任的工作思维对培养教育对象以及社会建设的接班人十分重要。

在实际工作中，班主任的一言一行、一举一动都会潜移默化地影响着学生，那么，班主任应如何跳出思维定式，摒弃路径依赖呢？

1. 注重差异协调

由于家庭和社会环境的影响，学生在思想、情趣、个性等方面有所差异是很正常的。如果班主任不根据学生的差异及时调整自己的工作思路，教育就会顾此失彼，将不少学生置于“被遗忘的角落”。因此，班主任应注重对学生之间差异的协调，摒弃“扶强不扶弱”的路径依赖做法，对后进生要投入更多的时间、精力和耐心，让每一个学生在关爱中成长，真正体现“以人为本”的教育理念。

2. 注重教育的“扶贫”

现在中小学生的思想道德水平和文化成绩两极分化十分严重。为了应试、为了升学率、为了班集体荣誉等，后进生往往不被重视。对此，班主任应该一碗水端平，让每个学生同在一片蓝天下，同享平等受教育的权利。班主任要摆脱思维定式，真心实意而不是假心假意、全心全意而不是半心半意地关注落后群体，真正做到情为学生所系，利为学生所谋，多为他们铺“路”搭“桥”，让他们在爱的温暖中健康成长。

3. 注重自我反省

班主任工作计划，一般说来是班主任思想个性的产物。因此，班主任在制订工作计划、组织学生活动、实施班级管理时都会带有强烈的主观意识，因而有可能形成路径依赖。这些主观的东西很难从学生那里找到结合点，造成班主任贯彻计划、实施管理时武断行事。而武断带来的碰撞，又造成对学生利益的伤害，直接影响师生关系。因此，班主任在工作中要不断自我反

省，减少工作失误，避免形成路径依赖。

4. 注重环境创新

环境决定人的心情，又能改变人的心情。在学习、工作、生活中，环境直接作用于人的心理，班主任应把班集体活动的环境建设好，诸如清洁区、寝室、教室、食堂、卫生间、浴室等。建设环境时，应考虑学生的年龄、生理、心理、生活习惯、个性特征等因素。如班训，要看得懂、记得住、做得到；名言，要有时代性、针对性、榜样性；班团活动要有普遍性、开拓性、新奇感；色调，要和谐、庄严、有生气；等等。班主任应成为环境建设的设计师、建设者和守护神，让每个学生都在愉悦的环境中学习、生活。

5. 注重愿景构想

共同的愿景是一种共同的理想。一个好的愿景构想，能整合班团队的力量，集中班团队的智慧，凝聚班团队的人心，创造班团队的效益。班主任应引导学生构想愿景，培养学生学习的“狼道精神”。愿景的建立可以调和各种矛盾，避免形成定式思维，强化班团队建设，也可以唤起大家的奋斗意志，有助于学生个性的发展，有利于班级管理目标的实现。

6. 置入式客观思维

班主任应注重学生“由其早先心理活动所形成、对客观事物间接概括性反映、必然成为人后继心理活动趋势”。这种心理准备状态形成期间必然会经过一个不断完善、不断深化、不断成熟的发展过程。因此，班主任应加强对学生的培养教育，增强自觉意识，在培养学生认识社会问题的过程中，反对并防止置身事外，提倡设身处地和换位思考，真正站在学生的立场上去认真研究、深入思考，使自我“后继心理活动趋势心理准备状态”向客观公正的积极方向发展。

世界上的学问千万种，但没有一种学问比研究人更深刻、更复杂、更有价值。班主任工作细而全、周而密，只要勇于跳出思维定式，摒弃路径依赖，能够剖析问题的关键，用科学发展观改革班级管理思维，就一定能带好一个班级。

千教育万教育，自己的人格是最直接的教育；千句话万句话，用自己的人格说话是最真实的话。班主任个人的榜样作用是学生心灵开花结果的阳光，这是其他事物所不能代替的。

班主任摒弃路径依赖，从人性的角度了解人，重在尊重教育规律；从人本的角度完善人，重在引导学生自助；从人格的角度开发人，重在关心学生发展；从人才的角度教育人，重在培养学生的责任。

班主任以自信战胜自卑，以知足对待名利，以坦荡傲视挫折，以淡泊化解贪婪，以平和抑制冲动，以宽容催化情感，就可改变思维定式，不断完善自己在学生心目中的形象。

晕轮效应：正确对待学生，避免印象干扰

（一）晕轮效应启示

一杯冷水和一杯热水同时放入冰箱的冷冻室里，哪一杯水先结冰？

“当然是冷水先结冰了！”相信很多人都会毫不犹豫地做出这样的回答。可是，很遗憾，这个答案是错的。

发现这一错误的是非洲坦桑尼亚马干巴中学的初三学生姆潘巴。

1963 年的一天，姆潘巴发现自己放在电冰箱冷冻室里的热牛奶比其他同学的冷牛奶先结冰，这令他大为不解，于是，他立刻去向老师请教。

老师却很轻易地说：“肯定是你搞错了，姆潘巴。”

姆潘巴不服气，又做了一次试验，结果还是热牛奶比冷牛奶先结冰。

某天，达累斯萨拉姆大学物理系主任奥斯玻恩博士到姆潘巴所在的学校访问。

姆潘巴就鼓足勇气向博士提出了他的问题。

奥斯玻恩博士回答说：“我不能马上回答你的问题，不过我保证等我一回到达累斯萨拉姆就亲自做这个实验。”

结果，博士的实验结果和姆潘巴说的一样。于是，人们就把这种现象称为“姆潘巴现象”。40 多年来，“姆潘巴现象”一直被人们当做真理认可到今天。

事情到这里并没有结束。2004 年，上海向明中学的女生庾顺禧对这一现象提出了质疑。在科技名师黄曾新的指导下，庾顺禧和另外两名女生开始研究“姆潘巴现象”。

她们利用糖、清水、牛奶、淀粉、冰淇淋等多种材料，采用先进的多点自动测温记录仪，在记录了上万个数据后进行多因素分析，最后得出结论：在同质同量同外部温度环境的情况下，热液体比冷液体先结冰是不可能的，并提出了引起误解的三种可能。

讲这个故事并不是我们的初衷，我们也并不想论证“姆潘巴现象”是否存在，我们想要说的是存在于这个故事背后的东西：为什么一个不存在的现象，竟然被人们作为真理认同了40多年，而没有人对它提出疑问？原因很简单，因为这个结论是物理学家给出的，他是物理学家，结论肯定就是正确的。人们为什么会有这样的想法呢？这就是晕轮效应在起作用。

晕轮效应，又称“光环效应”，属于心理学范畴。它是指人们对他人的认知判断首先根据个人的好恶得出，然后再从这个判断推论出认知对象的其他品质的一种现象。

晕轮效应，通俗地说，就是以点代面或以偏概全。在认识人或者事物的过程中，人们常从认识对象所具有的某个特征而泛化到其他一系列有关特征。也就是从所知觉到的特征泛化推及未知觉到的特征，由局部信息推出一个完整的印象，就像晕轮或月晕一样，是从一个中心点向外扩散逐渐形成越来越大的圆圈。

美国心理学家阿希曾做过一个试验：他给被试者一张列有五种品质（聪明、灵巧、勤奋、坚定、热情）的表格，要求被试者想象一个具有这五种品质的人，结果被试者普遍把具有这五种品质的人想象为一个友善的人。然而，他把这张表格中的“热情”换为“冷酷”。再要求被试者根据这五种品质（聪明、灵巧、勤奋、坚定、冷酷）想象出一个适合的人时，却发现被试者普遍推翻了原来的想象，而重新描述出一个完全不同的形象。阿希的试验揭示了人际知觉中的一种普遍的心理现象：如果认识到一个人具有某种突出的优点，就认为其他方面都好，这个人就被一种积极肯定的光环笼罩，即“以俊遮丑”；相反，如果认识到一个人具有某种突出的缺点，这个人就被一种消极否定的光环笼罩，被认为其他方面都不好，即“以丑遮俊”。

晕轮效应的产生是由于某一品质的信息量大，其他品质的信息量小，导致刺激强弱程度不同造成的。这种心理效应的危害是一叶障目、以偏概全，具体到班主任管理上，其特征主要体现在以下三个方面。

1. 遮掩性

有时，班主任抓住的事物的个别特征并不反映事物的本质，可仍习惯于以个别推及一般、由部分推及整体，如此，势必牵强附会地误推出其他特征。随意抓住某个或好或坏的特征，就断言某个学生或是完美无缺或是一无是处，都犯了片面性的错误。

2. 表面性

晕轮效应往往产生于教师对某个学生的了解还不深入，也就是还处于感知觉的阶段，因而容易受感觉的表面性、局部性和知觉的选择性的影响，从而对某个学生的认识仅仅专注于一些外在特征上。有些个性品质和表面特征之间并无内在联系，可个别班主任却容易把它们联系在一起，断言有这种特征就必有另一特征，就会因外在形式掩盖了内部实质。

3. 弥散性

班主任对某个学生的整体态度，还会连带影响到与这个学生的具体特征有关的事物上。成语中的“爱屋及乌”“厌恶和尚，恨及袈裟”就是晕轮效应弥散的体现。《韩非子·说难篇》中讲过一个故事，卫灵公非常宠幸弄臣弥子瑕，有一次弥子瑕的母亲病了，弥子瑕得知后就连夜偷乘卫灵公的车子赶回家去。按照卫国的法律，偷乘国君的车子是要处以刖刑（把脚砍掉）的。但卫灵公却夸奖弥子瑕孝顺母亲而赦免了他。又有一次，弥子瑕与卫灵公同游桃园，他摘了个桃子吃，觉得很甜，就把咬过的桃子献给卫灵公尝，卫灵公又夸他有爱君之心。后来，弥子瑕不受宠幸了，以前被卫灵公夸奖过的两件事，也就成了弥子瑕犯下的“欺君之罪”了。

晕轮效应在班主任教育教学工作中所产生的消极因素是不容忽视的，它的负面影响主要包括以下几点。

（1）容易造成认知与评价出现严重偏差

班主任在认识和评价一个学生时，往往会不由自主地选择某种比较突出的品质特征来判断这个学生的整体面貌与品行。当一个学生某种突出的品质被标定为“好”时，他就会被一种积极正面的“晕轮”所笼罩，班主任就会主观地认为这个学生拥有的其他品质也都是优秀的；当一个学生某种突出品质被标定为“坏”时，他就被一种消极负面的“晕轮”所笼罩，班主任也就会主观地认为这个学生拥有的其他品质也都是不好的。

（2）容易形成认知和评价的刻板印象

班主任对学生容易形成刻板印象，这主要表现为班主任对学生的认识与评价往往依靠对学生某个时刻或某个方面的印象。例如，仅凭所谓的“第一印象”或“最后印象”就对学生做出或正面或负面的整体评价。

（3）容易形成唯心主义认识论和错误的世界观

晕轮效应使班主任以片面的、静止的世界观来看待人和事，得出的结论也是片面的、静止的。马克思主义认识论认为，物质世界的运动是有规律的，是可以认识的。晕轮效应以偏概全，违背了认识论的基本原理。这种唯心主义认识论的泛滥，其负面作用不仅仅指向班主任本身，还会潜移默化地影响学生，使学生也养成主观臆断的错误品质，因而它是班主任教育教学工作中的大敌。

（4）容易伤害学生的自尊心

有的学生因智力启发较迟，在初中阶段甚至高中阶段动脑能力都比较差。因此，学习成绩一直处于“下游”状态。在追求高升学率的今天，这种学生不仅不能受到教师的重视和表扬，甚至还会经常遭到个别教师特别是个别班主任的指责，被称为“拖油瓶”，这样极易伤害到学生的自尊心。

（5）容易扼杀学生的创造能力

在现行的教育教学背景下，班主任、任课教师、家长和学生都在围绕着升学率这根指挥棒转动。学生考试成绩好就什么都好，“一俊遮百丑”。学习成绩不好就什么都不行，其他方面再好也白搭。不少学生在应试教育完成后的个性心理发展过程中，创造能力才得到极大的张扬和发展，成为各方面的专家和行家，不仅最大限度地实现了自己的人生价值，也为社会做出了自己应有的贡献。

（6）容易埋没学生的“闪光点”

以偏概全的错误思维模式是晕轮效应的核心。在这样的信条支配下，有许多后进生的闪光点被班主任和科任教师忽视了。在个别班主任和科任教师的眼里只有“尖子生”和“重点生”。对后进学生的转化，特别是对思想后进学生的转化不容易引起班主任的重视。因此，后进学生稍纵即逝的闪光点没有被班主任发现和肯定，造成后进学生思想上的反复，难以进步和转化。

（二）你仍然是个好学生

南宁市第十四中学的潘勇老师一直是一位深受学生和家长尊敬的老师。潘老师本着认真负责的精神、善良爱人的胸怀，从不以偏概全、以点概面地对待学生，在长期的工作实践中，潜心研究，探索出一套行之有效的工作方法。

潘老师每接管一个班级学生，总要对每一名学生的基本情况进行深入、全面的了解，了解学生在小学阶段的学习情况、表现和特长及其父母的职业。学生的性格如何，有何特长，哪个喜欢打球，哪个喜欢田径，哪个喜欢文学，哪个喜欢唱歌跳舞，这些细微之处，她都了解得很清楚。

潘老师用极大的爱心鼓励着学生不断进步，包容着学生的错误，一个个顽劣不堪的学生都在潘老师的教育下成为积极进取的好学生。

在潘老师的班里，曾经有一个在所有人眼里都“无可救药”的学生。早在初一时，他就经常上课迟到、早退或是逃学，并且上课时总是乱起哄，惹得任课老师和同学们都对他很厌烦。

更让人不能容忍的是，他在学校里还经常偷窃公共财物，并且屡教不改，家长对他都失去了信心，学校也认为应该把他送到少管所去。

当校长与潘老师交涉这件事情时，潘老师想，如果把他送到少管所，的确是给自己减轻了很多工作上的负担和麻烦。但是，这样做会给这个年仅12岁的孩子带来怎样的心灵创伤呢？而且，他虽有一些毛病，可也有好的地方，也需要别人的关爱。

想到自己辛苦教导的学生从此就要被关进管教所，潘老师心如刀绞。想到这儿，她鼓足勇气向校长要求，把这个学生留下来交给她，并且再三向校长保证，她能够教育好这个孩子。

校长用疑惑的目光看着潘老师，面对她诚恳的眼神，最后还是同意了。

潘老师把这个学生带到家里，拿出水果招待他，语重心长地对他说：“孩子，你犯的错误是很严重的，许多人都说你无药可救了……”

刚开始，这个学生仍然露出一副玩世不恭的样子，并不认真听潘老师对自己的教导，他甚至都不愿抬头看一眼潘老师。

对此，潘老师仍然不厌其烦地接着说：“老师认为你仍然是个好学生，还可以教育好，因为你是一个懂事的孩子，是一个愿听老师话的学生。你犯了错，这个责任首先应该由我来承担，因为我以前对你关心不够，爱护不够……”

这个学生听了潘老师的一席话，感动得热泪盈眶：“不，潘老师，这一切都是我的错，这不能怪您。我犯了错误，爸爸打我，别人骂我，很多同学都对我冷眼相看，只有您安慰我、关心我，如果我再不珍惜这次机会，改正错误，就对不起您啊！”

潘老师见状趁热打铁，向这个学生提出了几条他能做到的基本要求，鼓励他好学上进，并召集班干部开会，请来他的家长，一起研究制订教育他的办法和措施，号召全班同学亲近他、帮助他。

终于，功夫不负有心人，藏在这个学生心灵深处的冰川逐渐融化了，一颗原本将要泯灭的童心又重新燃起了希望，他不仅改变了恶习而且严守校规校纪，勤奋学习，还常常带头做好事。

“一丑遮百俊”，有可能会使后进学生失去进步的动力，从而严重影响其健康成长。像案例中的学生犯了偷窃的错误，如果潘老师对他就此产生晕轮效应，认为这个学生“积习难改”，进而对这个学生持完全否定的态度，甚至认为他“朽木不可雕”，将他送到少管所，结果会如何呢？

如果教师无意之中给学生一种消极的心理暗示，就会产生负面的暗示效应。学生往往会破罐子破摔，直至出现重大的品行问题，后果不堪设想。

晕轮效应所产生的对学生认识和评价上的偏差，可能会产生很大的危害，是班主任进行班级德育工作中的一片大沼泽，一不小心滑入其中，就可能出大问题。从学校或班级德育管理的角度来说，这种看似无关紧要的“以偏概全”所导致的危害却相当严重。而从以生为本德育的角度来看，这种“偏见”更是有可能对学生思想品行的进步造成不良的影响，有可能对其身心的健康成长也造成直接或间接的伤害。

只要班主任时刻将以生为本的理念融入自己的行动中，高度重视晕轮效应的危害并采取恰当的措施，那些可能出现的后果是可以避免的。

（三）防止晕轮效应，避免印象干扰

有这样一则笑话。有一天，一个老师上课时，发现两个学生在睡觉。他

们都把书铺在自己的面前，结果老师把其中的一个差生叫起来批评说：“你看看人家（另一个睡觉的学生，平时成绩很优秀），人家睡觉还看书呢，你倒好，一看书就睡觉。”

晕轮效应所产生的不良影响会给学生及班级带来严重的危害，那么班主任在管理工作中应如何防止晕轮效应呢？

1. 牢固树立以生为本的德育理念

班主任应该牢固树立以生为本的德育理念，将以生为本这四个字注入与每一个学生的交往中去，并随时修正自己对学生的认知与评价，尽量做到公平公正地对待每一个学生，从而避免“一丑遮百俊”或“一俊遮百丑”的偏见，避免给学生造成直接或间接、有意或无意的心理伤害。

2. 提高对晕轮效应危害的认识

班主任要深刻认识到晕轮效应的危害，并对其产生的成因有一定的了解，对发生在自己周围的晕轮效应要高度警惕。班主任对学生的偏见（包括对学生过高或过低的认知和评价）很可能会影响到学生的健康成长。如果班主任对学生的认知和评价能够实事求是、公平公正，并根据事实情况的变化不断进行调整和修正，对学生的点滴进步持肯定和赞许的态度，学生就能够心情愉快地继续努力，以求得更大的进步，否则，学生就可能会往相反的方向倒退。

3. 掌握一些克服晕轮效应的心理学常识与技巧

班主任要想不以点代面、以偏概全，要全面认识事物，除了要对晕轮效应的产生机制和负面作用有清楚的认识，还可以利用一些技巧来帮助自己尽量避免这种晕轮效应产生的消极影响。具体地，班主任可以从以下几个方面努力。

（1）注意第一印象

班主任要尽量避免第一印象的不良影响，千万不能以貌取人。

两个素不相识的人，初次见面后所形成的直观感觉在心理学上称为“第一印象”。由于它有先入为主的特点，因而往往比较深刻。如果第一印象好，就会给以后的交往打下良好的基础。从这个意义上说，注意给人留下良好的第一印象是必要的。但初次接触时，学生所提供给班主任的判断材料不仅十分有限，而且往往是比较外在的，还可能具有一定的虚假性。问题的严重性又恰恰在于，人们先得到的信息总是影响着对于以后信息的解释方式。第一印象一旦形成，以后的信息常常只扮演补充和解释的角色，这就是产生晕轮效应的“温床”了。因此，班主任冷静、客观地对待第一印象，思想上要有改造甚至否定第一印象的准备非常重要。

（2）注意投射倾向

班主任要尽量克服自己的投射倾向，不能将自己心中的某种模式投射到某一个学生身上，想当然地认为学生应该是什么样的一种状况。

有些班主任总是从好的一面来解释别人，而极个别班主任则总是从坏的一面来判断学生的行为，即使是好事，他也会认为这是“别有用心”。这种把自己的某些心理特点附加给对方的现象，就是投射倾向。人际知觉的投射倾向表明，人对他人的知觉包含着自己主观的东西，人在反映别人的时候常常也在反映着自己，而这种反映又往往是不自觉的。如果班主任对自己的投射倾向不加注意，没有清醒地、理智地进行自我反思，就很可能制造出晕轮效应，在对待学生时出现各种偏见。

（3）注意刻板印象

班主任要防止刻板印象，以变化的眼光看待学生，对学生的点滴进步和不良倾向都要“明察秋毫”，及时修正自己头脑中对每一个学生的认知和评价。

刻板印象是指类化作用，即按照预想的类型将人分为不同种类，然后贴上标签，按图索骥。比如，提起教师便想到“文质彬彬”，说到商人，总和“唯利是图”挂起钩来，等等。班主任刻板印象的形成，往往始于对某一类学生普遍特征的归类，这是一种简单的认识，虽然有利于对某一群学生做概括的了解，但也很容易产生偏差。因为人心不同，各如其面，而刻板印象所根据的却并非认识对象本人的真实情况，甚至有时，刻板印象还是由于将偏见合理化而产生的。刻板印象与晕轮效应如出一辙，是导致失真的一个误区。因此，班主任要对学生产生确切、深刻的认识，千万不能忽视学生的丰富多样性，并要不断地修正头脑中由于刻板印象所造成的假象。

（4）避免以貌取人

班主任要尽量避免“最近印象”的不良影响，不能仅仅根据学生最近一次的表现来确定对其整体面貌的认知与评价。

一项心理实验显示，当人们被要求在一堆他们不认识的照片中分别找出“好人”与“罪犯”时，总会受到外貌晕轮效应的影响，即表现出按外貌分类的倾向。这种“由表及里”的推断，含有很大的偏见成分。因此，只要班主任在认识学生的问题上，确立不满足于表象，注重了解对方心理、行为的深层结构，就能有效地摆脱外貌晕轮效应的影响。

（5）避免“循环证实”

班主任要避免“循环证实”，千万不要让自己的偏见在学生身上印证。因为当学生感知到班主任的偏见时，往往会不自觉地靠近错误。越是这样，班主任可能越会认为自己的偏见是对的，从而陷入“循环证实”。

心理学研究证明，一个人对他人的偏见，常会得到自动的“证实”。比如，班主任对某学生存有怀疑之心，时间一长，自然会为人所察觉，学生必然会对他产生离心和戒心，而学生这种情绪的流露，又反过来使班主任深信自己当初的看法是正确的，这就是心理学中的角色互动和双向反馈。由于一方感情的偏失，导致对方的偏失，反过来又加强了前一方偏失的程度。如此循环证实，势必会陷入越来越深的偏见中去。因此，当班主任看不惯某个学生，对某个学生怀有成见的时候，应当首先理智地检讨一下自己的态度和行为是否受到晕轮效应的影响，自觉走出晕轮效应的迷宫。

常言说：“知人为聪，知己为明。”从一定意义上讲，班主任水平如何，在很大程度上取决于他知人知己的能力。我们知道，对人的知觉过程不同于对物的知觉过程，人对自身和同类的知觉，往往一开始就注定要受到主体意识的明显影响。晕轮效应就是最好的诠释。

晕轮效应能成就人，更能欺骗人。班主任的职责是面向所有学生，因此，绝对不能戴着有色眼镜看学生，只有走出晕轮效应的误区，才能在管理、教育工作上取得成功。

乌申斯基说过：“如果教育者希望从一切方面去教育人，那么必须首先从一切方面去了解人。”这就需要班主任在班级管理中，冷静客观地对待、评价学生。

肥皂水效应：寓批评于赞美中

（一）肥皂水效应启示

肥皂水效应的提出者是美国前总统约翰·卡尔文·柯立芝。

柯立芝于1923年成为美国总统，他有一位漂亮的女秘书，人虽长得很漂亮，但工作中却常因粗心而出错。一天早晨，柯立芝看见秘书走进办公室，便对她说："今天你穿的这身衣服真漂亮，正适合你这样漂亮的小姐。"这句话出自总统之口，简直让女秘书受宠若惊。柯立芝接着说："但也不要骄傲，我相信你同样能把公文处理得一样漂亮。"

果然，从那天起，女秘书在处理公文时就很少出错了。一位朋友知道了这件事后，便问柯立芝："这个方法很妙，你是怎么想出来的？"柯立芝得意洋洋地说："这很简单，你看见过理发师给人刮胡子吗？他要先给人涂些肥皂水。为什么呢？就是为了刮起来让人不觉得痛。"

"肥皂水效应"就是将对他人的批评夹裹在前后肯定的话语之中，减少批评的负面效应，使被批评者愉快地接受对方的批评和意见。用赞美巧妙地取代批评，从而达到真正的目的。

美国钢铁公司的第一任总裁查尔斯·史考伯曾说："我拥有的最大资产，是我能把员工鼓舞起来的能力，而使一个人发挥最大能力的方法，就是赞赏和鼓励。"用赞美包装的批评既能够让员工在平静的心情下发现自己的错误，又不会打击到员工的热情。

虽说"良药苦口利于病"，但毕竟让人难于接受。如果在"苦药"的外面包裹一层"糖衣"，病人就会非常开心地把药吞下去，这样既达到了治病的目的，又不至于太过“苦口”。

在班级管理工作中，班主任可以借鉴肥皂水效应，将对学生的批评夹在赞美之中，让学生更易于接受，从而愉快地改正错误。

用赞美代替批评，这是批评的艺术。著名心理学家杰丝雷耳说：“称赞对人类的灵魂而言，就像阳光一样，没有它，我们就无法成长开花。但是我们大多数的人，只是敏于躲避别人的冷言冷语，却吝于把称赞的阳光给予别人。”

中小学阶段的学生具有很强的自尊心，他们渴求别人对他们的肯定，渴求别人给他们面子，哪怕是在他们犯错误的时候。鉴于学生的这种心理，班主任用赞扬代替批评，会让学生朝着被赞许的方向发展，错误也会在不知不觉中减少。每个学生都渴望被教师赏识和认同，但也会在老师的一味批评下消沉，逐渐失去自信，甚至“破罐子破摔”。相反，在老师的赞扬、鼓励下，学生会保持一颗愉悦的心，积极主动地去奋斗、进取，从而使自己的学习、生活绽放出美丽的花朵。

批评是进步的明灯，因为有批评才有进步。赞美要看时机，批评要靠技巧。肥皂水效应告诉班主任，在批评学生时要采取巧妙的方式，将批评夹在赞美中，以减少批评的负面效应，达到批评的目的。和谐的师生关系不是学生有了缺点和错误不加以批评、放任自流，而是班主任对学生进行批评教育时要因势利导、循循善诱。

1. 将“批”与“评”有机结合

“批”是指出学生的错误或缺点并予以纠正；“评”是对学生所犯的错误进行评论和评判。“批”是“评”的前提，“评”是“批”的深化。教师应该以“批”为切入点，以“评”为落脚点，不要只“批”不“评”，或重“批”轻“评”，而要“批”与“评”有机结合。

2. 忌片面武断和全盘否定

班主任在批评学生时不要武断，不要毫不顾及学生的感受与尊严，不能讽刺挖苦，更不能恶语伤人。看到学生所犯错误的同时，也应看到学生的优点。只有这样，才能使批评收到良好效果，使被批评的学生心服口服、乐于接受。

3. 一视同仁，批评尺寸统一

班级管理工作中，班主任不能因为学生是优等生就犯点小错也不去深究，也不能因为学生是后进生犯点小错误就抓住小辫子不放，应该以人为本，对学生真正的关爱、宽容。不管是班干部还是一般学生，有了缺点错误都应一视同仁。如果该批的不批，不该批的狠批，就会使学生产生不平衡感，降低班主任的威信，造成班级学生间的不团结。

将批评夹在赞美中是最有效的批评方式。当遇到学生违纪时，班主任不要立即“拆穿、点破”，更不必公开指责，让学生难堪。班主任应该给学生涂些“肥皂水”，多给学生一个点头，多给学生一个微笑，用非常委婉的方式，既保护学生自尊，又让学生知晓过错，促其觉悟，从而达到使其自律的目的。

（二）旁敲侧击，把批评变成阳光雨露

案例 1：

郭凤霞老师是山东省德州市北园小学的一名班主任。在多年的学生管理工作中，郭老师逐渐摸索出了一套批评教育学生的好方法，那就是借用肥皂水效应，对犯错误的学生采取“将批评夹在赞美中”的批评方式。

班上有一名叫小石的学生，他很聪明，也很调皮，经常不写作业。学校开家长会，他也从不告诉家长。郭老师打电话到他家，他甚至冒充家长，欺骗老师。郭老师对他进行了多次批评教育都不见效。这让郭老师很苦恼，怎么才能让他改掉这些不良习惯呢？

有一次，郭老师给他的家长打电话，他又冒充家长与郭老师对话，郭老师装作没有听出来，事后，找他谈话：“小石，你的模仿能力真是太强了，思维那么敏捷，我几乎听不出是你的声音，而且和老师对话，对答如流，真了不起！你很聪明，如果把心思用在学习上，你的学习成绩一定能提高。希望你以后不要再冒充家长，欺骗老师了好吗？”

小石听后惭愧地低下了头。从此，这类事再也没有发生过，小石的学习成绩也不断提高，从中等水平上升到了前 10 名。

郭老师班上还有一个叫小林的学生，成绩平平。有一次郭老师布置作业后，小林为了多玩一会儿，就请求高年级的姐姐帮他把作业写完了。

第二天，郭老师批改小林的作业时，一眼就看出不是他自己写的。

等到上课时，郭老师将作业本发到了每一位学生手里，唯独没有发给小

林和另一位成绩很好的学生。小林感到忐忑不安，因为他知道姐姐写得太整齐、太漂亮了，同他以前的作业简直有着天壤之别，别说老师，就是任何一个同学也能看出那作业不是他自己做的。小林脸色通红，低着头，紧张地等着班主任的“判决”。

然而，出乎小林意料的是，郭老师装作全然不知，当着全班同学的面，将他和那位同学的作业本展示出来，并且说：“同学们，这是老师批改作业时遇到的写得最工整、最准确的两本作业，希望大家以后多向这两位同学学习！”然后说出了小林和那位同学的名字。

在同学们羡慕和怀疑目光下，小林恨不得找个地缝儿钻进去，同时也暗下决心，以后自己一定要认认真真地对待每一次作业。下课后，郭老师单独将作业本交给小林，意味深长地对他说：“你很聪明！老师希望你以后都能将作业完成得像今天这么好。”

从那以后，小林每次写作业都格外认真，成绩也不断提高。

对于一些所犯错误比较隐蔽而又不是很严重的学生，郭老师没有特意对他们进行批评，而是适当地在作业本、周记本上写一些带有启发性、激励性的评语。

例如，有一个学生平时喜欢看一些课外书籍，知识面广，但时常有迟交作业或不交作业的现象。于是，期末考试时，郭老师给他写了这样的评语：“老师佩服你，你的知识面很广，无论是森林还是沙漠，无论是海洋还是陆地，你都能侃侃而谈，是同学们心目中的‘小博士’，这是你日积月累的结果。学好课堂知识，完成课后作业是你遨游知识海洋的‘船’和‘桨’，有一艘坚固的‘船’和一柄灵活的‘桨’，会使你尽早到达知识的彼岸。老师相信你，能用好这‘船’和‘桨’。”

还有一个学生，课堂上常常与邻桌说悄悄话，郭老师就给她写了这样的评语：“××同学，你是一个聪明伶俐、活泼好动的小女生，也是个可爱的‘小话匣子’，一幅简单的图画都能被你说成一个生动而美丽的故事，就像你的名字一样充满了诗情画意。课堂上，你总能敏捷而准确地回答出问题，又能在课外组织同学搞好班级活动，大家都很喜欢你。但是，你的‘小话匣子’经常在不恰当的时候打开，影响同学们听课，希望你以后注意，好吗？”

结果，那两名同学从此像换了个人似的，课堂上积极思考，踊跃发言，认真做笔记，学习成绩直线上升，还获得“德星、智星”等光荣称号。

案例 2：

某高中班主任老师，在一次大型考试后，发现平日不甚用功的学生小李，考试成绩非常好。经过调查，原来小李考试时坐在了一位平素与他要好而又成绩优秀的学生后面，前面试题的答案，他看得一清二楚。了解情况后，班主任没有批评他，而是在班会上郑重地表扬了他。小李很得意，同学们也非常佩服他。又一次考试的时候，小李仍故伎重演。

纸总是包不住火的。后来，同学们逐渐知道了事情的原委，开始对小李表现出鄙夷和不屑。小李有些承受不住，想摆脱这种情形，然而，每次考试不变的位置安排让他难堪又难受。终于，他忍不住了，找到了班主任。还没等他解释什么，班主任就说：“我知道你会来找我的，从你成绩突然上升的那一次开始，我就觉得蹊跷。后来我知道了原因，想批评你，但没有那么做。我想，虚荣的底色是要强，你也不会例外。所以，我故意每次都那样安排座次。我预计，总有一天，你会对自己的做法不满，你的要强会打败你的虚荣。或许这才是你和我都想看到的。现在你来找我，我想一定是那个要强的你来找我了。我一直认为你是聪明的，你要相信自己真的会成为最棒的……”

和班主任谈话之后，小李好像彻底变了一个人。第二年高考，出乎所有人的预料，他竟然考上了南方一所重点大学。再后来，他在事业上也很有成绩，母校邀请他回校作报告，他感慨地说：“当我的人生走上岔路时，我敬爱的班主任没有批评我，而是远远地站成一棵树，在地下，用爱的根须与我的心灵悄悄相握；在地上，用善意的枝叶静静包容我。他春风化雨般的抚慰和引领，是我一生都不会忘记的。”

除了爱心，这位班主任还很幽默，他的批评简直就是艺术。在一次考试之后，他发现班上的女生普遍考得比男生好，就在班会上给大家讲了个故事：“昨天我做了个梦，梦见我的老师在课堂上问我：‘来世当男生还是当女生?’我就回了一句：‘当女生!’老师又问：‘为什么?’我就说：‘男生与女生下棋时，要是女生赢了，她就会立刻被大伙儿称为女才子；要是输了，人们也不会说什么。可男孩儿就惨了，要是他下赢了，肯定没人说他是男才子；可要是下输了，人们会立刻说他是个大草包。’天哪，亏不亏?”

听了老师这个奇怪的梦，全班学生都笑出了声，班主任接着说："不过今天我不说梦，而是要表扬咱们班的女生。为什么？因为她们考试超过了男生。这说明，不仅下棋，考试也一样，女才子特别多。因此，我既要为我们班女孩子们的胜利而骄傲，也要为我们班男孩子们的谦虚而骄傲！"

"哄"的一声，大家快活地笑了。女生笑，是因为班主任在夸她们；男生笑，则因为班主任的妙侃是对他们的批评，更是对他们的激励。

班主任对学生的批评肯定是"苦"的，正因为"苦"，被批评的学生才会屡屡产生抵触情绪，致使批评的效果大打折扣，即产生批评的负面效应。但也有很多班主任总能把批评变成阳光雨露，多给学生一些"肥皂水"，让学生在赞美中接受教师的批评。

面对犯错误的学生，郭老师没有从正面批评，而是从侧面一绕，在批评中融入鼓励和鞭策，在鼓励中饱含信任和期望，在信任中维护学生的自尊和自信，使学生了解自己的不足而又不丧失信心，意识到自己的错误而又不觉得有失颜面，促使学生下决心克服缺点、改正错误，取得了事半功倍的教育效果。

面对作弊的学生，班主任用爱的雨露滋润学生的心田，让学生自我反省、自我纠正；面对全体男生考试不如女生的状况，班主任用幽默的批评艺术，让女生更努力学习，让男生意识到自身存在的问题。

每个学生都希望被尊重和信任，尤其得到班主任的尊重和信任。当学生犯错误时，班主任运用肥皂水效应，抓住学生身上的闪光点，给学生适当的鼓励，巩固学生新的好习惯的养成，对班级的管理和学生的成长都有着积极的作用。

陶行知先生在管理学生时，经常将对学生的批评夹在赞美之中，他用4块糖果让犯错误的学生意识到自己的错误，并主动改正。原本的批评，却成了赞美，这就是管理的艺术。

（三）善用肥皂水效应，将赞美与批评完美结合

理发师给人刮胡子，先给人涂些肥皂水是为了刮起来让人不觉得痛。批评学生时，赞美作为一种手段，则是为了使批评更容易让人接受。

学生都是在不断改正错误中成长的。当学生犯错时，班主任若不进行批

评，那是对学生不负责任的表现。但是批评必须有技巧，不要光批评而不赞美。良药不必苦口，忠言不必逆耳，在不改变“药效”的情况下，班主任在批评中夹着赞美，这是批评的艺术。

班主任批评教育学生是与学生进行特殊的谈话，是有目的、有计划地与学生进行思想和情感的交流，以提高学生的思想水平，增进师生间的相互了解，促进心理相容。

在管理工作中，班主任如何善于利用肥皂水效应，做到赞美与批评的完美结合呢?

1. 先谈情后言教

语言是情感的载体，情感是语言的灵魂，没有情感的语言是干瘪的。别林斯基说：“充满爱的语言，可以使劝说发出熊熊的烈焰和热。”情感是语言表达过程中的乘号，语言中充满情感，能够增加语言的感染力。真诚是人类情感中的真金，真情是教育学生的强大力量。与学生交往，做学生的思想工作，最重要的是要有真情。

2. 先表扬后批评

人类的情感本质就是渴望被肯定，学生更是如此。赞美是阳光、空气和水，是学生成长中不可缺少的养料。班主任不妨对学生的点滴进步都予以发自内心的表扬和赞赏，努力让每个学生都能对自己充满信心。但表扬要注意对象，注意时机，注意场合，注意分寸，否则会被误作讽刺和挖苦。

3. 和风细雨地进行批评

对学生“润物无声，春风化雨”般的批评教育，一般适用于期望、激励、鼓舞学生好学上进时，也适用于性格内向、感情细腻脆弱、心理承受力低、犯小错误的学生，特别是一些女学生。在与这类学生谈话时，班主任说话要委婉含蓄、措辞得当、态度亲切、情感真挚。

某班有位男生，性格内向，成绩很好。一次上课，班主任无意中批评了他一句，他立刻满脸通红，情绪低落，整节课都没有听。放学后，班主任把他叫到办公室，仔细询问，他不肯说。班主任说：“如果是老师的错，老师向你道歉，但你不能因此而影响学习。”他当时就哭了，说自己心情不好，会调整的。过两天，他告诉班主任，那一天是自己不对，以后不会那么小心眼儿了。后来他的心胸开阔多了。

4. 态度强硬一些

班主任批评的语言也不能一味地“春雨润物”，必要时候班主任的语言不妨改变一下，尤其对那些屡犯不改的学生，可以对他们态度强硬一些。与这类学生谈话，班主任要措辞严厉，态度严肃，指出问题的严重性及其后果。值得注意的是，尽管班主任态度“硬了点”，也要让学生感到班主任的一片爱心，更要给予机会，不能穷追猛打，把学生逼进“死胡同”。运用警钟式谈话要小心谨慎，以防产生负效应。

5. 及时鼓励

班主任应随时注意学生的点滴进步，并及时予以鼓励，以增强他们的自信心，从而促使他们加倍努力。

班主任应该深深懂得：

如果学生生活在批评中，他便学会谴责；

如果学生生活在沮丧中，他便会垂头丧气；

如果学生生活在赞美中，他便学会自赏；

如果学生生活在鼓励中，他便会得到自信和力量。

每一位班主任都不希望学生学会谴责或变得垂头丧气。班主任及时、恰当地进行鼓励，能让学生意识到自身的不足，并有信心去面对，然后心情愉快地改变它。

鼓励学生的方法有千百种，用眼神、用微笑、用语言、用行动、用发自内心的真诚，等等。批评教育有法，却无定法。班主任批评教育学生是一门实践性和科学性相结合的学问。应该说，有一千个班主任，便会出现一千种批评教育的方法和技巧。究其共同之处是，他们都有一颗爱心。

苏霍姆林斯基说过：“你向自己的学生提出一条禁律，就应当同时提出十条鼓励——鼓励他们从事积极的活动。”这就是说，班主任教育学生时应当少批评学生，多运用肥皂水效应，多给予学生鼓励和赞美，让他们有信心和动力，从而愉快地接受教育。

达维多效应：做创新型班主任

（一）达维多效应启示

达维多效应也称为“达维多定律”，是由曾任职于英特尔公司的高级行销主管兼副总裁威廉·H. 达维多提出的。达维多认为，一家企业要在市场中始终占据主导地位，那么它就要永远做到“第一个开发出新一代产品，第一个淘汰自己的产品”。

这一定律的基点是着眼于市场开发和利益分割的成效。人们在市场竞争中无时无刻不在抢占先机，因为只有先入市场，才能更容易获得高额的利润。英特尔公司在产品开发和推广上奉行达维多定律，始终是微处理器的开发者和倡导者。他们的产品不一定是性能最好和速度最快的，但他们的产品始终是最新的。为此，他们不惜淘汰自己哪怕是市场上正卖得最好的产品。

达维多定律揭示了以下取得成功的真谛：不断创造新产品，及时淘汰老产品，使新产品尽快进入市场，从而形成新的市场和产品标准，进而形成大规模生产，获得高额利润。

创新是企业的生命，是企业发展动力的内核，是市场竞争的必然结果。企业只有创新才可以打破常规、突破传统，只有不断创新，才能在激烈的竞争中永远立于不败之地。

办企业不能没有创新，教育更不能缺少创新。随着知识经济的到来，大力培养具有创新精神、创新能力的人才，是新时代的强烈呼唤，是教育所面临的重大挑战。

创新是教师智慧的结晶，是以对事业崇高的热爱为基础的。在新时期的教育中，如何适应时代的需求，发挥自身优势，培养学生的创新能力是每个教育工作者所面临的迫切课题。而只有具备创新精神和创新意识的新型班主任，才能培养出具有创新精神和创新能力的学生。要培养创新型人才，班主任必须更新教育观念，培养创新精神，努力成为一名创新型班主任。达维多定律给班主任的启示如下。

1. 不想被淘汰，就要勇于自我淘汰

自我淘汰是一种难能可贵的超越自我的精神。

达维多定律要求企业不断创造新产品，同时淘汰老产品。自我淘汰要求班主任学会主动淘汰，而不是等待被动淘汰。去掉旧观念、旧思想，开阔视野，用一种全新的眼光来看待新生事物，并把握其变化规律。在瞬息万变的信息时代，新生事物不断出现，往往是“春晓梦醒来，已是百花开”。所以，班主任要不断学习专业知识，不断自我加压，全方位地提高自身素质。

2. 超越对手，首先要超越自我

霍金超越自我，张海迪超越自我，孔繁森超越自我……正是因为他们能不断地完成自我超越，事业与人生才会成就辉煌。班主任必须竭尽所能，超越自我，以求突破现状，开创新局面。

《国家中长期教育改革和发展规划纲要（2010－2020年）》（以下简称《教育发展纲要》）明确指出：“各级教育机构要创造有利条件，鼓励教师和校长在实践中大胆探索，创新教育思想、教育模式和教育方法，形成教学特色和办学风格，造就一批教育家。”

做一名创新型的班主任需要具备以下几种能力。

（1）思考能力

勤于思考、善于思考是创新能力中最必需也最重要的素质。教学生学会思考并养成思考的习惯是班主任最重要的任务之一，而要完成这个任务，班主任自身必须具备一定的思考能力。

首先，班主任要经常反思自己所采用的教育教学方法是否有利于培养学生的创新能力。

其次，要对教材进行深层次、多维度的研究，并着力思考：教材为什么要这样编排？是否有更好的编排方法？只有善于思考，才能帮助其真正熟悉教材，领会教材，驾驭教材。

最后，要让学生始终处于主动发展的状态。学生是否具有主动性和创造性，与班主任是否具有创造精神和创造性思维能力有关。倘若班主任自身的思维颇具创造性，必然会影响到学生的思维水平。

（2）质疑能力

质疑能力是一名创新型班主任必须具备的素质。墨守成规、因循守旧，都与创新教育格格不入。班主任要有自己独立的思考和主见，不拘泥于所谓“成型的教学模式”，要敢于用质疑的目光、发展的思路，对那些有碍于培养学生创新能力的教育教学现状进行经常性的反思，并在教育教学中不断加以改进。

班主任要敢于对现行的不合理课程体系说“不”。要教会学生质疑，并鼓励学生大胆质疑。不要以为凡是教材上、教参上讲的都是千真万确的，不要轻易否定自己对教材的独特理解。

（3）解决实际问题的能力

创新型班主任应该既是学者，又是教育教学理论的实践家。一名创新型的班主任，应该像高明的医生那样，善于“诊病”“治病”以及对症下药。要求学生解决的难题，教师应先试一试，并向学生演示自己创造性的思考过程，这对培养学生的创造性思维具有示范作用。

（4）具有一定的教育科研能力

创新型班主任必须是科研型的教师。中小学教师搞科研的主要目的，不是在教育教学理论方面有所突破，而是促进教育观念的更新和教育教学实践行为的改善。作为一名创新型班主任，一方面要善于提炼自己的成功经验，使之升华为一般规律；另一方面要善于学习和借鉴他人的成功经验，并能推陈出新。在这方面，苏霍姆林斯基和我国著名的特级教师魏书生、李吉林、于永正等都树立了榜样。创新型班主任能够用科研的眼光审视自己在教育教学中遇到的各种问题，并不断探索解决这些问题的途径和方法，力求在探索性的实践中有所发现、有所创造。

（5）较强的教学监控能力

自我监控教学是一种动态性的教学，它是教学的科学性与艺术性的有机统一。这种自我监控性教学，能够使教学活动充满生命的活力。较强的教学监控能力是创新型班主任必须具备的核心能力，它主要体现在以下几个教学环节中。

① 课前的计划与准备。教师在课前不仅要明确教学内容、教学目标、教学方法等，还要预测教学中可能出现的问题和可能产生的教学效果。具有较高的教学预测水平，是成为创新型班主任的一个基本要求。

② 课堂的组织与管理。在课堂教学中，教师要密切注意学生的反应，努力调动学生的学习积极性；要运用自己的教学艺术，机智地处理突发事件。

③ 教材的呈现过程，这是课堂教学的核心环节。在这一过程中，教师应对教学进程、教学方法、学生的参与和反应等随时进行有意识的反省，并及时调整自己的教学活动，使之达到最佳效果。创新型班主任要动态地呈现教学内容，要鼓励学生不迷信古人、不迷信名家、不迷信教师，大胆质疑、大胆创造。

④ 反省与评价。在上完一堂课或一个阶段的课之后，班主任应及时分析、评价自己在教学中的得失。在此基础上，总结、提炼成功的经验，撰写教学论文，使自己的教育教学进入一种良性循环状态。

时代急需创新型人才，国家渴望创新型人才，民族呼唤创新型人才，人民期盼创新型人才。培养创新型人才，班主任责无旁贷。

"问渠哪得清如许？为有源头活水来。"班主任应该像刘翔的师傅孙海平一样，培养并带领千千万万个中华子弟，跨越一个又一个障碍，飞越一个又一个栏杆，登上属于自己的人生最高领奖台。

（二）打破常规，做创新型班主任

刘旭霞是内蒙古自治区化德县第一小学的一名班主任。在教学与班级管理中，刘老师始终锐意进取，努力创新，她怀着对教育事业的一片丹心，培养了一批批的精英学生。

为了提高学生的综合素质，培养学生的创新精神与创新能力，刘老师运用课堂教学和课外活动相结合的方式，深化教学改革，取得了一定的成绩。

1. 勇于创新，改革旧的教学方式

刘老师认为，教学不能只是教师有目的、有计划地向学生传授知识和训练技能的单向性过程。教师只负责教、学生只负责学的教学模式，是无法培养学生的独立创新能力的。

《教育发展纲要》强调的是教学交往、互动，师生双方相互交流、相互启发、相互补充。这个过程中，师生分享彼此的经验和知识，不仅丰富了教学内容，更易使双方求得新发现。刘老师利用这一优势，在教学中结合新纲要的理念，设计新型教学课堂，注重充分发挥优势，从培养学生实际的科学技能角度出发，在知识与技能、教学思考、解决实际问题、情感与态度等方面，注意满足学生的要求，从而真正提高学生的科技能力。

2. 从身边事物入手，培养学生的创造力

学校的教育主要靠课堂教学，学生发明创造的理论基础也主要是通过课堂教学来实现的。这就意味着培养学生的科技、劳技能力必须以课堂教学为主阵地，而课堂教学的好坏将直接影响学生创造力的高低。

为了更好地提高课堂教学质量，培养学生的创新能力，刘老师精选身边的科学知识，并将其贯穿于整个课堂教学，收到了良好的效果。

(1) 她选取与学生生活密切相关的生动有趣的素材作为教学内容，再结合教材知识，培养学生的实践应用能力。比如，在教“分类”这一新概念时，她就选取了学生身边与教学直接相关的事物——到超市购买物品，让学生仔细观察超市物品的摆放，然后再对一些物品进行分类，使之了解分类的意义及用途。另外，她还让学生对自己书包里的东西进行整理、分类。这样在实际操作中学习，不仅能让学生集中注意力，还能够使他们产生愉悦的学习心理。

(2) 刘老师还非常注重培养学生的应用意识以及解决问题的能力。教学中，除了引入身边的生活知识外，她还充分利用学生已有的生活经验，随时引导学生将所学知识应用到生活中，让学生解决身边的数学问题，了解数学在现实生活中的作用。比如，讲数学中的开放问题，她就在提出几种方案后，让学生根据已知条件独立思考，然后再与同学交流、讨论，自行提出合适的方案。通过这些实践活动，她培养了学生主动探索与合作交流的能力。

3. 开展丰富的活动，提高学生的创新能力

提高学生的创造能力不能仅靠课堂教学，课外活动更为重要。丰富多彩的课外活动为学生的科技、劳技发明提供了充足的时间与空间。因此，在搞好课堂教学的同时，刘老师还开展了一些有趣的课外活动。

刘老师在班内建立了活动小组，让学生利用业余时间开展活动。学生自行组合成8～10人的活动小组，围绕“身边的科学”这一中心，搞“生活中

的小发现”“课本知识与生活实例”“班内教学广角”等兴趣活动。

刘老师还经常开展班内课外研究竞技活动，要求各小组学生以同一内容采取不同方法进行比赛，选择最多及最优之法，并在各组推广，以培养他们的科技创造技能。

此外，刘老师还会在班内开展科技、劳技“小博览”活动。每学期，她会根据活动小组及学生个人在生活中的小发明、小发现情况，开展班内“小博览”，将他们的发明在班内共同展出并鼓励大家一起讨论、交流、改进，让他们互相补充，互相提供思路。

4. 方法独特，培养学生的良好习惯

学校的卫生工作，是每一位班主任都比较操心的。主要原因有以下几点：一是学生的习惯不好，喜欢吃零食，吃完就乱丢垃圾；二是有些学生比较懒，他们饭来张口、衣来伸手，值日时工作绝不多做，甚至不做；三是有些学生缺乏集体荣誉感，不知道自己乱丢垃圾的行为会严重损害班集体的形象；四是范围大，学生打扫卫生敷衍了事，不够专心和细致。这样，卫生就成了班主任心中的一块石头，不去管理不行，管了却又收效甚微。于是，刘老师大胆创新，运用了独特的方式，帮助学生改掉这些不良习惯，把班级的每一样物品，每一块场地“承包”给个人，做到“事事有人管，人人有事做”。

刘老师在班里找了几个责任心比较强的学生，由他们组成了一个卫生监督小组，并对其进行了培训。刘老师让他们分别担任各卫生值日组的组长，要求他们时刻监督本组组员的值日工作，并充分发挥组长的权力，严格要求本组值日生认真负责地完成工作，时刻保持地面整洁。

同时，借助班会课，刘老师还对全体学生进行了养成良好行为习惯的大培训，要求他们认真负责地看好自己的领地，以防他人破坏。

为了鼓励学生更好地完成自己的本职工作，刘老师还特别设定了奖惩制度，对完成工作出色的小组和学生个人进行奖励，对完成工作不合格的小组和个人进行适当的惩罚。一段时间下来，效果很不错，这样的措施既让学生养成了良好的行为习惯和卫生习惯，又增强了学生的责任心与集体荣誉感。

班主任自身的创新意识、创新能力对培养学生的创新精神、创新能力至关重要。要培养有创新能力的学生，班主任是否善于创新是相当关键的。

社会要开放，学校要开放，思维更要开放。具有开放的人格特征的教师才能培养学生的开放性和创造性。班主任要善于通过实地观摩、专题交流、网络查询等手段，学他人绝技，要积极与外界、与学生沟通和交流，要培养自身多维的价值观。

班主任创新，不仅要在学术上创新，让学生享受到新的教育成果；更应在教学思想、教学方法上创新，让新的教育成果通过教学传递给学生。班主任的创新也不仅仅是教师自己的创新，还包括引导学生创新。

由此看来，刘老师无疑是一位创新型班主任。如果不具备创新意识、创新精神，刘老师就会以自己上课为主，而不会结合学生实际，去理会学生心里想什么，需要学什么以及怎么学；如果不是具备创新意识、创新精神，刘老师就不会将课堂延伸到课外，让学生在实践中学习知识；如果不是具备创新意识、创新精神，刘老师就不会鼓励学生搞小发明、小创作，甚至还专门给学生展览，让他们互相交流。

刘老师在教学与班级管理上的创新，让学生也有了自己创新的可能与机会。而这正是每一位班主任要努力将自己打造成创新型班主任的重要目标。

要想成为学生喜爱的创新型班主任，需要整合各科任教师的集体智慧，敢于创新，多给学生探究、讨论的空间，给学生一个开放的、感悟的课堂，从旧的教育观念中解脱出来，还课堂给学生，还课外给学生。

（三）与时俱进，开发自身的创新潜能

江泽民同志曾指出："创新是一个民族进步的灵魂，是国家兴旺发达的不竭动力。教育是知识创新、传播和应用的重要基地，也是培养创新精神和创新人才的摇篮。"

创新教育对我国21世纪的发展至关重要。班主任作为学生德、智、体、美、劳全面发展的引导者，在培养学生创新精神、创新能力上起着特别的作用。过去班主任在研究创新教育时，往往过多地将关注点放在学生身上，容易忽视自身素质的培养和提高。其实，班主任自身的创新意识、创新能力对培养学生的创新精神、创新能力至关重要。那么，班主任如何运用"达维多定律"，做一名创新型的班主任呢？

1. 树立创新观念

班主任要确立与现代教育相适应的学生观、人才观。在学生观上，要相

信每个学生都有创造的潜能，只是每个学生创造能力的高低、表现形式、表现时间等各不相同，并且创造型学生的学业成绩不一定都非常优秀，甚至有些创造型学生的某些行为和学习习惯与教师的要求相悖。他们不循规蹈矩，在学习、生活中常常喜欢别出心裁、标新立异。作为班主任，应该根据他们的不同特点去发展他们的创造个性，重视他们个性及兴趣爱好的健康发展，从而最大限度地开发学生的创造力。在人才观上，班主任应变“知识型”人才培养为“智能型”“创造型”人才培养，着重教育学生学会如何做人、如何创造。班主任不再事事亲力亲为，而是放心大胆地让学生自己去“做”、去“尝试”，解放学生的双手和大脑，让学生学会观察、学会思考、学会生存。

2. 转变传统教育观念

任何一种教育都要受一定的教育观念的制约。班主任的教育观念不转变，不仅不能培养出创新型的人才，还有可能把学生的创新精神、创新能力扼杀在萌芽状态。

教师面对的是一群感情丰富、思想活跃、身心不断发展的学生。知识的学习只不过是青少年成长因素的一部分，而不是全部。如果班主任不研究学生成长的全部需要，只把他们看作知识的容器，显然有违教育的本质。

班主任要确立这样的观念：学生的主体性越突出，自己动脑、动口、动手主动参与独立探索的机会越多，创造性情感越强，其创新精神与实践能力越能得到培养。

3. 修炼自身的创新素质

一位具有创新精神的班主任，应该拥有公正、无私、善良和富有创意等人类最美好的品格。加里宁说过：“教师的世界观、品行、生活以及对每一种现象的态度，都这样或那样地影响着全体学生。”可见，班主任的创新品质，对学生的成长起着耳濡目染、潜移默化的作用。身正为范，班主任用自己的一言一行教给学生比知识更重要的东西，那就是——做人的道理，这会让学生终身受益。班主任努力修炼自己的创新品格与素质，既是在完善自己，更是在为学生做好楷模。

4. 持之以恒，坚定创新信念

（1）班主任应该坚信每一个正常的学生都有创新潜力，通过适当的教育都能取得创新成绩，或成为某一方面的创新人才。因此，创新教育是面向全体学生的教育。

（2）班主任应坚信人的创新能力及其发展有类型和层次的差别。因此，在具体工作中不能用同一模式去培养每位学生的创造能力，必须坚持注重个性、因材施教的原则。

（3）班主任应坚信教育在培养学生创造能力的过程中起着主导作用，教育是培养个体创新素质的有效途径。这里所讲的教育包括学校教育、家庭教育和社会教育。

（4）坚信学生是创新教育的主体。班主任的主要任务是创造条件、营造氛围，帮助学生全面发展创新意识、创新精神和创新能力。

5. 敢于创新，优化班级管理

（1）为班级营造创新氛围

培养学生的创新精神，首先要给学生创设一个民主和谐的环境。托兰斯认为：创新教育的核心目的就在于创造一种“易起反应的环境”。为了达到这一目的，班主任应该在以人为本教育理念的指导下，把原来对学生的“管、盯、压”改为“教、扶、放”，注意为班级营造民主、宽松、和谐的氛围。班集体中形成的和谐亲密的人际关系，有利于学生保持良好的心理状态，有利于积极、多向的信息沟通。如果说创造力是一棵成长的树苗，那么民主和谐的班级环境就是必要的土壤。

（2）多方面培养学生的创新意识

在班级工作中，班主任要学会发现学生的创新潜能，捕捉学生的创新思维，并及时给予充分的肯定与鼓励。鼓励学生不鹦鹉学舌、人云亦云，不囿于老师的言论，大胆质疑，突破陈规，逐步形成创新思维，使之成为学生的一种自觉行为。

另外，班主任在班级工作中应注重班集体建设。实行班级干部轮岗制有利于对学生创新意识的培养。毛遂自荐、竞职演说、投票上岗的选举流程，给学生更多表现自我的机会。轮岗制的实施，为更多学生提供了发挥创造才能、展现个人才华的机会。学生的组织策划能力、语言表达能力、团结协作能力和社会活动能力都能得到极大的提高。同时，班主任老师应对轮换的干部提出一个基本要求，那就是必须有创新，有不同于前一任的新点子、新举措、新活动。这样创新意识就会渐渐内化为学生的自身需要。

6. 加强学习，精通专业知识

班主任工作是管理人的工作。班主任所面对的是一群朝气蓬勃、求知欲和表现欲都很强的学生，他们的思想、知识有时候比班主任还新、还全。因此，班主任若不及时学习，更新知识，就无法把最前沿的知识和思想传授给学生，还谈什么创新教育呢？除此之外，班主任还须保持一颗年轻的心，在情感上拉近与学生的距离。班主任有了足够的知识储备和年轻的心态，学生自然会“亲其师，信其道”，这就为创新教育创造了良好的条件。班主任也才能真正成为适应时代需要的创新型班主任。

具有创新精神的班主任，应该具有精深的专业知识和深厚的学科修养，做到“四通晓”：通晓班主任工作；通晓学科教学工作；通晓相关的学科知识；通晓教育科学。有了这四方面的“通晓”，班主任就能在管理工作中做到有章可循、精益求精，做到触类旁通、事半功倍。

根据达维多定律，班主任必须要有创新精神，因而必须努力实现自身的解放，从而促进自身创新素质的提高。

胡东芳先生在《谁来改造我们的课堂》一文中对中国课堂有一段这样的描述：“在中国的课堂，我们只能看见腰杆挺直、双手背后、两脚并齐的学生。教师讲课的时候，学生们鸦雀无声；教师提问的时候，学生们无声地举手的姿势都是统一规范的。这样的画面犹如到了军营一般。在让人感到神圣与威严的同时，也让人感到巨大的压抑和束缚。”

这是传统课堂教学的真实写照。如今的课堂教学，正处在一个转轨的关键时期。在这一阶段，由于新旧观念的冲突、不同理念的碰撞，迫切需要一种仲裁、一种评判，因此这就要求班主任要有继续探索的热情，要不断开发自身潜能。

一个优秀的班主任就是一位教育家，他要以自己高尚的人格、创新的能力、无私的奉献精神，全身心地投入到班集体的建设和促进学生全面发展的教育工作中，发挥着任何人都不能替代的特殊作用，真正体现了教育者对培养创造性人才的价值。

互惠关系效应：让爱伴随孩子成长

（一）互惠关系效应启示

在尼泊尔白雪覆盖的山路上，刺骨的寒气伴随着暴风雪袭来，让人难以睁开双眼。有个男人走了很久，一直都不见人烟，好不容易碰到一个旅行家，两个人自然而然地成了旅途上的同伴。有了同伴，这个男人感觉安心多了，但是为了节省热能，两人只是默默不语地继续往前走。半路上，他们看到一个老人倒在雪地里。如果置之不理，老人一定会被冻死。

"我们带他一起走吧，先生，请你帮帮忙。"旅行家听了男人的提议很生气，他说："这种恶劣的气候，照顾自己都难，还顾得了谁呀!"便独自离去了。

这个男人只好背起老人继续往前走。不知过了多久，他全身被汗水浸湿，这股热气竟然温暖了老人冻僵的身体，老人慢慢恢复了知觉。两人将彼此的体温当成暖炉相互取暖，就此忘却了寒冷的天气。

"得救了！老爷爷，我们终于到了!"远远看见村庄，男人高兴地对背上的老人说。但是当他们来到村子路口，却看到那里聚集了一大群人。到底发生了什么事？男人挤进人群中探头一看，原来有个男人僵硬地倒卧在雪地里。当他仔细观看尸首时，简直吓了一大跳——冻死在距离村子咫尺之遥的雪地上的男人，竟然就是那个当初为了自己活命，而先行离开的旅行家。

生命，正像是一种回声，你送出什么它就送回什么，你播种什么就会收获什么，你给予什么就能得到什么。你付出的愈多，你得到的也就愈多；你愈吝啬，也就愈可能一无所得。"爱别人就是爱自己"，这句很经典的话，其实已说出了人际关系的“核心”——你付出别人所需要的，他们会回报给你所需要的。

“给予就会被给予，剥夺就会被剥夺；信任就会被信任，怀疑就会被怀疑；爱就会被爱，恨就会被恨。”这就是心理学上的互惠关系定律，也称为“互惠关系效应”。

人是三分理智、七分感情的动物。所谓“士为知己者死”，从业者可以为认可其存在价值的上司鞠躬尽瘁。企业管理中，当领导者真诚地帮助员工时，员工才能真心地辅助领导者、拥戴领导者。

“人心换人心，八两换半斤。”心理学上的互惠关系效应对管理工作具有很强的指导意义。成功的第一步就是要先存一颗感激之心，对别人为你所做的一切怀有敬意和感激，及时地回报别人的善意且不嫉妒他人的成功。这样不仅会赢得必要而有力的支持，而且还可以避免陷入不必要的麻烦。你怎样对待别人，别人就会怎样对待你，人际关系就是善意关系。

在学校里，与学生交往最多的莫过于班主任。这个称不上官职的“主任”，在学校管理中的地位和作用却是举足轻重的。班主任的工作是学校管理工作的重要组成部分，也是一份富有艺术性的工作。关爱学生是班主任的天职，而尊重、信任、理解是爱学生的最基本的表现。作为班主任，要把爱洒向每一个学生。爱学生，不仅要关心学生的学习成绩，更要关心学生的心理需求，多和学生沟通，做学生人生路上的引路人。

根据互惠关系效应，如果学生在班集体中感到温暖和开心，他就会努力去拼搏、去奋斗，使他所在的班级充满生机和活力。

班主任对学生的爱是顺利开展班级工作、教育好每一名学生的重要前提。爱学生，既是教师职业道德的核心，也是推行素质教育必不可少的手段。因此，班主任应善于利用互惠关系效应，用全部的爱呵护学生的健康成长，这样学生才会爱班主任。

互惠关系效应在班主任的管理工作中主要体现在以下几个方面。

1. 爱是责任

古语云：“一日为师，终身为父。”既然做“父亲”，班主任就要关心、爱护学生，对学生负责。责任是教育的主旋律，没有责任心就做不成合格的班主任。责任心使班主任形成了承担责任和履行义务的自律意识和人格素养，并使其深刻意识到，一个班几十个学生交到他的手里，他必须对学校、家长、学生负责。

2. 爱是关怀

关怀是对人的生存状况的关注，是对人的尊严与符合人性的生活条件的肯定，是对人类的解放与自由的追求。一句话，关怀就是班主任关注学生的生存与发展，就是关心学生、爱护学生、尊重学生。

要想让每个学生都能够健康发展，班主任需要不断付出爱心，关心每一个学生的成长。特别是那些或家庭生活困难，或父母离异，或平时得到较少关注的学生，班主任更应该积极予以关爱，让他们时刻感受到班主任对他们的爱护。

3. 爱是教育

陶行知有句名言："千教万教，教人求真；千学万学，学做真人。"《国家中长期教育改革和发展规划纲要（2010—2020）》也特别强调学生要"学会做人"。真正爱学生，班主任就应该把学生培养成社会需要的人才。对于"学会做人"，关键的一点是：做什么样的人和怎样做人。班级管理中强调的是通过教育引导，使学生自觉成为思想道德品质高尚的人。

当学生出现问题以后，班主任应该尽快地了解问题的前因后果，帮助学生分析问题的是非对错，同时，与学生建立良好和谐的师生关系，以一颗真诚的心去赢得学生的理解和爱。

爱是相互的，学生在得到了班主任的爱之后，也会以爱回报班主任。学生会尽量少让班主任为他们操心，尽可能地按班主任的要求约束自己的言行举止。这样，久而久之，学生就会由被动地接受管理转变为自我管理。

4. 爱是服务

班主任应该成为学生生活与学习的服务者，学生成长的引领者。要做到这两点，班主任必须在态度上正确对待学生——理解学生，还必须在行动上正确对待学生——服务学生，保护学生的自尊心，帮助学生建立自信心，促进学生自我成长。

在2008年全国优秀教师代表座谈会的讲话中，胡锦涛总书记明确要求广大教师："要关爱每一名学生，关心每一名学生的成长进步，以真情、真心、真诚教育和影响学生，努力成为学生的良师益友，成为学生健康成长的指导者和引路人。”

班主任和学生构成了教育与被教育、管理与被管理的两个基本因素。这两个因素都是人，而情感是人的本质特征之一。爱是情感中最积极的一种态度，是人性本善的体现。随着学生生理和心理的逐渐变化和求知欲望的不断增强，班主任应该用自己的爱去感染学生，让爱在师生之间、学生之间互相传递，使每一名学生在充满爱的环境中争取更大的进步。

对学生深切地爱，把爱公平公正地洒向每一个学生，是许多优秀班主任取得成功的奥秘。

（二）用爱的阳光，点亮学生的心灵

这一天，我进行了新学期以来的第一次测试。在巡视的过程中，我的两只眼睛像探照灯一样扫视个不停，看到每个学生都规规矩矩地埋头做题，我感到很安慰。可就在离交卷还有 20 分钟的时候，我发现祝贞楠（一个本学期从农村转学过来的男生，很贪玩，学习马虎，基础差，属于后进生）在斜眼偷看同桌的试卷。我气不打一处来，几步冲到他面前，没收了他的试卷，生气地对他说：“你的任何一个举动，哪怕是一个眼神，都别想逃过我的法眼。这次的考试你是零分。”说完我就将他的试卷揉成一团扔进了纸篓。

我本以为这样的惩罚会把这帮孩子吓住，以后的考试，作弊现象应该不会再有了。可在进行第二次单元检测时，我又发现了祝贞楠的作弊行为。他居然比上一次更胆大，考前就将要求背诵的课文写成了小纸片捏在手中。就在他准备将答案写在试卷上时，又被我发现了。看来，得对他进行更严厉的惩罚了！

我将他叫到办公室，劈头问到：“作为一个五年级的男生，你不觉得作弊可耻吗？”谁知他的回答让我大吃一惊：“被同学嘲笑，被家人打骂，我觉得更可耻。”我立即感觉到事情不是我想的那么简单，于是搬来一张板凳，让他在我对面坐下，问他：“到底怎么回事，你和老师说说。同学们为什么嘲笑你，怎么嘲笑你的？家人又为什么打骂你？”他一开始不肯说，我知道是上次的惩罚让他已经不能对我敞开心扉了。我又一次表明了自己的态度：“祝贞楠，相信老师，老师有这个能力可以帮你，也是真心愿意帮你。今天我们的谈话，我不会告诉任何人，包括你的家人。老师向你保证。”他一听，

有些心动，和我谈起了条件："你不要跟我爸妈说我考试作弊，也不要让我这次的考试得零分。"我答应了他。他见我态度这么诚恳，终于告诉了我事情的始末。

原来，祝贞楠的父母望子成龙，尽可能地为他提供好的学习条件（这不，想方设法把他转到城区学校）的同时，也把家庭的一切希望都寄托在这个11岁的男孩身上，希望他将来能学有所成。可他的学习成绩一塌糊涂，爸妈恨铁不成钢，只要考试不理想就打骂他，使得他对学习完全失去了兴趣和信心。曾经有一次，他为了回家不被惩罚，改了试卷上的分数，事后被父母知道，挨了一顿毒打。而同学们呢，也因为他上次考试得了零分，都戏称他"祝鸭蛋"。

祝贞楠的这件事给了我很大的震撼。他作弊当然是可耻的，但细想一下，这"可耻"又是可以理解的，他希望能在同学们面前抬起头来，希望父母以他为荣。他的错在于选择的方式错了，而他的良好愿望应该受到尊重。这种愿望的背后，实际上是美好的上进心。任何学生都希望能在学习上获得成功，但由于种种原因，祝贞楠从来没有体验过这种成功感。不及格的分数、老师的斥责、同学的讥笑、家长的打骂……这些伴随他度过了几年的学习生活，而他现在还一直这样生活着。我们的教育给他的，只有失败和屈辱！

想到这里，我不禁对祝贞楠产生了深深的同情，同时也为自己处理事情的武断方式感到深深地自责。作为一个素质教育体系下的班主任，我没有理由不帮助每一个学生树立自尊和自信。

经过好几天的思考，我找各位任课教师谈了祝贞楠的情况以及我的想法。这样，我们统一了认识，决定尝试"降低要求，增强信心，透露考题，帮助成功"的教学方法，对祝贞楠进行学习"扶贫"。

我把祝贞楠找来，对他提出了学习上的新要求："我和其他老师都想帮助你提高学习成绩。但你的基础和班上大多数同学之间已有了一定的差距，所以，我们打算根据你的实际情况对你作特殊要求：(1) 每次上课，各科老师都会给你提出基本目标，达到这个目标，你就算成功了；(2) 每天的作业，老师们会单独给你出，你必须认真完成，如有不会的，可以不做，第二天一定要问老师，做好后直接交给各科老师批阅；(3) 单元测试，我们会事先告知你一些考试题，这些题目会保证你有80分，但这必须是老师和你之间的秘密，一旦被同学知道，这个优惠政策立即取消。你答应吗?”他简直不敢相信，一项抓考试纪律无比严格的老师，会事先把考题泄露给他。我又对他说：“我知道你想拥有好成绩，而这是一个非常有效的方法。你每次的考试成绩都不低于80分，同学们一定会对你另眼相看，你爸妈也会对你充满希望的。从现在起，你的学习将有一个新的开端。你可千万不能让老师失望啊!”

他望着我，没有说话，但眼睛里分明闪烁着希望的光。

这天的语文课是学《海伦·凯勒》。课前，我对祝贞楠的要求是：(1) 能够正确流利地朗读课文；(2) 会读、会写本课生字；(3) 能把课文中表现海伦·凯勒顽强学习的语句读熟，在脑中留下印象。课堂上，我一直注意祝贞楠的表现，他果然比以前用心。朗读课文时，他居然举起了手。为了维护他的积极性，我让他朗读第一自然段。一开始可能有些紧张，他读得有些结巴，我鼓励他后，他的胆子放开了，接下来读得还真不错，一个字都没有读错。

他涨红着脸坐下，看了我一眼，我给了他一个很灿烂的微笑!

下课后，他向我汇报。表现海伦·凯勒顽强学习的语句，他已经都记熟了，并大概说了出来，于是我给他布置作业：将表现海伦·凯勒顽强学习的语句抄写一遍，并自己写上一句话，送给这位了不起的美国人。

第二天，他将作业交给我，写得很认真，我给了他一个大大的“优”，他高兴得跳了起来!

作文课时，要写自己曾经游览过的一处景点。我先询问他去过哪些地方，欣赏到什么神奇美丽的景色，然后给他找好了相关的文章让他抄，并给他分析了这篇文章的优秀之处，品析了文章语言。最后，我给他的作文打了“优”，他兴奋不已!

过了一段时间，我又给他提出了稍微高一些的学习要求。比如作文，要求他给我写信，写出心里想说的话，或是听到、看到的事情，内容真实就行。

他真的给我写信了——

曹老师：

您好！我现在可喜欢上你的课了！爸爸妈妈看到我每次作业都得“优”，可高兴了，让我继续努力。我也好喜欢您让我抄的那些文章，写得真好啊，我什么时候也能写得那么好呢?

学生：祝贞楠

一段时间后，祝贞楠又给我写了一封信——

曹老师：

您好！我不想再抄作文了。今天虞苏扬翻看我的作文本，说我的作文是抄的，老师还给我批“优”，是包庇我。我是在作弊，不是凭真本事。以后的作文，我都自己写，写好后您给我修改，我再誊抄，行吗？您能相信我吗？

学生：祝贞楠

我看后真的很感动，这个孩子的学习欲望与热情终于被激发出来了。我当然满足了他的要求，每次作文先让他自己写，然后我一字一句给他修改，给他讲解，有时还把他的作文作为范文在全班朗读。每当这时候，我都能看到他脸上洋溢的美丽笑容。

有一天，他跟我进了办公室，对我说：“曹老师，马上又要单元检测了吧?”我说：“是啊，你是想问问考题吧？不着急，我会‘泄露’给你80分的题目。”哪知他竟然说：“我不想事先知道题目了，我想凭自己的水平考，应该没问题的。”说实话，当时我的心情真是无法用语言描述。我说：“老师终于等到了你这句话了。你现在完全不用事先知道考题就能够考到80分，甚至更优秀。”果真，他的那次单元测试，考了84分。以后的故事你们也应该能猜想得出，他考试不用再事前知道题目，作文不用再抄，家庭作业也不用再帮他单独出，一切都和其他孩子一样，他再也不是后进生了。

（此案例由扬中市实验小学曹兰美提供）

李镇西说过：“心中有爱，是教师人格的制高点，只有登上这一制高点，教师才能做到‘以爱育爱’。”

新时期的班主任不应只是在教学中形成自己的教学风格，同时也要重视对学生的心理健康教育。而帮助学生建立起健全心理的前提，是让学生体验到班主任的关爱，从而“亲其师，信其道”。

现在的学生情感较为脆弱，心理比较敏感，班主任要时刻观察每个学生的状况，及时发现学生的不良行为，以便及时给予帮助，用爱化解学生的困惑，点亮学生的心灵，让他们朝着健康、诚实的方向不断迈进。

学生的成长，离不开班主任。学生成长中的喜怒哀乐，总会引发出一个个教育问题。这些问题，逼得班主任一直处于对教育问题的思考状态中。久而久之，班主任自然也就积累了经验，工作能力也得到了提高。班主任与学生在相互“较量”中，成就了彼此，实现了教学相长。所以说，班主任的功劳簿上，应该有学生的一半。

（三）赠人玫瑰，手留余香

日本麦当劳公司管理层，不仅会记住每个员工的生日，而且还会记住他们先生或太太的生日。每逢配偶生日，员工都可以请假，可以同家人团聚，而且他们都会收到以董事长名义送到家中的一束鲜花。虽然这束鲜花的价钱并不昂贵，但太太们的心里却很高兴，“连我先生都忘了我的生日，想不到董事长却惦记着送鲜花给我”。因此，总裁经常会收到类似的感谢函或电话。

端午节，公司全体男性员工都会收到一份奖金。桃花节，全体女性员工以及男性员工的太太也能收到一份奖金。为了解决员工生病住院的后顾之忧，公司还与医院签约，让员工生病时随时可以得到治疗的床位。

公司这种贴心的照顾，大大激发了员工的工作热情，每个人都发奋努力工作，使得公司效益年年提高。

互惠关系效应说明：爱员工，他会百倍地爱企业。日本麦当劳公司对员工的关爱可以说是做到了极致，不但关心员工的生活，还照顾到他们的家人。在这种温馨的工作环境下，哪位员工会不努力工作呢？

企业领导如此，班主任更应该如此。学生就好像一粒种子，期盼教师像园丁一样精心呵护他们。每一位学生，都希望得到教师无微不至的关心，渴望老师在困难的时候给予帮助，在痛苦的时候给予安慰，在遭遇挫折的时候给予支持。

那么，班主任应如何爱护学生呢？

1. 淡泊一切名利

淡泊名利是班主任关爱学生的有力保证之一。有的班主任只爱学习好的学生，是因为学习好的学生能为他们赢得名利；有的班主任关心学生，是因为这些学生的家长或者和他（她）关系好，或者对其请客、送礼。个别班主任对学生的这种爱不是真正的爱，这其中含有私利，不仅使关爱学生的行为庸俗化了，而且违背了职业道德。

班主任关爱学生，应该是没有任何附加条件的，是最纯洁、最无私的，是不求任何回报的。这就需要每一位班主任都能淡泊名利，在一批批学生的成长中感受到自己的价值，感受到付出的快乐，让自己成为一名受学生喜爱的优秀班主任。

2. 摆正爱的天平，爱护每一个学生

爱学生，是做好班主任工作的前提。

一个班级有好学生也有差学生，有遵守纪律的也有调皮捣乱的……对于不同层次的学生，班主任要把爱撒向每个人。比如，对于成绩优秀的学生，既要赞赏，更要严格督促，让他们戒骄戒躁，保持一颗努力上进的心，要志存高远，再接再厉；对于中等生，要肯定他们已取得的成绩，帮助他们正确看待自己所取得的成功以及存在的不足，要求他们保持优势，克服不足，力求突破；对于后进生，则要帮他们分析原因，找优点，多鼓励，唤醒他们的自信心，并对他们进行适当的指导，要求他们低起点，抓基础，求进步。

班主任只有真心实意地热爱每一个学生，时时处处关心学生、爱护学生、理解学生，才能得到学生的拥护和爱戴，为管好班级打好基础。

陶行知说："你的教鞭下有瓦特，你的冷眼里有牛顿，你的讥笑中有爱迪生。"班主任坚持把爱的阳光雨露洒向全体学生，不给优秀生过多偏爱，不对后进生冷漠，对全班学生摆正爱的天平，使学生既能感受到"严父"的威严，又能享受到"慈母"的温暖，从心灵深处生发对班主任的崇敬与喜爱。

3. 尊重学生的人格

班主任只有尊重学生的人格，才能从本质上热爱学生，教育才能取得成功。班主任应该切实了解学生的所思、所想、所感，帮助学生克服心理上的消极因素，建立健全的人格。班主任要善待每一个学生，建立平等、民主的师生关系，激发学生的自我肯定意识。

在管理工作中，让学生根据主题班会不同的教育目的，挑选他们喜闻乐见的教育形式，如："学海甘苦"——让他们进行学习心得交流；"欢快十分钟"——让他们开展小型体育比赛；"心香一瓣"——让他们在教师节为教师献上自己的手工作品。这样做不但有利于发挥学生的聪明才智，调动学生的积极性，而且能使师生关系融洽，班级气氛活跃，教学效果良好。

4. 善待犯错学生，注意批评方式

当学生犯了错误，班主任的批评教育可以使学生明辨是非对错，但批评一定要讲究方式、注意策略。

苏霍姆林斯基曾处理过这样一件事：一个学生打死了一只麻雀。为教育学生，他责令学生找到鸟巢。看到一个鸟巢里面有几只雏雀嗷嗷待哺，苏霍姆林斯基不无忧伤地说："它们失去了妈妈，现在谁也无法救活它们了。"这一情境使这个学生非常懊悔。20年后，他对苏霍姆林斯基说："如果当年你严厉地惩罚我，我就意识不到自己的错误了。"

对于犯错违纪的学生，班主任要尽量做到不讽刺、不打击、不体罚、不放任，积极调查原因，善于倾听，及时处理，动之以情，晓之以理，让学生心悦诚服地改正。对于经常违纪、屡教不改的学生，班主任要寻找合适的措施进行耐心地教育：或与家庭教育相结合；或借助品学兼优学生的榜样力量，相信"蓬生于麻，不扶则直"；或肯定优点，长善救失；或培养其阅读、美术、书法、体育等方面的爱好，结合爱好的培养进行思想教育。这样的批评会使学生心悦诚服，欣然接受。

滴水，可以穿透顽石；清泉，可以滋润心田；爱心，可以拨动心弦。在班主任的管理工作中，爱是唤醒学生心灵的力量。

师爱能营造和谐、温馨、融洽的师生关系。在这种关系中，学生不仅乐学，而且能更好地发展个性，形成积极向上的精神状态。对学生多一些关爱，少一些批评和埋怨，可使学生对班主任产生信赖、仰慕和感激之情，进而会成为班主任所期待的人。班主任要学会运用互惠关系效应，全心爱学生，用自己的行动尊重学生、感召学生，让学生接受你、爱戴你。

墨菲效应：让错误生成教育资源

（一）墨菲效应启示

墨菲效应也称“墨菲定律”，源于美国空军1949年进行的关于“急剧减速对飞行员的影响”的研究。实验的志愿者们被绑在火箭驱动的雪橇上，当飞速行驶的雪橇突然停止时，实验人员会监控他们的状况。监控器具是一种由空军上尉工程师爱德华·墨菲所设计的甲胄，甲胄里面装有电极。有一天，在通常认为无误的测试过程中，甲胄却没有记录任何数据，这使技术人员感到非常吃惊。墨菲后来发现甲胄里面的电极每一个都放错了，于是他即席说道：“如果某一事情可以有两种或者两种以上的方法来实现，其中有一种会导致灾难性的错误，而这一错误往往就会发生。”

墨菲的这一说法广泛流传并被总结成墨菲定律：如果坏事有可能发生，不管这种可能性多么小，它总会发生，并可能引起更大的损失。

根据墨菲定律，可以推出四条理论：任何事都没有表面看起来那么简单；所有的事都会比你预计的时间长；可能会出错的事总会出错；如果你担心某种情况发生，那么它就更有可能发生。

生活中，我们都有这样的体会。如果在街上准备拦一辆车去赴一个紧急的约会，你会发现街上的出租车要么有客要么根本不搭理你，而当你不需要出租车的时候，却发现有很多空车在你周围游弋，只待你一扬手，车随时都会停在你面前；如果一个月前在浴室里打碎了镜子，尽管仔细检查并冲刷过，也不敢光着脚走路，等过了一段时间确定没有危险了，光着脚走上去，结果还是被碎玻璃扎了脚；如果你把一片干面包扔在你的新地毯上，它两面都可能着地，但你把一片一面涂有果酱的面包扔在新地毯上，着地的常常是有果酱的那面。

墨菲效应给我们这样的启示：容易犯错误是人类与生俱来的弱点，不论科技多发达，事故都会发生；而我们解决问题的手段越高明，面临的麻烦就越严重。所以，我们在事前应该尽可能想得周到、全面一些，如果真的发生不幸或者产生损失，也要以正确的方式应对，关键在于要总结并尽力修正所犯的错误，而不是企图掩盖它。

"人非圣贤，孰能无过。"根据墨菲效应，学生犯错不可避免。学生的成长是在不断发生错误、纠正错误的过程中实现的。错误是学生思维的真实反映，面对学生自己"创造"出来的宝贵的教育资源，班主任应该善于捕捉，灵活处理，以新的观念、新的眼光，站在新的角度对其价值进行重新定位，以宽容的情怀善待学生的错误，转变对错误的态度，将错误作为一种教育资源，让其服务于教育。

班主任可以将错误转化为有利的教育资源，以此进一步促进学生的全面发展。墨菲效应在教育教学中的具体作用有以下几点。

1. 善待错误，保护学生的自尊

每个学生都是不成熟的个体，难免会犯各种各样的错误。从发展的角度看，这是学生的特有权利。个别班主任通常看到的是错误的消极方面，千方百计避免或减少学生出错，违反了墨菲效应所说的"会出错的，终将会出错"，因此往往事与愿违。班主任对学生的错误处置不当，可能会挫伤学生的自尊心和学习的积极性。其实，学生的错误中总会有些合理的成分或闪光之处，这需要班主任用敏锐的眼光去捕捉，及时给予鼓励，这样既保护了学生的自尊，又为后继的教育营造了和谐的氛围。

2. 巧用错误，激发学生的创新思维

创新思维是一种用灵活、新颖的思维方式来解决问题、探索求知的思维活动，具有独创性、新颖性。在创新活动中，个体能充分体会到成功的喜悦。

学习的过程是一个再创造的过程。在教学活动中，学生是活动的主体，而学生犯错的过程就是一种尝试和创新的过程。班主任应该具备"主动应对"的新理念，给学生"讲理"的机会，顺应学生的思维，挖掘错误中蕴含的创新因素，变学生的错误为培养其创新思维的契机，细心呵护学生创新思维的萌芽，适时、适度地给予点拨和鼓励，帮助学生突破眼前的难关，让学生体验思维价值，享受思维快乐，为课堂教学增添活力。

3. 利用错误，培养学生的发现意识

培养学生的发现意识，让学生学会自主学习，是教学的重要目标之一。

学生在学习过程中所犯的错误，细加分析，往往是由以下几点导致的：或理解有偏差，或思维不够深刻，或看待问题的方式不对。作为班主任，应该充分挖掘错误中潜在的智力因素，提出具有针对性和启发性的问题，给学生假设一个自主探究问题的情境，引导学生从不同角度审视问题，让学生在纠正错误的过程中，自主地发现问题、解决问题，在促进学生深化理解和掌握知识的同时，培养学生的发现意识。

某教师在执教“圆的认识”一课中“画圆”这一环节时，先让学生在练习本上尝试画出一个圆。教师在巡视时发现：有的学生很顺利地画出了一个圆，而有的学生则拿着圆规不知如何下手。待学生操作完后，教师选择了几幅典型的作品（首尾不相连的，弧线粗细不均匀的，纸被圆规脚戳破了的）让学生观察。学生看了这些作品，都不由自主地笑了起来。

该教师趁势让学生分析出现这些情况的原因，学生你一言我一语地说：

“出现首尾不相连的情况，是由于圆心没有固定好。”

“弧线粗细不均匀，是因为用力不均匀。用力大，颜色就深一些；用力小，颜色就淡一些。”

“纸被圆规脚戳破了，说明这个同学把圆规按得太紧了，没有自然地旋转。”

……

错误一个一个被学生找出来，在此基础上，教师再引导学生总结画圆的方法。学生有了前面的操作和评价，很快就总结出来。教师适时地进行示范，并再次让学生画圆，结果学生很快完成了任务。

4. 分析错误，促进知识建构

学生出现错误时，采用避而弃之或反复强调的方法，都不能达到防止错误发生的目的。班主任应该让学生通过尝试错误的活动，引导他们进行比较和思辨。不仅让学生明确错误产生的原因，知道改正的方法，让学生对所学的知识进行一次梳理，体味知识的内在联系与区别，形成知识系统，还可以帮助学生从对错误的反思中提高分析能力，培养思维的批判性。

5. 正视自身错误，促使反思

个别教师由于自身知识上的缺乏、能力上的不足、观念上的陈旧，在教学中或多或少地暴露出自己的弱点，引发了一些错误。例如，学生在课堂上出错时，教师没能及时捕捉并因势利导，而是说“你怎么会这么做，应该这样……”，这种一味包办代替的错误教法，无法杜绝学生在以后的学习中重蹈覆辙。又如学生有独特的想法时，个别教师由于受到思维的限制，不能马上心领神会而只是简单否定，这种错误的教法会挫伤学生的学习积极性，也可能会给学生带来负面影响。

教师不是万能的，偶尔犯错在所难免。只有正视这些错误，“吃一堑，长一智”，才能在错误中成长，在反思中成熟，逐渐提升自身的专业水平。

（二）巧用错误资源，提高教育教学效能

案例 1：

李汉文是乌鲁木齐市第四十一中学的一名优秀班主任。第一次当高一班班主任时，李老师在学生的管理问题上犯了一些错误。为了培养良好的班风和学风，李老师对学生的要求非常严格，不允许学生有任何违纪行为发生。如果学生犯错误被发现，李老师就会严厉批评。对学生身上的一些小毛病，李老师也很重视，经常利用课后时间找他们谈话，直到学生改掉坏毛病为止。李老师以为，在他的严厉管理下，全班学生已经慢慢地养成了良好的学习习惯。

一天中午，李老师推门进教室，只见黑板上横七竖八地写了多个“忍”字，旁边还配一幅图，图上画着一把匕首刺进了心脏。

李老师看了一下黑板，心想：这肯定是哪个调皮鬼在黑板上乱涂乱画的。经过一段时间的管理，学生怎么还没有养成良好的习惯？这种不文明的行为，我应该给予批评呢，还是另择角度进行教育呢？

这时，李老师用眼睛扫视了一下班上的学生，只见有的学生窃窃而笑，有的学生则故意朝黑板望着，绝大部分学生都看着老师，似乎在说：“看你怎么办？”

李老师望了一下黑板，笑着说："看来，老师平时的脾气不太好，写这些字的同学是不是想考一考老师的'忍'性呢？"

一席话让学生轻松起来，班级气氛一下子活跃了。李老师接着说："这位同学板书写得很美观，他肯定知道很多与'忍'有关的人物或故事。同学们都知道哪些，说说看。"

学生开始争着发言，有的说越王勾践能忍，卧薪尝胆多年后终于成就大业；有的说韩信能够忍受胯下之辱，终成三军大帅。

看见学生兴趣很浓，李老师趁机问："既然历史上有如此众多因'忍'而成功的人物，那么，为什么我们同学之间有时却因很小的事而互相吵架，甚至还打架呢？以后大家再遇到这样的情况应该怎么处理？"

学生争先发言，有的学生说："我们应该互相忍让，世界上没有解决不了的问题。"有的学生说："同学之间，应该互相关爱，互相团结，这样才能更好地解决矛盾。"有的学生说："退一步海阔天空，我们的心胸要宽广一些。"有的学生说："是呀！我们应该懂得包容与宽恕。"……

李老师看见达到了一定的效果，满意地说："今天，老师非常感谢在黑板上写字提醒我们的那位同学，他不仅提醒了老师，也使大家理解了'忍'字的内涵。我想，今后全班同学一定能在学习和生活中相互帮助，相互忍让，努力让自己学习和生活的环境更加和谐。当然，以后同学们有要提醒的话，可以通过网络或写信交流等方式进行，不一定非得像这位同学那样醒目。"

李老师的一席话说得学生哄堂大笑。从此，班级氛围比以前更加融洽，学生之间的冲突也越来越少，形成了良好的班风和学风。

案例 2：

根据墨菲效应，不管是学生还是教师，都会犯错误。面对学生的错误，教师应该学会宽容，并善于利用错误，让课堂因错误而更加精彩。

一次，某小学数学老师在教学中，要求学生折出一张纸的"1/2"。接到老师的任务后，学生纷纷动手折纸片，并竞相把自己折好的纸片放在黑板上。此时，该老师发现，有一名学生悄悄地把自己折的纸片塞进了口袋里。

老师让他拿出来后，问道："你折的是什么？"

"我把这张纸平均分成四份，每一份就叫'1/4'。"学生回答。

“那么，你知道怎么写‘1/4’吗?”老师又问。

该生在黑板上写下了“1/4”。

“非常正确。”该老师又顺势让这名学生领读“1/4”。这时，老师对这名学生的折纸进行了评价，他问其他学生：“刚才，老师让大家折‘1/2’，他却折出了‘1/4’，大家对这件事怎么看?”

学生纷纷表达了自己的看法，有人说“多折了”，有人说“跑题了”。

最后，老师却幽默地说：“我觉得这位同学很有超前意识，把折‘1/2’超越折成了‘1/4’，而且也说得很正确。我们要感谢这名同学，他启迪大家对分数作了进一步的思考和了解。”

有了老师这样的鼓励，那名犯了“错误”的学生脸上扬起了自信的微笑，教室里也一下子沸腾起来。学生纷纷折出了“1/8”“1/16”“1/32”等不同的分数，黑板上贴满了学生得意的创作。

案例 3：

某中学老师在教学“圆锥的体积”时，有意识地安排了不同的实验工具，有的组是等底等高的圆锥与圆柱；有的组圆锥与圆柱不等底等高；有的组两种都有。该教师将学生分为每四人一组做实验，可以自己选择器具，小组代表在教具中取实验用的空圆锥、空圆柱各一个，分头操作。

实验开始后，教室里热闹起来。有的学生取沙，有的学生在看沙子的多少，有的学生在记录，还有的学生之间意见发生了分歧，正在争论……大家都积极地投入实验当中，每个学生都在忙碌着。

实验之后，各小组开始向教师汇报实验结果。

第一小组组长说：“我们将空圆锥装满沙子，然后倒入空圆柱中，3 次正好装满，说明圆锥的体积是圆柱的1/3。”

第二小组组长说：“报告老师，我们也是 3 次倒满，圆锥的体积是圆柱的1/3。”

第四小组的学生开始急了，他们反驳：“不对，是1/4，我们倒了，而且每次都看得很准，4 次正好装满，说明圆锥的体积是圆柱的1/4。”

“我们在空圆锥里装满沙子，倒到空圆柱中，不到 3 次就装满了。”第三小组的学生有点疑惑不解了。

“你们都错了，应该是1/3!”

“不对，应该是1/4!”

学生们争论起来，教室里沸腾了。学生通过动手操作、实践，得到了不同的结果。

此时，教师假装不解地说：“到底是几分之几呢？老师也想做一下实验!”

于是，教师从教具中随手取出一个空圆锥和一个空圆柱，举起来说：“你们看，将空圆锥装满沙子，倒入空圆柱里。一次，再来一次，两次正好装满，老师的实验结果是：圆锥的体积是圆柱的1/2。”

教室里又开始沸腾起来，学生们议论纷纷。

有个学生看出了老师的“问题”，说：“老师，您错了！你取的圆柱跟我们不一样!”

教师在他的推荐下重新使用一个空圆柱继续实验，3 次正好倒满。然后，学生调换教具，再试，果然都是 3 次了。

教师适时提问：“看来圆锥的体积是圆柱的1/3，前提条件是什么?”

“噢，我明白了，圆柱与圆锥只有在等底等高的情况下，圆锥的体积才是圆柱体积的1/3。”

这次全班学生真的明白了，教室里充满了欢笑声。

错误是一种发生在学生身边、学生自己“创造”的宝贵的教育资源。错误是正确的先导，错误是通向成功的阶梯，班主任应该把学生犯错的过程看作是尝试和创新的过程。

案例 1 中，李汉文老师及时改正之前的教育方式，巧用学生犯的“错误”教育学生，收到了很好的效果。试想，如果李老师还是像原来那样只是批评某学生的不文明行为，很可能会适得其反，既伤害了这位学生的自尊心，还可能让自己今后的工作陷入被动局面。

聪明的李老师采取就地取“材”的方式，“反其道而用之”，不仅帮助了学生长知识、学道理，同时更在不知不觉中教育了学生，可谓一举两得。可见，培养良好的班风和学风，只靠批评是不够的，班主任应该站在学生的角度上考虑问题，要与学生平等交流，使学生明白自己犯了什么样的错误，并帮助他们树立改正错误的信心。

教育如此，教学也是如此。教学是一个开放的、动态生成的过程，在这一过程中，有许多不确定的因素，因此课堂上常会出现始料不及的错误，对于这些错误，教师应因势利导地将其融入到教学中，使之成为教学中的有效资源。

要求学生折出一张纸的“1/2”，但是有的学生却折出了“1/4”。碰到这种情况，可能有些教师会直接批评学生，让学生改正。而案例 2 中的教师则鼓励学生，维护了学生的自尊心和自信心，既能让犯了错误的学生意识到自己的错误，又能保护学生的创造性思维。

对于“等底等高”知识，学生往往会产生错误的理解，案例 2 中的教师没有回避或遮掩问题，而是故意暴露错误，让学生动手操作，在看似“混乱无序”的实践中，增强了学生对实验条件的辨别能力及对错误信息的判断能力。

一位社会心理学家曾经说过：“我们期望学生犯错误，因为从错误中吸取教训，便可争取更大的成功。”班主任绝不能以成人的标准去要求学生，更不能去追求学生的绝对正确。班主任应该“蹲下来”看学生，承认学生的个别差异，允许学生出错。因为学生的“错误”蕴含着他们的独特想法和创新意识，“错误”也由此变得“美丽”。班主任要善于在学生平时的错误中去捕捉、挖掘，并将“错误”作为一种情感发展、智力发展的教育资源加以有效利用。这样，错误就成了正确的先导和通向成功的阶梯，成为重要的教育资源。

（三）合理利用错误，让错误为教育服务

英国心理学家贝思奇曾说过：“错误人皆有之，作为教师不利用是不可原谅的。”这句话很好地诠释了墨菲效应。

教育教学中，总会出现一些意外的情况。面对这些情况，有的教师毫不客气地将学生批评一通，有的教师则被学生气得乱了方寸。事实上，学生的错误是一种直接反映学生情况的生成性教育资源，班主任应该以新的视角对学生进行新的探索，合理利用学生的错误，促进学生情感、态度、价值观的和谐发展。

那么，班主任应该怎样合理地利用学生的错误资源，让错误为教育服务呢？

1. 允许出错，让学生从“错误”走向“正确”

学生出错是不可避免的，班主任应该本着以人为本的教育观，尊重、理解、正确对待出错的学生。这样，学生才会没有心理负担，思维才能更活跃，探索和实践的劲头才会更足。因此，班主任要允许学生出错，在教学过程中提倡几个允许：错了允许重答；答得不完整允许再想；不同的意见允许争论。在这样的环境里，学生没有被同学耻笑的顾虑，在民主的气氛中学习，学生才能思维活跃，敢说、敢做、敢问。

允许学生出错，并不代表放任学生的错误。面对学生已出现的错误，班主任要针对不同的原因，帮助学生灵活纠正错误，带领学生从“错误”走向“正确”。在班主任的正确引导和鼓励下，学生要敢于正视错误，自我反省。

2. 将错就错，让学生在争论中明理

生活中有这样的现象：一些人犯了错误，别人说他错了，他却认为自己是对的，经过不断的实践后，他才会知错改错，接受教训。

对于学生出现的错误，班主任不应采取“马上制止”或“立即纠正”的方法，这种做法容易忽视错误背后的价值。而应把错误抛还给学生，将错就错，把学生的错误作为一种教育资源，引导他们从正反不同角度去修正错误，给他们一些研究和争论的时间，从而让学生在争论中分析、反省，在争论中明理，在争论中内化知识，使他们在去伪存真、去粗取精的求知过程中，自己探索学习。

3. 就错更错，让学生在求异中发展

知识的获取是在不断探索中进行的，而在这一过程中，学生的思维方法各不相同。学生的创新求异，难免会伴生错误，而学生不断犯“错误”的过程，其实就是不断改正错误、完善方法的过程。班主任不能轻易否定学生的思维成果，即使是一些看似错误的回答，也可能蕴藏着创新的火花，应该利用这一资源，让学生在纠正错误的过程中，自主地发现问题，解决问题，深化对知识的理解和掌握。

4. 制造“错误”，让学生在争论中分析

教师要善于制造“错误”，让学生在“尝试错误”中比较、分析，甚至争论，让他们从分析错误中学会反思，深化对知识的理解和掌握，从而培养其批判意识，通过探究寻找“平衡”的支点。

经历过程往往比获得结果更可贵，哪怕这个过程中出现了错误。班主任要用一颗“平等心”“宽容心”去正确对待学生出现的错误，并且要巧妙、合理地利用“错误”这一教育资源，使学生在思维能力、情感态度与价值观念等诸多方面得以进步和发展。

墨菲效应的主要内容是：事情如果有变坏的可能，不管这种可能性有多小，它往往都会发生。“失败是成功之母”，学生所犯错误及对错误的认识，是学生获得并巩固知识的重要途径。班主任应该让学生真实表达自己的想法，尊重学生的思维成果，不轻易否定他们在认真思考基础上得出的答案。这样，学生才会“放下包袱、开动脑筋”，才会出现“百花齐放、百家争鸣”的景象；这样，每个学生才能自始至终都情绪高昂地参与整个教育教学过程，感受学习的快乐。

暗示效应：巧妙暗示，让学生于潜移默化中接受教育

（一）暗示效应启示

心理学家做过一个试验，让被训练者闭上眼睛，举起双手。测试者念念有词：想象你的左手缀一个大铅球，铅球正拉着左手缓缓下降；再想象你的右手拴一个大氢气球，氢气球带动右手缓缓升腾。结果，当被试者睁开眼睛时，右手位置要明显高于左手位置。这就是暗示效应。

对这一效应进行研究的另一个实验是美国心理学家谢里夫做的。他要求大学生对两段作品作出评价，并告诉学生，第一段作品是英国大文豪狄更斯写的，第二段作品是一个普通作家写的，而事实上这两段都是狄更斯的作品。受了暗示的大学生却对两段作品作出了相差悬殊的评价：第一段作品获得了宽厚而又崇敬的赞扬；第二段作品却得到了严厉而又苛刻的挑剔。两段作品出自同一位作者，只是读者受到的暗示不同，得到的评价就大为不同。

暗示效应是指在无对抗的条件下，用含蓄、抽象诱导的间接方法对人们的心理和行为产生影响，从而引导人们按照一定的方式去行动或接受一定的意见，使其行动、思想与暗示者期望的目标相符合。

在教育活动中，暗示效应有很大的启示作用：含蓄的肯定总是比直接表扬更让人记忆深刻；委婉的批评比严厉的指责则更容易让人接受。班主任巧妙地运用暗示的手段，能够让学生在不知不觉中调整自己的情感、语言和行动，会收到比“直言不讳”的正面教育更佳的教育效果。班主任暗示性的批评，既不伤害学生的自尊心，也不会让学生有丢面子的感觉，更不会引发学生的抵触情绪。与此同时，它又能在波澜不惊中，给学生带去一种震撼心灵

的触动，让他们在心与心愉悦和谐的感应中醒悟。

班级管理工作中，班主任使用的暗示教育主要有以下几种。

1. 情境暗示

苏霍姆林斯基说：“孩子在他周围，在学校走廊的墙壁上，在教室里，在活动室里经常看到的一切，对于他的精神面貌的形成具有重大意义。”

情境暗示是指对环境进行刻意规划，以达到激励的目的。心理学研究表明，学生情感的引发和兴趣的产生，往往与一定情境有关，而生动感人的情境能增强学生的内心体验，引起学生的愉快情绪和探索兴趣，有助于启迪学生积极主动地思考问题。好的环境能使人身心舒畅，产生良好的心理效应。差的环境则会给学生带来不良影响。

教室是学生学习的主要场所，优化、美化教室环境，加强班级文化建设，无疑是班主任发挥情境暗示作用的一种重要方式。班主任可根据实际情况创设以下几种环境。

（1）制订班训

班主任应该结合本班情况制订出切实可行、简明扼要的班训置于黑板上方。这些班训对学生的学习有激励督导作用，如“静、敬、为祖国而学习”等。这样既美化了教室环境，又能够使学生时刻接受教育，对他们的行为有一定的约束作用。

（2）悬挂名人画像

班主任在教室内悬挂名人画像，如竺可桢、牛顿、富兰克林、邓稼先、鲁迅，等等。这些在各个领域做出过重大贡献的人物，都是学生崇拜的偶像，他们能使学生树立远大的理想，产生良好的学习动机和克服缺点、战胜困难的力量。

（3）确立奋斗目标

班主任可以在班内配置《中学生守则》《中学生日常行为规范》《班级公约》《模范中学生条件》《学生管理条例》《文明班级条件》《学雷锋标兵条件》等，积极利用教室内黑板报、墙报等资源，提出班内近期奋斗目标，给学生创设一个积极的暗示环境。

2. 语言暗示

班主任对不同性格、不同气质、不同表现的学生要用恰当的方式、合适的语言进行意在言外的暗示，以此传递信息、交流感情，这样会更利于师生之间感情的沟通。

“好言美语三冬暖，恶语伤人六月寒”，对于学生的教育，班主任一定要多用赏识、鼓励性的语言，委婉含蓄地点到为止，切不可恶语相向。要多用具有推动力、督促性的语言，如“你能行”“你来试试”“你肯定会做得更好”等话语，让学生从成功感的角度产生强大的鼓舞力量，获得继续前进的动力。

3. 心理暗示

心理是一种比较持久的、能影响整个人精神活动的情绪状态。良好的心理状态能促使学生克服困难，积极主动地学习。反之，则使学生烦闷消沉。因此，创设良好的心理环境，可提高学生学习的积极性和主动性。

班主任的气质、性格和情感往往会直接对学生产生心理暗示作用。根据美国心理学家艾帕尔·梅拉别思的研究成果：信息效果＝7％言语信号＋38％音调＋55％面部表情。由此可见，表情对师生交流的重要性不言自明。班主任的微笑，是尊重学生个性差异的最好表现，有利于营造宽松和谐的氛围，能够使学生产生信赖感和安全感，让学生由衷地感到被重视、被赏识，使学生感到温暖、受到鼓舞，促进他们个性潜能的发挥和身心健康发展。西方有句谚语说得好：“教师就是面带微笑的知识。”“微笑”的力量是无穷的，因为其本质就是爱。善用微笑的暗示作用，班主任在工作中往往能取得“无声胜有声”的效果。

4. 眼神暗示

眼神暗示主要是指班主任利用眼神激励学生。眼睛是心灵的窗户，眼睛可传递丰富的信息。实践证明，亲切的眼神能开启学生的心扉，是调节学生情绪的催化剂。班主任应该善于用自己的双眼去发现学生的闪光点，及时用鼓励的眼神配以亲切的语言对学生加以肯定，让师生情感在目光中相融，从而激励学生更加努力。

5. 自我暗示

让学生学会积极的自我暗示，首先要让学生学会微笑。微笑是人快乐和自信的表现。建议学生每天早晨对着镜子给自己一个灿烂的笑容，相信这一整天就会信心百倍，充满活力。让学生学会积极的自我暗示，还要告诉学生走路要挺胸抬头。人的姿势和人的内心体验有着密不可分的关系，走路抬头挺胸、充满活力的人，全身散发出来的是自信的魅力。班主任应该善于抓住学生的思想状况，利用积极的自我暗示，促进良好班风的形成。

暗示是一种良好的教育方法，它委婉含蓄，又富于启发性，如果运用得当，一定能取得“润物无声”、事半功倍的效果。但无论采取哪种暗示，它所要发挥的作用必须是健康向上、催人奋进的。反之，一些消极的暗示，如瞪眼、皱眉等，不但不会起到好的教育效果，反而会伤害学生的自尊，使学生产生心理负担和压力，不利于学生的身心健康成长。

（二）言传身教，无声胜有声

“当我们坐在宽敞的教室里，你是希望教室里干干净净的还是希望垃圾到处飞扬呢?”对于这个问题，所有的学生都会给出一致的答案：当然是干干净净的！

谁会不喜欢所处的环境舒适整洁呢？可是，在一个班级中，乱丢垃圾的学生却依然存在。

一天下午放学后，北京石景山永乐小学的全国优秀班主任于文辉老师班里的小贵同学，一边欢呼，一边高举起双手，来了个“天女散花”，把手中的纸屑丢得满地都是。

“唉，又轮到我们组打扫了！怎么觉得我们组天天做值日呢!”小军望了望教室里形形色色的垃圾，叹了一口气。

同组的小杨不紧不慢地接上了一句：“扫什么扫啊？扫半天还不是一个样儿。我们辛辛苦苦地扫半天，人家随手就弄脏了。”

“没错，”一旁小明立马把手中的扫把一摔，很不耐烦地说，“上了一天课，累都累死了，还要扫地！而且还有那么多的垃圾!”

看到这些值日生要逃跑，卫生委员小美急忙拦住他们：“你们别走！一会儿学校还要大检查呢!”说着，她用身体挡住了门口，紧盯着这些想逃跑的值日生。

没办法，大家只好拿起扫把乱扫一气，随便糊弄一下就悄悄地溜走了。

第二天早上，于老师来了。刚到教室门口，他就皱起了眉头。

所有学生都以为肯定会来一场“暴风雨”，所以就都乖乖地屏气凝息，等待班主任的批评。

可是出乎众人意料的是，于老师居然什么话都没说，只是默默地看了大家一会儿，然后就拿起课本，像往常一样上起了课。

细心的小军却从于老师那瞬间严肃的神情中读出了一丝失望。

其实于老师是想说些什么的，可是他却选择了沉默。想到这里，小军的心开始忐忑不安起来。

当天下午放学时，于老师忽然说道："既然同学们都嫌累，不愿意扫地，那就让我一个人来干吧！"

于老师的声音并不大，可是却在教室里引起了一阵骚动，学生们都小声地议论着。

于老师没有理会学生们的议论和不解，从教室后面的角落里拿起扫把，开始扫起地来。只见他轻轻地握着扫把，旁若无人地认真扫着，似乎整整一个班的学生都不存在。

于老师的神情并不是严肃的，而是平和的，似乎在做着一件做了很长时间已经习惯了的事。扫地、拉桌子，再扫地、再拉桌子，一切都那么熟练，那么轻巧。

渐渐地，学生们的议论声没了，嬉笑声也没了，而于老师扫地的声音却变得越来越有力。

声音一点点回响在小军的心里，回响在全班学生的心里。

很快，于老师就扫到小军这里来了。小军急忙轻轻地搬起椅子，低着头在一边站着，静静地等于老师扫过去，而眼泪却不知不觉地在他眼眶里打转。此时此刻，小军真想对于老师说："老师，您别扫了，让我来吧！"可是话到嘴边却又不争气地咽了回去。

"于老师，我们错了，我们真的错了！"没有一个同学有勇气说出这句话，但是他们却都自觉地拿起了自己的凳子，拉好了桌子，看着于老师从自己眼前扫过。

从他们脸上惭愧的神情可以看出，他们心里都很后悔，都在默默地反思自己的行为。

终于，于老师站直了身子，拿着扫把若无其事地说："好了！扫完了。"说着，他抬起手腕，看了看表说："12 分钟！还不到一刻钟。我一个人用 12

分钟就扫完了整个教室！你们那么多同学，相信肯定用不了这么长时间。”

小军羞愧地抬起头看了看于老师。于老师的脸上除了流下了些许汗水，还是那么平静，好像什么也没发生似的。

小军的脸红了，很多学生都脸红了。

虽然于老师什么也没说，但是他那无声的行为却告诉了学生很多很多。

还有一次，于老师悄悄来教室巡视时，小琪这个调皮鬼一扬手，一团废纸在空中来了个“抛物线运动”，正好落到了讲台上。小琪很快注意到站在门口的老师，立刻慌了，说了声“于老师……”，便像惊弓之鸟一样呆呆地站在那里等着老师的发落。

此时的于老师一言未发，只管自己走过去，弯腰把那团废纸捡起，并扔进了垃圾桶。

小琪很羞愧，耳腮通红，低头等待着于老师的最终“判决”。可是此时的于老师早已走出了教室门。

自那以后，学生们再也没有为值日的事情发过牢骚，班级卫生越来越好，大家都开始自觉维护教室环境。

于老师用鲜活的实例进一步印证了暗示效应在班级管理中的巨大功效。

“身教胜于言教”，在适当的环境下，给学生以行为暗示能够起到语言所达不到的效果，班主任应该用实际行动来示范，来教育和感染学生，这样的教育胜过千言万语。

班主任是学生的教育者，也是学生的一面镜子。班主任的行为对学生时刻起着潜移默化的作用。学生不爱值日、乱扔废纸，是要进行严厉批评呢，还是想别的办法？班主任于老师选择了沉默，他用自身的实际行动，对学生进行了无言的批评和教育，让他们真正认识到了自己的错误，达到了“无声胜有声”的教育效果。

当班主任的语言教育不能奏效时，不妨试着用行为暗示，通过班主任的言行举止，让学生明白什么是正确的，什么是错误的。

暗示是一种含蓄的力量。积极的暗示能督促做错事的学生细细反思，能鼓励优秀的学生再接再厉、不断奋进。

苏霍姆林斯基说：“任何一种教育现象，孩子在其中越少感觉到教育者的意图，他的教育成效就越大。”班主任在管理学生时，应尽量采用暗示的方法，在不知不觉中起到“随风潜入夜，润物细无声”的效果。

（三）积极暗示，让学生在和谐的氛围中改过自新

有一年夏天，曹操率领部队去讨伐张绣，天气热得出奇，骄阳似火。部队在弯弯曲曲的山道上行走，两边是被太阳晒得滚烫的山石，让人口干舌燥，透不过气来。到了中午时分，士兵的衣服都湿透了，行军的速度也慢下来，有几个体弱的士兵竟晕倒在路边。

曹操见此情景，心生一计，他指着前方大声喊道：“我知道前面有一片大梅林，梅子很多，又甜又酸，可以解渴。大家快点跟上！”

将士们一听到酸梅，不由口舌生津，于是鼓足力气，努力向前赶去。

曹操巧妙地运用了“望梅止渴”的暗示效应，鼓舞了士气，重新激起将士们行军的意志，使大队人马没有在中途倒下。

班主任在工作中，对犯了错误的学生，最好的批评就是不露痕迹的批评，即暗示，于平静舒缓中显示出它的强大威力。

苏霍姆林斯基说：“造成青少年教育困难的最重要原因，在于教育实践在他们面前以赤裸裸的形式进行，而处于这个年龄期的人，就其本性来说，是不愿意感到有人在教育他们的。”对学生进行不露痕迹的批评教育正好体现了这一教育思想。

批评不仅是一种武器，更应该是一门育人艺术。只有那种不伤害学生自尊的批评，才能真正打开学生紧闭的心扉、促其幡然醒悟。在班级管理中，班主任对学生进行批评，应根据学生不同的个性心理，采取适当的方法，做到批评学生时“不显山露水”。

班主任运用暗示对学生进行教育时，可以借鉴以下几种方法。

1. 善于倾听

倾听是一个收集有效信息的过程，如同医生的“望、闻、问、切”，它不是一味地听，还要在倾听中观察。倾听重在“倾”，与学生交谈要七分听、三分说。只有全面了解学生的内心世界和事情的前因后果，班主任才能对症下药，有效地对学生进行指导和帮助。

2. 声调控制

当学生在课堂上注意力不集中时，比如和同学说悄悄话、偷偷地在课桌

里看漫画书时，班主任不要急着去责怪、批评学生，可以改变日常的讲课声调，在抑扬顿挫的声音上加以变化，适当夸张地提高或者降低一下音量，以示警醒。

班主任这种突然性的变调，往往能使“走神”的学生为之一惊，马上把注意力收回来。

3. 走动告诫

课堂上，当发现某个角度或者某个位置出现“异常情况”时，班主任可以一边讲解，一边有意无意地在其附近走动，目的是“打草惊蛇”，引起这些学生的注意。用这种方式来监督、告诫和批评那些不注意听讲的学生，往往能起到立竿见影的效果。

4. 微笑示意

面对学生的不良行为，班主任的一个微笑往往能收到“润物细无声”的教育效果。不过这种方法只适用于细微的违纪行为或者偶尔有之的过错，而不能对那些“屡教不改”的学生使用。

比如，课间学生迟到了一两分钟，班主任不必厉声批评学生“上课守时最重要”“下不为例”，只需要一个微笑，就足以使学生意识到自己的不对，并告诫自己：“老师原谅我了。下次我可不能再犯这样的错误了。”

5. 利用故事感化

学生都爱听故事。面对犯了错却“死不悔改”的学生，班主任不妨摒弃苦口婆心的教导，用内容相关的故事去感染他，使他从班主任讲的故事中得到启发、受到触动。

6. 声东击西法

当学生在听课过程中思想不集中或者做小动作时，班主任可以灵活机智地请他们完成某项学习任务，比如回答一个问题，朗读一段课文，默写一段文字，上讲台写板演，等等，并借其完成的结果巧妙地实施批评。这种声东击西的做法，要比直接批评学生所起的效果好得多。

7. 借题发挥

班主任可以借助课本内容，做一下旁引型的发挥，巧妙地点出课堂中存在的不和谐因素，让那些违纪的学生听到其中的“弦外之音”“言外之意”，从而端正自己的不恰当行为。这比尖刻地说教、粗暴地训斥有效得多，同时还保护了学生的自尊心，不让他们对教师产生“恨意”。

班主任是一个班集体的组织者和领导者，是引领一个班集体走向成熟和成功的主心骨。班主任工作中的暗示教育不是说教，也不是强加在学生身上的，而是“春风化雨、润物无声”地让学生在潜移默化中受到教育、受到感染、受到熏陶，是班主任采用暗示的方法表达自己的意见，使学生悟出“应该怎样做，不应该怎样做”的道理。究其本质，班主任工作中的暗示效应要起到“无声胜有声”的独特教育作用，体现出教师的爱与责任。

超限效应：对学生的教育要适度

（一）超限效应启示

有一次，美国著名作家马克·吐温在教堂里听牧师演讲。

刚开始，马克·吐温看着牧师手扶讲台滔滔不绝，不仅演讲的内容十分丰富，而且肢体语言也表达得非常到位，很是感动，便决定在捐款的时候，一定要比别人多出两倍。

然而，牧师已经讲了 40 多分钟，仍在演讲，这让马克·吐温有些不耐烦了。

又过了近 30 分钟，牧师的演讲依旧没有结束。马克·吐温有些生气了，觉得牧师纯粹是在耽误大家的时间，就决定只捐一些零钱。

又过了 10 分钟，牧师还没有讲完，马克·吐温 1 分钱也不想捐了。

在牧师终于结束冗长的演讲，开始募捐时，过于气愤的马克·吐温不仅未捐钱，还趁牧师不注意从盘子里偷走了 2 美元。

马克·吐温变捐钱为偷钱的故事，虽然只是传言，但却告诉我们一个道理，即一般人由于受刺激过多、过强或作用时间过长，往往会产生极不耐烦或逆反的心理。这种现象，在心理学上称为“超限效应”。

一些班主任总是对学生不厌其烦地说教、嘱咐、训斥，终日喋喋不休，认为只有如此，才能让他们铭记不忘。殊不知，这种教育方式超出了学生接受的限度，也会导致超限效应。超限效应表现在教育上，主要有以下四种类型。

1. 时间上的超限效应

时间上的超限效应，最典型的现象就是拖堂。例如，有的教师课前不认真备课，缺乏科学的教学设计，课堂中不能突出重点、难点，对各个环节平均使用力量，且平铺直叙，导致课堂教学时间不够用而拖堂；有的教师不善于掌握教学时间、控制教学节奏，往往前松后紧，使得当堂教学任务无法完成而拖堂；有的教师缺乏教学机智，下课铃声响了，还死守原来的教学设计，非要等到将准备好的话全部讲完方肯下课，结果只能拖堂；有的教师语言琐碎，明明知道下课了，还要拖上几分钟，似乎不这样，就没有尽到责任似的。

对于学生而言，一堂课听下来，无论是生理，还是心理，都会感到疲劳，需要及时休息调整。所以，如果教师拖堂，他们就会产生厌烦情绪。久而久之，他们不仅会丧失学习积极性和学习兴趣，而且会对教师的教学行为产生逆反心理。

2. 内容上的超限效应

内容上的超限效应，主要指“满堂灌”和题海战术两种现象。

（1）“满堂灌”

一堂课45分钟，教师主宰课堂，一讲到底，完全忽视或剥夺了学生的参与权利。但学生的注意力和注意时间有限，如果长时间接受单调持久的语言刺激，势必会昏昏欲睡，大大影响学习效果。

（2）题海战术

学生除了在学校完成各科教师布置的课堂作业外，回到家还要做一大堆家庭作业。尤其是临考之前，他们要做的题目会更多。

题海战术被更多的教师误认为是备战各种考试，特别是升学考试的法宝。在题海战术中，学生往往是被动应战、疲劳应战，成了书山题海的奴隶。结果，学生的精神、身体受到双重伤害，越做越怕做，越学越怕学。

3. 奖惩上的超限效应

奖惩上的超限效应，最常见的就是教师对学生的过度批评或过度表扬。

（1）过度批评

有的教师批评过学生之后，觉得意犹未尽，又会重复批评学生一次，接着还会批评……这样一而再、再而三地重复同样的批评，就会使学生产生厌烦心理，并对教师极不耐烦、讨厌至极，最后产生对立心理。

（2）过度表扬

有些教师认为，多批评不好，多表扬就好了。其实不然。过度的或“廉价”的表扬也会引起超限效应。例如，某班有个差生听惯了批评，新学期的班主任开始对他的某些闪光点作出表扬，起初这个差生很感动，但过了一段时间，觉得老师对自己的表扬是不真实的，是在哄自己，甚至认为老师不信任他，致使他一听到表扬，就会产生反感情绪。

4. 教育要求的超限效应

教育要求的超限效应，往往表现在过度的期望和苛刻的要求两个方面。

（1）过度的期望

每到考试前，一些教师为鼓舞士气，经常会对学生说：“同学们，你们要好好复习，认真考试，每门功课都要努力考到 90 分以上。这样，你们才对得起老师，对得起家长，对得起自己。”

这样的考前动员，对一些学生来说却是一种无形的精神压力。每门功课都考到 90 分，这对那些基础扎实、学习成绩一贯好的学生来说，不难做到；但对于那些基础薄弱，学习成绩一般或较差的学生来说，无疑是期望过高了。所以，当这些学生听到教师的话后，不但不会鼓足干劲儿，反而会丧失考试信心，甚至厌恶考试，最终影响到平时的学习，形成学习上的恶性循环。

（2）苛刻的要求

为了规范学生的行为，教师往往会给学生定许多规矩。对于绝大多数规矩，学生都能接受，并能自觉遵守。但也有一些规矩，学生觉得要求太高，甚至太苛刻，不近人情。例如，怕学生早恋，就规定“异性同学不准单独接触”；为了提高班级升学率或年级成绩的排名，就规定“作业做不完者放学不准回家”“考试不及格者不许参加兴趣小组活动”，甚至不允许看电视、听广播、看报纸、看课外书，等等。诸如此类的清规戒律，限制、剥夺了学生正常交往、活动、玩耍的自由和权利，导致学生非常反感。

不难看出，超限效应对教育学生非常不利。它可以引发学生的厌烦情绪，造成心理疲劳，继而使学生产生逆反或对抗心理，造成师生关系紧张，最终严重挫伤学生学习、活动的积极性，影响整体教育教学的效果。

因此，教师要懂得凡事都讲究“度”，防止出现超限效应。在学校，班主任与学生的关系最为密切，更应深谙此道。

（二）“伤其十指，不如断其一指”

杭州市实验外国语学校的学生小灿平时爱耍点小聪明，对他的教育，班主任吴志平老师没少操心。但是，小灿对老师的批评总是“左耳进，右耳出”，往往是“好了伤疤忘了疼”，且所犯的错都不大不小，他狡辩的理由也有一大堆，让老师实在是拿他没办法。为什么对小灿的批评教育总不见效呢？经过思考与分析，吴老师决定换一种方式教育小灿。

周一，吴老师检查完双休日的作业后，在班上认真问道：“双休日的作文都交了吗？好像还少一本。”

“老师，我的是发到您的邮箱了，您收到了吗？”小灿迫不及待地解释。

“哦！是的，我收到了，我怎么把这事给忘了呢？”

周三的作文课上，吴老师又特意提到：“老师要推荐一篇作文，是我们班小灿同学写的，很不错！这篇作文不光构思巧妙、语言流畅，细节描写也非常值得我们学习。我希望同学们都好好学学，看看他是怎么写的。”

吴老师停顿了一会儿，说：“哦，不好意思，我忘记打印出来了，小灿，你还记得吗？”

“我记不全了。”小灿笑着答道，很自信。

“那就周五的班队课再交流好了。”

学生们都把目光投向了小灿。

周五的班队课如期而至，大家都在等待吴老师的到来。

不一会儿，吴老师匆忙走进教室，抱歉地说：“不好意思，我迟到了1分钟，刚才为打印小灿的作文耽搁了，瞧我这记性！”

接着，班队课开始进行应有的议程。吴老师则悄悄地走到小灿的身边把打印好的作文递给了他。小灿接过来看了看，脸上洋溢着成功的喜悦。他第一次享有在全班面前朗读自己“作文”的荣耀。

等班队课所有的议程都完成了，吴老师隆重地推出今天的主要人物——小灿，让他朗读作文。

小灿沉浸在幸福之中，他镇定地走上讲台，自信而有感情地朗读着自己的得意之作。同学们不时投去羡慕的目光，并鼓起了掌。

在掌声中，小灿读完了作文。他和其他同学都期待着吴老师对作文的讲评和对他的表扬。不过，吴老师并没有多讲话，而是拿出一张打印好的纸，看上去和刚才小灿读的是一样的，只是多了网站的名称和网址。

吴老师清了清嗓子，说："刚才的作文很精彩，但奇怪的是我在网上也看到了同样的一篇作文，署名并不是小灿同学，也许是别人盗版了，看来后果比较严重，我们可以告他侵权。《中华人民共和国著作权保护法》有明确的规定，任何人的作品当然也包括你们的作文，都是受法律保护的，未经允许而转载或刊登都是违法的，要依法追究相应的责任。"

小灿没有任何的思想准备，吴老师的话让他感觉自己从天堂一下掉进了地狱，顿时脸涨得像煮熟了的虾，教室里也炸开了锅，学生们议论纷纷……

事后，小灿主动来找吴老师。他低着头，没有了平日的笑容，也不再说什么理由。吴老师看出小灿是在埋怨自己没有给他留面子（毕竟是六年级的学生了，都爱面子），便拍拍他的肩说："都过去了，男子汉要对自己的行为负责，下次改了就好。其实老师已经给了你三次机会，周一检查作业时提醒了你，周三忘记打印也是在提醒你，今天迟进教室同样是在提醒你，老师是多么希望你能主动来找我承认错误，但是你都没有抓住机会，要知道，有时候机会是只有一次的。"

小灿终于明白了吴老师的良苦用心，把头埋得更低，轻声而郑重地说："老师，我明白了，我会为自己的行为负责的。"

此后，小灿改掉了许多坏习惯，也很少再犯错误了。

我们时常看到，每当有学生犯错误，一些班主任都是先对其进行严厉批评，接着让学生写检讨书或保证书，甚至叫家长到学校。而学生呢，面对班主任这种过度的、重复式的批评，很容易产生逆反心理，隔不了几天，又会犯同样的错误。

这种超限效应在日常的批评教育中时有发生。班主任应该细心斟酌对学生的每一次批评，讲究技巧，既要让学生记住、记牢批评的内容，保证今后不再犯同类错误，并以此为鉴少犯其他错误，又要防止超限效应发生，让学生诚恳接受批评，使教育取得成效。

上述案例中，吴老师摒弃了传统的批评教育方式，巧妙运用了强烈的心理对比，使学生在接受批评时产生了极大的心理落差，从而对所犯错误的记忆刻骨铭心，当再次遇到相同或类似情况时，就不敢轻易旧错重犯。这种让批评刻骨铭心的教育方式，成效之高，可见一斑。

批评是教育学生常用的方式之一，也是班主任不可缺少的基本功之一。班主任在批评学生时不能毫无节制地任由自我情感的发挥超过限度，而要从学生实际出发，选择不同的批评方式，掌握一定的批评限度，批评到点子上，批评到学生的心坎儿上。

（三）把握火候，让教育更高效

俗话说，“过犹不及”“物极必反”。对学生负责，严格要求学生，这是班主任应有的工作职责，但并不是越严格越好。如果过度，就会产生超限效应；如果不及，就达不到既定的工作目标和要求。所以，无论是教育学生，还是完成班级管理或教学工作，班主任都应讲究科学的工作方法，一定要把握好火候、分寸、尺度。那么，具体应该怎么做呢？

1. 遵循心理活动产生和发展的规律

心理是人脑对客观现实的主观能动的反映。要产生心理活动，除了要有健康的人脑这个物质基础以外，还必须有客观现实的刺激。但是，并不是任何刺激都可以使人产生正常的心理反应，只有适宜的刺激才能使人作出积极敏感的反应。反之，过弱的刺激难以使人产生心理反应，而过度的刺激只能导致消极的超限心理反应。

因此，班主任的教育语言、教育行为以及其他各方面的教育信息刺激都必须遵循学生心理活动产生和发展的规律，注意适当的刺激强度，以期让学生产生正常的心理反应和积极的心理效应。

2. 把握教育的度

实践证明，班主任在教育工作的任何方面，都应该把握度。

（1）表扬、批评要有度

表扬或批评，是教育的“常规武器”。表扬时，班主任要善于发现学生的闪光点，勤于捕捉学生的一点一滴的进步。但表扬不能太频繁、太“廉价”，不要大事小事都表扬，让学生成天生活在赞美声中。否则，时间一长，表扬就起不到应有的作用了。

批评时，班主任更要讲究艺术，切记：学生犯一次错，只能批评一次。如果学生再次犯同样的错误，就应该换个角度、变个方式去教育，千万不能不依不饶、穷追不舍。

具体操作时，班主任还要根据学生个人情况的不同，区别对待。

一是对优秀生，要节制表扬。这类学生由于各方面表现不错，家长宠、老师爱、同学敬，特殊的礼遇使他们产生了相当程度的优越感，并容易滋生自满情绪，非常不利于他们的健康成长。因此，班主任应对他们“重槌擂响鼓”，提高表扬的标准和要求，引导他们追求更远大的目标，使他们的天赋和才能得以充分发挥。

二是对后进生，则要多表扬、多鼓励，慎用批评。这类学生有太明显的缺点和错误，常常遭到父母训斥，老师批评，同学嫌弃。久而久之，他们便会产生一种表面上冷漠无所谓，实际上却十分强烈而脆弱的自尊心。这种“抗批评”行为，是一种戒心，也是一种对立情绪。对此，班主任只有用满腔的爱，想方设法发现他们身上被太多的短处掩盖着的闪光点，多表扬，多赞赏，才能找到转化的突破口。

（2）说服教育要有度

在班级的管理过程中，有的班主任不断地强调着每一条规范要求，有时在一整节班会课上，学生的耳朵里灌入的都是这种近乎机械的重复性语言。这种情况下，班主任的嘱咐早已被学生评价为“唠唠叨叨”，有的学生甚至对班主任讲话的语言顺序都已经十分熟悉，班主任刚说出上句，他们就能接出下句。可以想见，在这种情形下，即使教师讲的句句都是金玉良言，也很难对学生的心灵有所触动。

俗话说：“酒里水多了，味道就淡了。”班主任过多的重复说教，到头来不但不能产生正面的教育效果，反而会引起学生的反感，甚至抵触情绪。虽然有许多必要的规范需要不断提醒学生遵守，并促使他们尽快养成良好的行为习惯，但班主任需要做的是不断优化自己的教育策略，用灵活多样的、学生喜闻乐见的方式达到教育的目的。如导演小品、举行歌唱比赛、学习格言、朗诵诗歌、演讲辩论等，都是传达真理、演绎生活、塑造人格的有效手段和正确途径。

(3) 指导督促要有度

在班级管理工作中，有的班主任每天起早睡晚，严格盯班，且事必躬亲，不可谓不辛苦，不可谓不尽责，然而效果却不明显。

有关心理学研究表明，督促是学生丧失动力的重要诱因。外在的强制因素会破坏内在的动力系统，造成动力的衰减和丧失。在教师长期的督促与竭力“负责”下，学生主动发展的愿望被扼制了，其发展是被动的，具有对外部因素的依赖性。这就是经常被班主任所关照的学生，其自觉性往往降低的原因之一。在学校，由于教师对部分学生的过度教育，学生自我发展的需要往往会被异化为为别人而发展、为外部因素而发展。这些都会引起学生紧张、焦虑、负疚等消极情绪的产生。

对此，班主任应注意运用教育技巧，把握参与学生活动的度，放手让学生自己处理自己的问题，自己管理自己；要把握指导学生的时机，在学生最需要的时候，在关键地方给予学生帮助；要把握指导学生的正确方法，重视隐性教育，淡化教育的人为痕迹，使学生在不知不觉中从心理和情感上接受教育。这样，学生才会乐于接受班主任的指导和监督，并按照班主任的建议去学习或活动。

(4) 关心爱护要有度

关心爱护学生，是教师的职业道德要求。人们常用“无微不至”来形容教师爱护学生的一片深情。但过分的关心，则是教师工作的一个严重误区。

有的班主任对学生的大事小事都操心。天冷了，叮嘱学生多穿衣服；学生生病，派人护理，甚至亲自送药送水；学生受挫折，立即去安慰；学生有困难，马上帮忙解决……关爱学生没有错，但如果是这种过分的关心和爱护，就会使学生在家庭中养成的“以我为中心”的意识扩展到校园，无形中更滋长了他们贪图安逸、不愿吃苦的思想。

所以，班主任不能温情地剥夺学生接受生活考验、自主锻炼成长的机会。相反，要对学生的未来负责，理智地藏起一半爱，利用各种契机，让学生适应不同的生活环境，独立地照顾自己，不断磨炼经受风雨挫折的顽强意志，培养良好的心理承受能力。

3. 注重强化学生的心理素质训练

学生心理素质不高也是形成超限效应的主要原因之一。因此，班主任除了要把握好工作的度，尽量减少或避免产生超限效应的客观因素以外，还要注重强化学生的心理素质训练，努力提高学生的心理调节能力。这样，学生的心理素质和调节能力提高了，即使遇到过度的客观刺激，也能保持正常的心态，超限效应就会降到最低。

马卡连柯说：“过分的爱和严，温和及急躁，势必给教育带来不利影响，到头来事倍功半，收效甚微。”学生不是机器，他们有血有肉，有着丰富的情感世界，班主任要懂得尊重他们，凡事要考虑是否符合学生的心理需求，进而对学生相机而教，再辅以必要的指导和监督，逐步使自己的要求和制定的规范真正内化为学生的自觉行为。只有这样，教育工作才能恰如其分、恰到好处，才能有效避免超限效应，进入“无声胜有声”的佳境。

蓝斯登效应：给学生创造乐学环境

（一）蓝斯登效应启示

与别的公司注重物质刺激、不讲情感的管理方法不同，亨氏公司不仅讲情感，且追求为员工创造快乐的工作环境。公司创办人亨利认为，金钱固然能够促进员工努力工作，但快乐的工作环境对员工的工作促进更大。

平时，亨利一有空，便与员工聊天，了解他们对工作的想法，了解他们的生活情况，并不时鼓励、指导他们。他每到一个地方，那个地方就谈笑风生、其乐融融，因而员工们都很喜欢他，工作起来也特别卖力。

有一次，亨利外出旅行，但很快就回来了，这让员工们很纳闷。有个员工上前追问。亨利失望地说："你们不在，我感觉没啥意思。"

接着，亨利安排几名员工在工厂中央摆放了一个大玻璃箱——里面装有一只巨大的短吻鳄。

"怎么样，这家伙看起来很好玩吧？"亨利面带微笑，指向短吻鳄。在当时，如此巨大的短吻鳄并不容易见到。围拢过来的员工们在惊愕之余，都高叫着好玩。

最后，亨利自豪地说："我的旅行虽然短暂，但这是我最难忘的记忆。我把它买回来，是希望你们能与我共享快乐！"员工们无不激动，不停地为亨利鼓掌。

正是亨利这种与员工苦乐共享的风范，让员工获得了一个融洽快乐的工作环境，从而成就了亨氏公司今天的辉煌。目前，亨氏公司是全球营养食品工业无可争议的领导者之一，分公司和分支机构遍布全球110多个国家和地区，拥有150多种全球数一数二的著名品牌。

亨氏公司的成功管理经验告诉我们：若企业给员工创造快乐的工作环境，员工便会主动积极地投入工作，发挥自己真正的潜能，提高自己的工作效率，从而使企业的良好形象得到有效保持，销售利润进一步扩大。这便是蓝斯登效应的内涵。

蓝斯登效应是由美国管理学家蓝斯登提出的。蓝斯登说："与一位朋友一起工作，远比在'父亲'身边工作有趣得多。"他认为，员工在愉快的环境下工作，要比在有较大压力的环境下工作，更能提高工作效率。

现在，很多企业管理者认识到了员工在企业发展中的重要性，提倡"以员工为本"，努力为员工提供一个快乐的工作环境。他们在管理岗位上不再板起面孔，做出一副父亲的模样。他们摒弃了尊长意识，乐于做下属的朋友，与下属分享快乐。在这种人性化的管理方式下，企业获得了良性的发展，员工爱岗敬业，产品富有创意，利润持续扩大，企业凝聚力增强。

追求快乐是每个人的内心需求。企业员工需要快乐的工作环境，同样，学生也需要快乐的学习环境。

快乐的学习环境，可以帮助学生通过感性支撑点，启动抽象思维能力；可以增强学生的内心体验，提高学生的探索兴趣，激发学生的学习积极性；可以促进学生的身心健康发展。

为此，班主任应积极为学生创造一个快乐的学习环境。

（二）为学生种下一棵快乐树

浙江省丽水中学的柯文静虽然是一位从教只有五年的年轻教师，但至今已成功担任四年高中文科班的班主任，其所带班级具有较强的凝聚力和活力，曾被评为"丽水市优秀班级"。对柯老师来说，从事教育是一种乐趣，是一份痴情，更是一种超越功利的愉悦。同时，柯老师把这种愉悦带给了学生，她说："我要为学生种下一棵快乐之树。"

1. 自己要有乐观的心态

刚从学校毕业，柯老师便放弃了几家市级单位的真诚聘请，"投奔"丽水中学，一心想成为一名人人敬爱的教师。然而，现实并不是想象的那样。

刚开始工作，柯老师总是遇到各种各样的问题，由于不适应，每天总是以泪洗面。

开弓没有回头箭。望着校长的笑脸和同事的真诚关心，柯老师暗自用魏书生的话安慰自己：“埋怨环境不好，常常是我们自己不好；埋怨别人太狭隘，常常是我们自己不豁达；埋怨天气太恶劣，常常是我们抵抗力太弱；埋怨学生难教育，常常是我们方法太少。”于是，柯老师积极调整自己，使自己成为了一名乐观的教师。此后，每当在教学过程中遇到问题和困难，柯老师总是快乐地、积极地面对，直到攻克为止。

这样，当突然接任高二（3）班班主任一职的时候（此时她刚从教一年），柯老师并未叫苦，也没有感到手足无措。她说：“一觉醒来，太阳总是新的。”每天，柯老师努力用自己的乐观和笑脸告诉学生，老师是快乐的。柯老师总是带着笑脸走进教室，带着笑脸聆听每一位学生的心声，带着笑脸给学生讲述自己的故事或者别人的故事。

渐渐地，学生们也被柯老师这种乐观积极的情绪感染了，整个班级充满着积极向上的乐观氛围。

2. 不要太在意学生的误解

由于刚当班主任，没有经验，柯老师常跟性格外向的几个女学生谈话，晚间查寝在她们寝室待的时间也要长一些。这样一来，柯老师无意中冷落了另外一个寝室的女学生——她们在高一的时候也是老师的宠儿。

有一次查寝过后，有个女生居然给柯老师发了一条短信，隐晦地说柯老师是 pig，说柯老师偏心。柯老师当时气蒙了，恨不得把她揪出来狠狠地痛骂一顿。但是，柯老师并不知道这是谁发的短信，而理智也告诉自己，学生的所有行为背后总有一个自己可以接受的正面动机。柯老师又仔细想了想：“既然说我偏心，那说明她很在乎老师的关心。一个强烈要求老师关心的学生，应该是自尊心和虚荣心比较强的孩子，如果置之不理，很可能就会让她由自尊转变为自弃。”

第二天，在自修课上，柯老师笑着对学生们说：“每个人都只有一颗心，每个人的心都在固定的位置，心怎么会偏呢？如果有同学觉得老师偏心的话，那肯定是我做得不够好，所以我非常欢迎同学们给老师提出宝贵意见。”然后，柯老师便把自己的QQ和邮箱告诉了全班学生。

通过调查，虽然柯老师知道了发短信的女生是谁，但并没记在心上。相反，在晚上查寝的时候，柯老师特意与该女生所在寝室的学生聊了很长时间的家常。刚进寝室时，没有人说话，柯老师觉得很尴尬。当看到一位女生床上放着一本美食瘦身书，柯老师便从女生的健身说起。结果，学生的兴趣一下子被柯老师激起来了，开始天南地北地与柯老师聊，最后居然聊到了12点。当柯老师坚持要走的时候，那些女生一个劲儿地说："老师，明天再来啊。"

通过聊天，发短信的女生认识到是自己误解了老师，便写了一封信给柯老师，信中写道："老师，您说自己是一根蜡烛，却不知道自己燃烧了能照亮谁，那我告诉您，至少您已经照亮了我的心灵。"当柯老师看到这些真诚的话语，心里无比幸福。

3. 把班级当成自己工作中的家

柯老师认为，班级就是自己工作中的家，每一位学生都是家庭中的成员。因为自己比学生大不了几岁，所以，她要做学生的姐姐。柯老师说："班里的男生就是我的弟弟，女生就是我的妹妹。当弟弟妹妹有事情时，做姐姐的当然要竭尽所能。"于是，当学生要参加班级篮球比赛时，柯老师会事先宣传；当女生被男生气哭时，柯老师会假装把男生数落一顿，事后再到男生寝室作解释；当周末有学生留校时，柯老师会请他来自己的小房间里与自己一起做饭、吃饭……偶尔，柯老师还会婉约地谈谈自己的人生观和爱情观。

班里有个女生，成绩一直不错。但是，她在高二下学期因早恋而影响了学习，会考数学没有通过。高三开学后，她情绪低落，心中充满自责。当又知道唯一的弟弟为了自己而辍学去打工时，她开始自我封闭，整整三个星期没跟任何人说话。更严重的是，她开始害怕走进教室，也不愿意回家。唯独对柯老师特别依赖。

面对这种情况，柯老师忧虑万分。为缓解该女生的紧张和自责心理，柯老师在一个周末的晚上叫她跟自己同寝，跟她拉家常、谈人生、谈爱情。

刚开始，该女生什么话也不说，直到深夜才开口说话。第二天，柯老师又让该女生跟她的几个好朋友到自己房间里与自己一起做饭，并在傍晚时候，带她们一起去学校附近散步。

后来的一段日子，柯老师总是有意无意地鼓励该女生，并且帮她争取到了一等助学金。现在，该女生已经能正常上课学习了，脸上也露出了自信的笑容。

4. 送学生一些特殊的礼物

一个表扬、一个微笑，对成绩好的学生来说是锦上添花，对那些需要鼓励的学生来说是雪中送炭。柯老师深谙这一点，常常给学生送一些意想不到的小礼物。

学校每隔一段时间就会有教师结婚，柯老师因此会得到一些喜糖。不过，柯老师并没有“独吞”，而是把喜糖收集起来发给学生，让学生们感受到老师的心意。

有一次中秋节放假返校后，柯老师把大学同学寄来的一大包巧克力和奶糖“借花献佛”地分发给了学生，使得学生又一次沉浸在假期的轻松与愉悦中，学习的压力大大减轻。没想到的是，晚上查寝的时候，学生们又纷纷给柯老师送了各种各样的小零食。那一晚，柯老师的梦既香又甜。

每次考试过后，柯老师都会给成绩优秀、进步突出的学生发一些奖品，但奖品却是根据学生的喜好、需求来发的。例如，给女生发香珠笔，给男生发护腕，给没有笔袋的学生发笔袋等。这令学生们很惊喜，也很满意。

柯老师的礼物不仅有物质方面的，还有精神方面的。当发现有个爱美的女生穿新衣服了，柯老师便会真诚地赞美几句；当发现有个男生课外活动表现很活跃，投球十分漂亮，柯老师便会借机夸奖几句……

5. 留意学生的点滴进步

柯老师以学生的光荣为荣，以学生的进步为乐。学生学习成绩的提高、生活习惯的改变、精神面貌的好转、为人处世的成熟等，柯老师都时刻留心，从不吝啬自己的赞美。

高二时，班里有一名体育特长生非常厌恶学习，还喜欢搞恶作剧，但歌唱得非常好。了解该男生的具体情况后，柯老师便让他主持班会课，并让他组织班中男生开个演唱会。结果，该男生不仅成功主持了班会课，还在班里组建起乐队，开了演唱会。

在该男生生日那天，一向不擅长唱歌的柯老师却大着胆子为他唱了一首歌，并借机把他表扬了一番，任命他为班长。

从此以后，该男生再没有搞恶作剧的习惯，并逐渐爱上了学习。

6. 真正走进学生的生活

要做快乐的班主任，就要真正走进学生的生活，不怕麻烦，真诚地去帮助学生解决困难。

2009年9月中旬，天气突然降温。但是，高三周末要补课，有些家远的学生来不及回去取被子，晚上只好跟其他学生挤在一起。知道这个情况后，柯老师立即主动“推销”自己的被子，除自己要盖的被子外，其余5床被子全借给了学生。

柯老师的被子，温暖着学生们的心。当时，有个家在温州的女生拿到老师送的被子后，感激地说：“老师，您是我见过的最让人温暖的老师！每天盖着您的被子，就觉得自己好像在家里一样。”

被子一借就是一个月。后来，学生们在还被子的时候，像约好了似的，都给柯老师的被子洒上了香水或花露水。那天，柯老师房间的每一个角落都弥漫着香气。在香气的氤氲中，柯老师感受到了学生的单纯，感受到了生活的愉悦，更感受到了作为一名教师的价值。

在柯老师的管理下，学生以老师为荣，老师也以学生为荣，老师的快乐感染着学生，学生的快乐也感染着老师，整个班级充满着轻松和快乐的氛围。

要管好一个班，有经验的班主任尚有一定的困难，对于年轻的班主任来说，难度可想而知。但是，年轻的柯老师“初生牛犊不畏虎”，她以“快乐”为追求目标，通过以理服人、以情感人式的管理，带领出了一个快乐的班级，让每一个学生都享受到了学习和生活的快乐。

有一家报刊在对千名学生的调查中发现，有52.8%的学生希望教师温和、可亲、乐观、有爱心，而喜欢渊博知识型教师的只占31.1%。在学生看来，教师的温文尔雅、乐观向上，可以为自己营造一个轻松快乐的学习氛围，从而使自己享受到学习和生活的乐趣。这样的教师最受学生的欢迎，因此每一位教师都应努力成为快乐的制造者。

作为班主任，既是教师，又是管理者，要使学生的脸上始终洋溢着幸福，班主任就要用心、用爱为学生营造一个快乐成长的乐园，为学生创设一个能充分表露情感和释放激情的宽松环境，为学生搭建一个自主、自信的舞台。

(三) 以快乐为目标，积极营造乐学氛围

关于教书育人的目标，苏霍姆林斯基说过："要让孩子们急切地期待明天的日子，预示明天能给他们带来欢乐……就要让每个孩子不仅能感受欢乐，而且还能创造欢乐，能为集体生活贡献一点自己的'创造'。"那么，班主任在工作中如何做，才能给学生创造一个快乐的学习环境呢？

1. 树立"快乐"的理念

愉快的情绪是一种内在的力量，这种力量能够感染学生，有助于学生的身心健康发展。班主任要指导学生积极对待学习，变"苦学"为"乐学"，自觉排除不良因素对学习情绪的消极影响，树立起"以学习为乐，乐于学习"的良好学习心态。当然，班主任自己首先要快乐，不能以悲观的心态来对待工作和学生。

2. 建立良好的师生关系

班级人际关系包括师生之间、班干部之间、班干部与一般学生之间、先进学生与后进学生之间、男女生之间以及班与班之间的关系等。其中，师生关系最为复杂，也是影响班级气氛的最重要因素。班主任应采取积极措施，促使师生之间形成良好的关系。

要建立良好的师生关系，班主任应做到：对学生要有认真负责、亲切关怀、耐心帮助的态度，无论是对优秀生，还是差等生，都应一视同仁；要尊重班集体的力量，以班集体为中心进行指导，依靠班集体开展工作；要重视学生心理卫生与健康方面的教育；要努力提高个人修养，增强对学生的吸引力；要创造条件，增加与学生交往的频率，增进师生间的情感。

3. 激活学生在教学活动中的主体意识

让学生成为课堂教学的主人是创设乐学环境的重要因素之一。在教学过程中，班主任应从教学内容和学生的实际出发，设计适应学生心理状况和认识规律的教学方法，要以学生为主体，以教师为主导，调动学生的参与意识，使课堂教学取得好的效果。

(1) 让学生参与探究

教育学家第斯多惠说："不好的教师是传授真理，好的教师是叫学生去发现真理。"随着所学知识和实践经验的不断增加，学生思维的独立性和批

判性有了明显的进步，逐渐学会了独立思考，在面对各种问题时能够有根有据地发表自己的意见。因此，他们常常产生疑问，喜欢议论。班主任应抓住学生这个心理特点，多采用探究法进行教学，让学生自己动手、动脑、动口，让他们通过合作完成各种练习任务，使学生成为课堂学习的主人。

(2) 让学生去想象

爱因斯坦说："想象比知识更重要，让想象插上翅膀，让学生驰骋于想象的空间，无疑是给学生提供了一个广阔的创新的空间。"学生普遍喜欢想象，在想象中，他们可以发现事物之间的各种联系，能够从不同的角度去分析研究问题，从而有助于学生思维能力的提高。班主任在教学过程中，不仅要引导学生去主动探究，还要注重引导学生去想象。

(3) 评价要注重激励性

如果一个人的工作成绩能够得到及时肯定，他的工作积极性就能最大限度地发挥出来。一个人的需要与激励间隔的时间越短，激励得越及时，其激励的效果就越好；反之，时间间隔越长，激励效果就越差。

一个学生在充满激励的教学环境中学习，他将获得自信，并积极主动地去学习探究问题。作为班主任教师，若在教学时发现了学生的进步和闪光点，应及时给予激励性评价，使学生得到鼓励和肯定，从而增强学生的自尊心和自信心。

在对学生进行激励的同时，班主任也要对学生的不足做出正确、合适的引导。千万不能全盘否定学生的能力，否则会严重打击学生学习的积极性，导致无法想象的后果。

4. 开展丰富多彩的课外活动

丰富多彩的课外活动，一方面可以满足学生自我实现的愿望，另一方面可以让学生正确认识个人与集体的关系，从而提高集体的凝聚力。更重要的是，学生在课外活动中，能够获得快乐，这对他们的健康成长来说非常必要。

学生精力充沛，喜欢从事各种各样的活动。班主任应努力满足学生的需要，开展有教育意义的丰富多彩的课外活动。例如，让学生根据自己的兴趣爱好，自由灵活地阅读各种报刊，或看电视、录像、电影，从而扩大视野，启迪心智；可以带领学生开展社会调查活动，让学生广泛深入地了解社会，吸收各个领域的知识，丰富自己的阅历和精神生活；可以组织学生参加各种课外体育活动，通过锻炼身体来增强学生体质。

快乐是学生求知、求善、求创新的开路先锋，是学生获得全面发展的最直接、最具体的原动力。苏霍姆林斯基说："一个孩子如果从未品尝过学习、劳动的快乐，这是他的不幸。"因此，学生的学习、生活应该与快乐同行。

在班级管理工作中，班主任应尊重学生求乐、求趣的愿望，积极创造快乐的学习环境，以此激发学生奋发向上的斗志，点燃学生创造的火花，培养学生对学习和生活的热爱，进而塑造学生的健全人格，让他们成为对社会有益的人。

接种效应：接种思想的“疫苗”，增强学生法制意识

（一）接种效应启示

有位教师组织学生观看电影《卡桑德拉大桥》。当电影票发下去后，这位教师并没有急着让学生去看电影，而是先举办了一个有趣的故事会。他从影片主题着眼，介绍了影片的故事梗概，并提出一个问题：怎样看待卡桑德拉大桥上发生的这场悲剧？在讲述中，教师还悄悄地给学生注射了“疫苗”，既引导学生正确地观看影片，又增强学生对影片中某些情节的免疫力。看完电影后，学生们都不同程度地受到了很好的教育，理解了影片蕴含的较为深刻的社会意义。接着，教师又及时组织学生交流观后感，让大家剖析资本主义社会的冷酷和虚伪……

教师利用事先告知和引导的方式，给学生提前注射“疫苗”，有效地避免了影片所包含的一些不健康思想对学生的误导，让学生受到了更多的正面教育，有效地发挥了“接种效应”的免疫作用。

“接种效应”的名字是从医学中移用而来的。在医学中，增强人类对疾病的抵抗力有两种方法：一是采取补充维生素，增加营养和进行锻炼的方法来强健身体；二是采取给肌体提供产生抗体的方法，就是接种少量的病毒——它不会危害健康，而是以刺激抗体的产生为目的。按照第二种方法，当人遭到大量病毒的侵袭时，他的肌体就会使抗体成为抵抗病毒的一种防御物。

进行深入研究后，社会心理学家威廉·麦克格里和他的同事将其运用到了社会心理学中。在研究“态度变化是否出自人们过去对某个问题的体验”

时，威廉·麦克格里得出结论：当一个人受到劝导性攻击后，他对同一攻击的抵抗强度会提高。这个结论与医学中接种病毒所产生的作用非常相似，威廉·麦克格里便利用医学术语称之为“接种效应”。在描述这个结论时，威廉·麦克格里把处于态度改变情境中的目标比作一个正在受病毒侵袭的人，认为当面临病毒侵袭时，如果这个人没有抵抗它的自然防御或抗体，病毒就会对他产生极大的危害。

现在，“接种效应”也被称为“免疫效应”，被广泛地应用于心理学、企业管理等领域。接种效应启示人们：如果要增强一个人的身体、心理等方面的抵抗力，就必须让他了解给自己造成伤害的来源，让他先接受轻度的攻击，这样他才能做好准备去抵抗更强烈的攻击。

在班级管理工作中，接种效应的方法也常被应用。一些班主任常会用一些具体、形象、生动的反面典型案例对学生进行举例教育，巧妙地把“疫苗”注射给学生，引导他们讨论分析，以增强抵御不良行为的免疫力，从而促进班级管理工作的顺利开展。

班主任能否重视接种效应的正确应用，与班级管理的效果大有关系。班主任应重视对这一效应的应用，以提高学生的免疫力，促进优秀班集体的形成。

（二）接种法律的“疫苗”，增强学生法制意识

为了加强对本班学生的法制教育工作，增强学生的法制意识，落实班主任法制教育责任制，某中学班主任在一次班会课上做了以“增强法制意识，加强道德修养”为主题的讲座。

首先，该班主任给学生们讲解了法律的概念和特点。

1. 法律的概念

法律是国家制定或认可的调整人与人之间、人与社会之间的相互关系的行为规范体系。法律是社会规则，是行为规范。在日常生活中，法律无处不在，无时不有。从家庭到学校，再到社会，人都要受到法律的调整和约束。

在家庭中，法律是调整个人与父母、兄弟姐妹之间的行为规范。相应的法律法规有《民法》《婚姻法》《未成年人保护法》等。在这里，班主任特别强调了“父母有抚养教育未成年子女的义务，成年子女有赡养父母的义务”

的规定，并要求学生学习和了解这一法律规定。

在学校，法律是调整学生与学校、同学、教师之间相互关系的行为规范。相应的法律有《宪法》《民法》《义务教育法》等。另外有《中小学生守则》《中学生行为规范》等由教育部制定的部委规章，其内容大多来源于《宪法》《民法》等相关法律。

进入社会，法律是调整个人与工作单位、个人与个人之间关系的行为规范。相应的法律有《劳动法》《刑法》等。

2. 法律的特点

法律具有两个特点：一是社会性，指法来源于社会生活，对社会每一个成员具有普遍约束力；二是规范性，指法是我们日常生活的行为规范，违反它就会受到相应的处罚，承担相应的法律责任。

接着，班主任讲述了相关法律规定的不良行为和违法、犯罪行为的区别。

1. 不良行为

《中华人民共和国预防未成年人犯罪法》规定未成年人的不良行为包括：旷课、夜不归宿；携带管制刀具；打架斗殴、辱骂他人；强行向他人索要财物；偷窃、故意毁坏财物；参与赌博或者变相赌博；观看、收听色情、淫秽的音像制品等；进入法律、法规规定的未成年人不适宜进入的营业性歌舞厅等场所；其他严重违背社会公德的不良行为。

同时，这部法律还规定了未成年人的严重不良行为，主要有：纠集他人结伙滋事，扰乱治安；携带管制刀具，屡教不改；多次拦截殴打他人或者强行索要他人财物；传播淫秽的读物或者音像制品等；进行淫乱或者色情、卖淫活动；多次偷窃；参与赌博，屡教不改；吸食、注射毒品；其他严重危害社会的行为。

班主任提醒学生，如果有以上不良行为而不尽快矫正，再进一步发展就会导致违法犯罪。

2. 违法行为

违法行为的表现形式多种多样，班主任主要讲的是违反《中华人民共和国治安管理处罚条例》的行为，共有八大类。

(1) 扰乱公共秩序的行为

主要包括：扰乱机关、团体、企业、事业单位秩序的行为；结伙斗殴、寻衅滋事、侮辱妇女，或者进行其他流氓活动的行为；造谣惑众、煽动闹事的行为；谎报险情、制造混乱的行为等。

(2) 妨害公共安全的行为

主要包括：非法携带、存放枪支、弹药，或者有其他违反枪支管理规定，尚不够刑事处罚的行为；违反爆炸、剧毒、易燃、放射性物品管理规定，尚未造成严重后果的行为；非法制造、贩卖、携带匕首、三棱刀、弹簧刀或者其他管制刀具的行为等。

(3) 侵犯他人人身权利的行为

主要包括：殴打他人，造成轻微伤害的行为；非法限制他人人身自由或者非法侵入他人住宅的行为；公然侮辱他人或捏造事实诽谤他人的行为；写恐吓信，或者用其他方法威胁他人安全、干扰他人正常生活的行为等。

(4) 侵犯公私财物的行为

主要包括：偷窃、骗取、抢夺少量公私财物的行为；哄抢国家、集体、个人财物的行为；敲诈勒索公私财物的行为；故意损坏公私财物的行为等。

其中，对于偷窃、诈骗、抢夺公私财物数量巨大的，要处五年以上十年以下有期徒刑，情节特别严重的，处十年以上有期徒刑或者无期徒刑，并没收财产。

(5) 妨害社会管理秩序的行为

主要包括：故意污损国家保护的文物、名胜古迹，损毁公共场所雕塑，尚不够刑事处罚的行为；故意损毁、擅自移动路牌、交通标志的行为；故意损毁路灯、邮筒、公用电话或其他公用设施，尚不够刑事处罚的行为等。

(6) 违反消防管理的行为

主要包括：在有易燃易爆物品的地方，违反禁令，吸烟、使用明火的行为；故意阻碍消防车、消防艇通行或者扰乱火灾现场的秩序，尚不够刑事处罚的行为；拒不执行火场指挥，影响灭火救灾的行为；过失引起火灾，尚未造成严重损失的行为等。

(7) 违反交通管理的行为

主要包括：无理拦截车辆或者强行登车影响车辆正常运行，不听劝阻的行为；在县级以上公安机关明令禁止通行的地区，强行通行，不听公安人员劝阻的行为；违反交通规则，造成交通事故，尚不够刑事处罚的行为；在交通管理部门明令禁止停放车辆的地方停放车辆的行为等。

(8) 违反户口或者居民身份证管理的行为

这类违法行为，学生早已熟悉，该班主任就没多讲。

3. 犯罪行为

针对犯罪行为，班主任结合相关案例来说明。

(1) 抢劫罪

某初三学生刘某放学后截住低他一年级的李某，说向他借点钱，李某不同意，刘某抓住李某的衣领，扬言要揍李某。随之，刘某强行掏走李某口袋里的150元钱。

谈到这里，班主任向学生提问：刘某这种行为是什么性质的行为，真如刘某所说是借钱——借贷关系——民事法律关系吗，还是构成犯罪——刑事法律关系？

在学生思考时，班主任说明抢劫罪是指以非法占有为目的，以暴力、胁迫或其他令被害人不能抗拒的方法，当场强行劫取财物的行为。学生们立刻一致认定刘某的行为完全具备抢劫罪的构成要素。于是，班主任便宣读了法院对刘某的判决：判处有期徒刑两年，罚金2000元。

(2) 盗窃罪

中学生郑某，经常谎称家中有事，向老师请假，不上课，并结交社会上不务正业的闲散人员出入录像厅、台球室、网吧。当他花掉父母给的零花钱后，因无钱出入这些消费场所，便产生了盗窃的念头。2003年8月，郑某将某饭店门口一辆摩托车盗走卖掉，得款200元。2003年9月凌晨，郑某又撬开一家五金商店，盗走电缆等五金器材，卖给废品站，得款400元。2003年11月，郑某在一起盗车案中被当场抓获。最后，郑某被法院判处有期徒刑一年零六个月，罚金2000元。

当讲完这个案例后，班主任首先说明了《刑法》对盗窃罪的定义及处罚规定。按照司法解释，一次盗窃200元以上就构成盗窃罪，一年内多次盗窃则无数额规定，即不论盗窃多少都构成盗窃罪。按《刑法》规定，犯盗窃罪的处三年有期徒刑，数额巨大的处三年以上十年以下有期徒刑。对盗窃金融机构的行为和盗窃珍贵文物的行为，最重的刑罚是无期徒刑或死刑。

在学生对盗窃罪有了初步了解的基础上，该班主任进一步向学生提问：如果一次盗窃不到200元，未构成盗窃罪，追究不了刑事责任，是不是就不用承担其他法律责任了呢？未构成盗窃罪的小偷小摸要承担什么责任？对于这些问题，该班主任让学生课后去解答。

除了介绍抢劫罪、盗窃罪外，班主任还介绍了故意杀人罪、故意伤害罪等犯罪行为。

最后，班主任向全班学生提出殷切的期盼，希望学生们树立远大人生目标、增强责任意识、正确处理人际关系、远离网络游戏，做一个遵纪守法的好公民。

班主任还和大家一起分享了冰心的一段富有哲理的美文："生命像向东流的一江春水，他从最高处发源，冰雪是他的前身。他聚集起许多细流，合成一股有力的洪涛，向下奔注，他曲折地穿过悬崖峭壁，冲倒了层沙积土，挟卷着滚滚沙石，快乐勇敢地流走，一路上他享受着他所遭遇的一切……"学生们聆听着美文，思考着班主任所讲的法律知识，明确了自己的行为方向。

早在1986年，邓小平同志就指出："法制教育要从娃娃开始，小学、中学都要进行这个教育。"要把我国建设成为社会主义的法治国家，每个社会成员都要有法制意识，必须依法办事。

学生是祖国的未来和希望，对他们进行法制意识的培养，既是社会主义精神文明建设的重要内容，也是提高民族法律素质的重大举措，更关系到实现中华民族的伟大复兴。班主任应站在时代发展的高度，指引学生意识到自觉遵守法律对社会和谐、国家安定、人民幸福的重要性。

当学生意识到法律的重要性以及违反法律法规的危害性后，做事就会以法律法规为准绳，对于学习和生活中的每件事情，都会想想是否正确，从而不断调整自己的人生方向，避免偏离正确的人生轨道。

案例中，这位班主任在讲解法律知识时，既做到了详尽，又做到了重点突出，还结合实际案例警示学生。这样，学生听到的法律知识，就为他们自己暗暗种下了"疫苗"。

为学生种下法律意识的"疫苗"，适应这个法制化时代的要求，班主任应积极利用这种“疫苗”，让学生抵制不良诱惑，学会严格自律，做到洁身自好。

（三）优选“疫苗”，使“疫苗”真正发挥效用

“凡事预则立，不预则废。”学生年龄小，社会经验少，遇事易冲动，并且容易受各种因素的影响，这就需要班主任给学生提前注射“疫苗”，发挥接种效应的最大功能，让学生提高警惕。那么，班主任应该如何做呢？

1. 要具有高度的事业心、责任心

班主任应经常调查、研究和分析学生的思想动态。只有对每个学生的家庭条件、周围环境、个人特点、主观认识等了如指掌，班主任才能针对不同学生的不同特点，进行适当的教育。要做到这些，缺乏高度的事业心、责任心是不成的。如果哪位班主任单纯地认为观看一场外国电影，无非是开开眼界、丰富生活而已，把对学生的思想教育弃置不顾，那就不可能把思想工作做到前面。即使做了，也必然流于形式，不得要领，无法真正起到接种效应的效果。

2. 要具有敏锐的观察力

班级是社会的缩影，是社会的真实反映。班主任要具有敏锐的社会洞察力，及时发现并给学生注入“免疫种苗”，才能掌握班级管理工作的主动权。如果班主任没有这种观察社会的能力，就有可能造成“千里之堤，溃于蚁穴”“小洞不补，大洞叫苦”的悲剧。

3. 要具有优选“疫苗”的能力

接种效应并不是接下任何“种”都会产生良好的效应，有时也可能出现消极的结果。因此，班主任在班级管理工作中，需要有优选“疫苗”的能力，使选择的“疫苗”能切实“防患于未然”。

（1）选择能起免疫作用的“疫苗”

班主任在选择作为“疫苗”的观念时，要选那些能产生抵御不健康思想的观点作为“疫苗”，以产生免疫力。

（2）选择活性较强的“疫苗”

班主任应尽量选择那些一次注入就能起免疫作用的观点作为“疫苗”，不要出现多次接种而不成活的结果。

(3) 注入“疫苗”要适量

在给学生接种时，班主任不能一次注入过量的“疫苗”。否则，不仅对学生起不到免疫作用，还可能产生消极的后果。

(4) 种植“疫苗”要选择时机

种植“疫苗”要选择合适的时机，不能想种就种，否则会事倍功半，甚至是事倍功无。

(5) 要对全体学生接种“疫苗”

接种“疫苗”宜对全体学生进行。否则，个别没有接种的学生可能会影响班级管理工作的顺利开展。

一个人一旦“接种”了某一观念，只要是出于自己的内心，就容易坚持这一观念而不产生怀疑。而当这些观念被人怀疑或反对时，就会激发他们维护这一观念的力量。随着怀疑或反对的反复出现，这种先入观念会逐渐构成庞大的免疫系统，以致能抵抗外来的更大“病毒”的攻击。

要使学生健康成长和发展，班主任应利用“接种效应”的方法，适时适量地给学生注入一些“疫苗”。同时，班主任还可以通过“练习”，激活种入的“疫苗”，让“疫苗”扎下根，真正起到免疫的作用。

二八效应：管理要抓住重点

(一) 二八效应启示

在一次时间管理课上，教授在桌子上放了一个玻璃缸。然后，他从桌子下面拿出一些鹅卵石。

教授把鹅卵石一一放进玻璃缸中，直到放不下为止。他问学生："玻璃缸满了没有?"学生都回答说"满了"。

是这样吗? 教授又从桌子底下拿出一袋小石子，把小石子倒入玻璃缸里，晃一晃，又放进去了一些。教授笑着问学生："这回玻璃缸满了没有?"这回，学生不敢回答得太快了。"可能也没满。"有的学生回答。

教授又拿出一袋沙子，慢慢晃着倒进去了。"这回呢?"教授又笑着问。"没有满!"全班学生这下学乖了，异口同声地回答。"很好。"教授夸奖了这些学生。

称赞过后，教授从桌子底下拿出一大瓶水，把水倒进看起来已经被鹅卵石、小石子、沙子填满的玻璃缸。

最后，教授问学生："从这件事上，你们悟到了什么?"

一个学生回答："无论我们怎么忙，行程排得多满，如果再挤一下的话，还是可以再做很多事的。"

"你说得很好，"教授微笑说，"但是我想告诉你们的是另外一个更为重要的信息。"说到这里，教授故意停顿，用眼睛向全班学生扫了一遍说："我想告诉各位的是，如果你不先将大的'鹅卵石'放进玻璃缸里去，你以后可能永远没有机会再把它们放进去了。人生短暂，能做的事其实真的很有限，我们要把有限的时间用到对于自己最有意义、最重要的事情上去。”

听完教授的话，学生们深受启发，都在静静思考着自己生命中的“鹅卵石”。

可以说，每天都有无数的事情等待着人们去处理，而且有许多事情看起来还显得非常紧急。那么，如何正确对待这些事情呢？由上文可知，正确的做法是找出众多事件中最重要、最有意义的去做，也就是“重要的事先做”。事实上，这种做法也正是二八效应要说明的道理。

二八效应，也叫“巴莱多定律”或“不平衡原则”，是19世纪末20世纪初意大利经济学家巴莱多提出的。他认为，在任何一组东西中，最重要的只占其中一小部分（约有20%），其余大部分（约有80%）却是次要的。

二八效应启示管理者在工作中不能“胡子眉毛一把抓”，要抓关键人员、关键环节、关键项目、关键岗位，从而采取有效的倾斜性措施，确保重点方面取得重点突破，进而带动管理工作整体进步。

对于班级管理工作，二八效应也很实用，它要求班主任在工作时抓好关键。我们常常看到一些班主任对班级管理工作追求面面俱到、事无巨细，辛苦出了力气，反而使得班级越管越乱；相反，一些有经验的班主任看起来轻轻松松，却把班级管理得井井有条。究其原因，就是后者懂得运用二八效应，能够把最大的力气用在提高班级管理效率的刀刃上。

一个好的班主任不应让自己太忙，工作要会抓重点，要有时间让自己静下心去观察和思考教育教学中的大问题。

（二）抓重点，让班级成为最优秀的

安徽省繁昌县新港初级中学的陈亚兰是一名班主任兼语文教师，她每天面对的学生大部分是留守儿童，他们的行为习惯、生活琐事、学习态度等方面更需要教师的关心。虽然工作琐细而繁重，她却把班级管理得井井有条，对学生的关爱也无微不至，学生们都把她当作自己的“妈妈”。陈老师能把班级管理得如此成功，这与她在教育教学中善于抓住并解决重点问题的工作方式密不可分。

1. 注重激发学生的学习兴趣，提高语文素养

“新课改”要求，教师要培养学生的自主学习能力和创新能力，在教学

中应使用讨论、交流、探究等教学方式。为了在语文课堂上体现“新课改”要求，陈老师力求做到让学生变得鲜活，让学生学得兴致盎然，使学生能够享受学习的乐趣，从而提高学生的语文素养。

（1）注意新课导入新颖

“兴趣是最好的老师”，在教学中，陈老师十分注重培养和激发学生的学习兴趣。譬如，在导入新课时，陈老师让学生一上课就能置身于一种轻松和谐的学习氛围中，在潜移默化中学习语文。

陈老师常根据不同的课型，设计不同的导入方式。有时，她用多媒体展示课文的画面，让学生进入情境；有时，她用讲述故事的方式设计悬念；有时……陈老师用自己独特的导入方式，开启了学生的学习之门。

（2）充分利用辩论

通过多年的语文教学实践，陈老师认识到学生对语言意义、语言情感、语言技巧的感悟，在很大程度上与学生的生活经历、知识积累、认识能力、理解水平有关。为此，陈老师在教学中，引导学生“仁者见仁，智者见智”，大胆发表意见，构建对语义的个性理解和体会。

陈老师常运用辩论的方式，要求学生对问题充分思考后，根据已有的经验、知识的积累发表不同的见解，对有分歧的问题进行辩论。在辩论中，陈老师则穿针引线、巧妙点拨，促进学生在思维的碰撞中得到语言的升华和灵性的开发。

通过辩论，陈老师让学生进一步认识了自然，懂得了知识是无穷的，再博学的人也会有所不知，学习是无止境的。

这样的课堂，气氛很活跃。陈老师充分让学生表述自己对课文的理解和感悟，使学生的理解和表达、输入和输出相辅相成，真正为学生的自主学习提供了广阔的舞台。

（3）重视朗读品评感悟

语文课本中的每一篇文章都是文质兼美的佳作，其语境描述的美妙、语言运用的精妙、思想表达的深邃、见解阐述的独到，都是引导学生感悟的重要内容。但是，由于课堂教学时间有限，课文中的精彩之处往往不可能让学生一一感悟到。为了使这些精彩部分给学生留下整体印象，陈老师让学生抓重点进行阅读，引导学生对语言文字反复诵读，从而悟出语言中丰富的形象内涵、意义内涵、情感内涵。同时，陈老师让学生在感悟的基础上，对课文进行品评，在品评中深化理解、升华认识、填补空白。

2. 注重课内外结合

美国的一位教育家指出："课堂的外延与课外的外延相等。以课堂学习为核心，能动地向学生的学校生活、家庭生活、社会生活等各个生活领域自然延伸和拓展，使课堂训练与课外行为训练形成有序、有趣、有力、有效的结合，取得语文教学的整体效益。"在课程改革实践中，陈老师注重课内外结合，把语文教学的触角伸向了广阔的天地。陈老师要求学生大量阅读名著，如《水浒传》《红与黑》等。通过阅读这些名著，学生理解课文内容的能力更强了。

3. 重视对班干部的培养

因为班干部在班级中起着导航、催发、定向的作用，所以，陈老师非常重视班干部的培养工作。经过仔细观察，反复斟酌，综合考虑，陈老师建立了一个强有力的干部班子，带领全体学生努力学习、踏实工作。

对于班级中的事务，陈老师坚持放手让班干部去做。每当组织一些大型的活动，如主题班会、运动会等，陈老师都要把班干部召集起来，让他们发表自己的意见，定方案，周密布置，仔细分工，从而明确自己的职责，带领全班学生有序开展各项活动。在活动结束后，陈老师要求每一位班干部进行总结，谈一谈得失，为以后再搞活动积累经验。

另外，在对待班干部的态度上，陈老师做到了宽严相济、公平公正。对犯了错误的班干部，陈老师总是耐心细致地进行思想教育，并积极鼓励。对于不称职的班干部，陈老师则及时调换，做到"功是功、过是过，决不含糊"，确保班干部队伍的整体质量。

4. 让学生在爱中得到满足和教育

陈老师一直努力营造好的学习环境，并让所有的学生都感受到，学校就是他们的家，班主任就是他们的父母。

文芳是陈老师班里一个特殊的孩子，她的父亲七年前在工地上摔成高位截瘫，母亲因此和父亲离异。现在，文芳和妹妹随爷爷奶奶生活。母亲再嫁后时常想看看姊妹俩，但奶奶坚决不许文芳去见自己的妈妈。文芳心中十分难过。知道这些情况后，陈老师除了从物质上帮助文芳，拿出自己年轻时穿过的衣服送给她，帮她申请减免学习费用，还发动全班学生一起来帮助她，共同分担她的痛苦。另外，陈老师多次探望并开导文芳的奶奶，孩子是没有过错的，不能因为大人之间的恩怨而剥夺孩子应该享受的母爱。

陈老师关爱学生的事迹还有很多，可以说，她每时每刻都在关爱着学生。通过这些关爱，陈老师所管理的班级变得更团结，更具有凝聚力了。

5. 让后进生在和谐与激励中得到教育

在班级管理工作中，班主任会面对各种各样的学生，其中有部分学生表现差、学习成绩差，即所谓的“差生”。面对差生，陈老师认为，作为人民教师，放弃任何一个学生都会让自己难过一辈子，会让自己受到良心上的谴责。陈老师始终相信，“差生”是“有待提高的学生”，是“后进生”，是能够转化的。

学生名效，上课爱搞小动作，学习极不认真，还经常顶撞教师。虽然多次和他沟通，但他都表现出无所谓的态度，这让陈老师很伤脑筋。于是，陈老师找到名效的父母，想了解名效在家的情况，以及造成他这种性格的原因。通过交谈，陈老师建议名效的父母不能简单粗暴地对待孩子，要有耐心，告诉他们其实名效很聪明，只要他把心用在学习上，成绩肯定会好起来。

以后，陈老师和名效的父母隔几天就要通电话，了解名效的近况，帮助他进步。经过一段时间的努力，名效有了很大的转变。

通过抓重点式的有效管理，陈老师在教育的园地里培育出了丰硕的果实：所带班级每次都被评为先进班集体；本人多次被评为优秀教育工作者；2009年所带班级的语文成绩在中考中发挥出色，在同等学校中排名第三。本着对事业的痴心、对学生的爱心、对工作的热心、对未来的信心，陈老师将继续在教育岗位上兢兢业业、无私奉献。

马克思主义哲学的主次矛盾关系原理告诉我们：在事物发展过程中，主要矛盾处于支配地位，起着决定作用。所以，班主任在观察和处理复杂问题的时候，就要首先抓住主要矛盾，要集中主要力量解决主要矛盾。如果不分主次，抓不住中心和关键，“十个指头按跳蚤”，就势必在错综复杂的事物面前如堕烟海，结果是“抓了芝麻，丢了西瓜”，不可能把事情办好。

一个班，无论大小，都会面临这样那样的问题，诸如纪律问题、同学间纠纷问题、社会交往问题、学习习惯问题、课余生活问题，等等。这对班主任工作而言，真可谓千头万绪。怎么办呢？哲学上讲，“好钢要用在刀刃上”“牵牛要牵牛鼻子”，而抓住班级中的核心问题进行解决，就等于“牵”住了班级工作的“牛鼻子”。

案例中，陈老师无论是在教学上注重激发学生学习兴趣、提倡课内外结合，还是在班级工作中注重对班干部的培养、关爱学生的生活以及激励后进生进行转化，都是抓住了学生最根本的需求，才使得她所管理的班级获得了诸多殊荣。

（三）抓住工作重心，提高工作效率

1965年9月17日，世界台球冠军争夺赛在美国纽约举行。路易斯·福克斯的得分一直遥遥领先，只要再得几分便可稳拿冠军了。可就在此时，他发现一只苍蝇落在主球上，他挥手将苍蝇赶走了。然而，当他俯身击球时，那只苍蝇又飞了回来。他起身驱赶苍蝇，但苍蝇好像有意跟他作对。他一回到球台，苍蝇就又飞到主球上来，引得周围的观众哈哈大笑。福克斯的情绪坏到了极点，终于失去了理智，愤怒地用球竿去击打苍蝇，球竿却碰到了主球，他因此失去了一轮机会。福克斯方寸大失，连连失利，而对手约翰·迪瑞却越战越勇，最后赢得了冠军。

上述事例应对广大班主任起到警示作用。面对杂乱的班级事务，班主任必须善于抓住工作的重心，采取正确的工作方法。

1. 维持良好的纪律

纪律是一个集体健康发展的基础，一个集体缺乏了纪律是不可想象的，班主任应维持良好的班级纪律。

（1）强化思想教育

思想决定行动，班主任要高度重视学生的思想工作。人们常说的“班主任要有张老婆嘴，要学会时常强调”，就是这个意思。特别是在当前家长和社会片面强调学生所谓合法权利，试图弱化学校和教师在教育中的地位和作用的情况下，更凸显出了对学生进行思想教育的重要性。作为班主任，要从学生入校的第一天起就强调遵守纪律的必要性和重要性，努力培养学生的纪律意识、纪律习惯。

（2）强化纪律教育

要维持良好的班级纪律，班主任还要重视对违纪学生和违纪现象进行及时有效的警告和纠正。严格管理，在很大程度上就是对违纪行为和违纪学生进行严格的纪律教育。作为班主任，任何时候都不能忽略纪律的重要性，都必须把纪律放在班级工作的第一位。

2. 抓好班风建设

班风建设的好坏，直接影响教育教学工作的正常进行。班主任应抓好班风建设，努力促进良好班集体的形成。为此，班主任要善于了解学生，了解他们各方面的情况，随时掌握班里的第一手材料；要善于发现普遍性问题和个别突出问题，找出主要矛盾，从而有的放矢；要善于调动每个学生的积极性，鼓励人人为班集体的利益和荣誉出力；要善于激发学生奋发向上的精神；要善于发扬学生团结互助的精神，让学生从心里热爱班集体；要善于运用灵活多样的教育方法，使每一个学生的智力得到开发。随着良好班风的形成，班级凝聚力的增强，以及学生整体素质的提高，班级管理工作自然会更加高效。

3. 建好班委会

班委会是班级学员的群众性组织，是部分教学活动（如组织自学、小组讨论、专题研讨、学习考察等）的具体组织者、实施者。充分发挥班委会的作用，不仅有利于班级管理和班级建设，而且有利于学生贯彻执行班主任的指导思想、方针和教学计划，促进学习任务的完成。因此，在班级管理中，班主任应先找出班级中能力强、有号召力的学生，然后加以培养、委以重任，搞好班委会建设。

（1）精挑细选

通常情况下，为了选出优秀的班干部，班主任可以采用观察、测试、面谈等方法挑选理想人选。

首先是观察。看其能否团结同学，服务于大家；看其考试成绩是否名列前茅，因为多数学生信服成绩优秀者，成绩优秀者对他们有示范作用。

其次是测试。测试的方法较多，通常是以具体事件测试其反应，看其综合素质，是否能为大家服务。

最后是面谈。看其是否有积极向上的心态，是否有为大家服务的意愿。

（2）锻炼培训

为了打造一支精干的班干部队伍，班主任一是要将各个班干部的职责和权限交代清楚，也可以用文字形式确定下来，然后在全班公布，让他们接受大家的监督；二是要将日常生活、学习、活动各环节的管理工作具体分工到每一个班干部，使自己的管理权力相应地下放；三是要实行班干部值日制度和每日班务小结制度。

对于班干部值日制度，值日班干部可轮流担任，也可固定下来。除正常的班级管理外，班干部要及时处理并如实记录每日发生的重大事件和突发事件，一时无法妥善处理的要及时报告给班主任。对于每日班务小结制度，班务小结由班长主持，利用晚自习结束前几分钟，各个班干部分别对自己负责的工作做小结，并做好记录。

（3）有效激励

怎样才能让班干部的管理才能得到充分发挥呢？激励是班主任最常用的方法。班主任应有针对性地激励班干部，从而充分调动他们的积极性，使他们的管理才能得到发挥。

4. 发挥优等生的榜样示范和辐射作用

社会学家说，20%的人身上集中了人类80%的智慧。管理学家说，一个企业或一个组织往往是20%的人完成80%的工作任务，创造80%的财富。对于一个班级而言，20%的优等生在班集体中起着核心作用，能产生强大的“拉动力”，可以带动整个班级教育教学质量的全面提高。正如一个社会或者国家需要精英分子一样，一个班级也需要优秀学生。班主任应把他们放在“战略优先”的地位，让他们发挥榜样示范和辐射作用。

（1）帮助和鼓励优等生进行自我教育

自我教育，是人对自己及周围的人和事的认识、体验，并进行自我管理、自我激励，促进自身健康发展的过程。优等生具有自我教育的基本素养和潜力，班主任应积极帮助和鼓励他们进行自我教育。

在班集体建设中，只有对优等生进行强化巩固并扩大他们在数量上的比重，才能保证班集体发展的向心力。为此，班主任要帮助优等生树立高远的目标，进行严格的要求，激励他们在班级里领跑，发挥他们在班集体里的榜样作用。

(2) 优等生要建构“班级学习共同体”

班级学习共同体主要是指一个由学习者（指中间生和后进生）与助学者（指优等生）共同构成的团体。学习者与助学者具有共同的目标，经常在班集体这个环境中共同学习，分享各种学习资源，进行相互对话、交流和沟通，并分享彼此的情感、体验和观念，共同完成一定的学习任务。另外，他们通过共同活动形成相互影响、相互促进的人际关系，对班级学习共同体具有很强的认同感和归属感。

优等生利用自身优势来建构班级学习共同体，可以对其他学生起到“辐射”作用，促使其他学生与自己形成共同的认识，从而加强团队合作精神，共同进步。所以，班主任要让优等生充分发挥其辐射作用，建构班级学习共同体，以使班级管理工作能够顺利开展。

5. 做好后进生的转化工作

后进生是班级中的一个重要群体，但如果班级里这类学生占据了主导地位，则会影响整个班级的健康发展。根据木桶理论我们知道，木桶的最大储水量取决于最短木板的长度。后进生就如同圆木桶的短板，只有最大限度地对后进生进行“补短”，才能让班集体共同进步。

做好后进生的“补短”工作，其实质就是为他们实现转化创造良好的条件。为此，班主任应注意做好以下三方面的工作。

(1) 让后进生展示自己的才华

班主任应尽量为后进生创设一些能展示其才华的平台，并采取以褒奖为主的评价方式。这样，后进生通过才华的展示可以使他们的闪光点放大，从而增加他们的自信心，促其积极进取、奋发向上。

(2) 对后进生进行学习方法的指导

后进生大多基础知识薄弱，学习方法不当。随着教育改革的深入开展，教育个性化思想引起了越来越多教育工作者的关注，而直面差异是教育个性化的关键，是教育智慧的核心。在班级管理中，只有对后进生采用适合他们的教学方法，对他们因材施教，才能使他们获得应有的进步。因此，班主任在课堂上应当采取差异性教学方法。

同时，在课外时间，班主任还要适当地给后进生实施小组辅导和个别辅导，尤其要注意学习方法的传授。

(3) 创造良好的班集体氛围

“蓬生麻中，不扶而直”，说明了环境熏陶人性的重要性。良好的班风和学风会感染后进生，班主任应充分发挥优秀学生的榜样作用，通过“好生帮差生”“先进促后进”来鼓励全体学生奋发向上、乐学好学。

班主任的工作很辛苦，除了完成本身的教学工作、转化后进生、辅导优等生、参加各种学习培训及教学活动外，还要花时间去钻研教学、了解学生、和家长沟通，工作量之大，可想而知。作为班主任，如果总是想多管齐下，而不能有所侧重，可能就会“出力不讨好”。因此，班主任在工作中要抓住几大点，以点带面，最终解决一大面。

当然，除了抓住工作中重要的20%，班主任对次要的80%也不容忽视，应使20%与80%有机结合。因为有时候次要矛盾也会影响主要矛盾的解决，甚至可能会在一定情况下转化为主要矛盾。

参考文献

1. 吕新．“罗森塔尔效应”对特殊群体学生体育教学的启示［J］．考试周刊，2007，(5)．

2. 邱伟．关于学生自主学习状况的调查及思考［J］．宁波大学学报(教育科学版)，2004，(3)．

3. 毛政伟，张元元．也谈学生自主学习能力的养成［J］．今日科苑，2009，(4)．

4. 陈炳东．“热炉法则”在学生管理中的运用［J］．学校党建与思想教育，2009，(2)．

5. 徐月明．反“马太效应”在班级管理中的作用［J］．大众心理学，2004，(7)．

6. 冯海英．跳出思维定势　书写创新作文［J］．上海教育科研，2009，(8)．

7. 陈学斌．巧用“错误”资源，生成课堂精彩［J］．云南教育（小学教师)，2009，(11)．

8. 陈士凡．“暗示法”在班级管理中的作用［J］．中小学心理健康教育，2002，(2)．

9. 奚年华．教育学生须防止“超限效应”［J］．天津教育，2002，(9)．

10. 宗权．批评的超限效应［J］．青年教师，2008，(9)．

11. 汤金洪．教育教学中的心理超限效应及克服［J］．云南教育，2001，(23)．

12. 王金国．应努力给学生创造快乐成长的环境［J］．山西教育，1997，(6)．

13. 朱小英．新课标下职高体育教学乐学环境的创设［J］．中等职业教育，2007，(11)．

14. 杨大雁．时代呼唤“挫折教育”［J］．学校党建与思想教育（下半月），2004，（11）.

15. 洪景琳．班级管理要“首尾兼顾”——兼谈“二八定律”和“长尾理论”在班级管理中的共生运用［J］．基础教育，2010，（3）.

16. 杨希模．“二八定律”在教师管理实践中的运用［J］．教学与管理，2004，（23）.